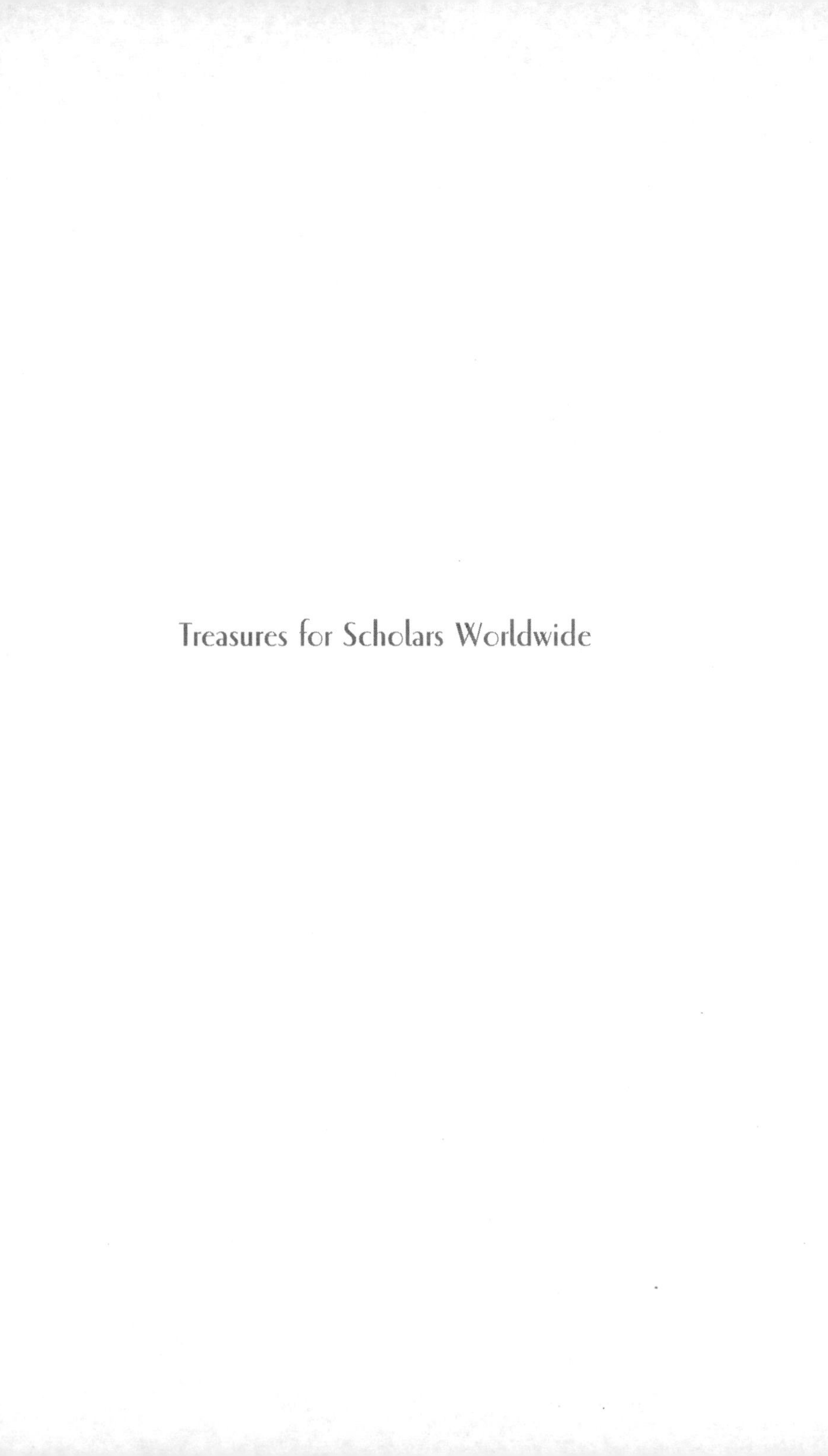
Treasures for Scholars Worldwide

師顧堂叢書

蔣鵬翔 沈楠 編

儀禮正義

〔清〕胡培翬 撰
胡肇昕 楊大堉 補

廣西師範大學出版社
GUANGXI NORMAL UNIVERSITY PRESS

本册目録

卷三十九

卷四十

儀禮正義卷三十七　　鄭氏注

績溪胡培翬學

少牢饋食禮第十六

鄭目録云諸侯之卿大夫祭其祖禰於廟之禮羊豕曰少牢少牢於五禮屬吉禮大戴第八小戴第十一別録第十六

疏 正義曰云諸侯之卿大夫祭其祖禰於廟之禮者賈疏云曲禮下云大夫以索牛用大牢是天子卿大夫明此用少牢爲諸侯之卿大夫可知萬氏斯大云特牲禮牲用特豕士禮也故士虞禮牲亦特豕而襍記則云下大夫之虞也特牲則大夫亦特豕矣少牢禮牲用羊豕大夫禮也而曲禮則云大夫以索牛士以羊豕則士亦用少牢矣禮文所載參錯不一由衰周之季列國大夫恣行僭罔學者各就所見筆以成書故或儉或豐斷難畫一雖然聖人制禮明者述焉彼前以三鼎後以五鼎者非孟子歟禮大夫士降殺以兩則三鼎爲士時五鼎爲大夫時矣即此證之儀禮士虞特牲俱三鼎其爲士禮無疑少牢五鼎其爲大夫禮無疑又士虞特牲皆九飯而少牢十一飯亦見降殺以兩之意今案天子諸侯

祭宗廟以大牢大夫以少牢士以特牲此禮之定制也萬氏之說似爲得之襍記曰上大夫之虞也少牢卒哭成事附皆大牢下大夫之虞也特牲卒哭成事附皆少牢大夫卒哭附亦用大牢孔疏謂加一等此亦如士之喪遣奠用羊豕乃是盛禮非常禮也鄭注曲禮大夫以索牛云索求得而用之不以大夫用牛爲常禮矣王制曰諸侯無故不殺牛大夫無故不殺羊士無故不殺犬豕鄭注故謂祭饗尤可證也此篇及特牲篇目錄皆云諸侯之卿大夫士者蓋以儀禮諸篇多言侯國之禮故以諸侯言之非必謂天子之大夫祭宗廟定用牛天子之士定用羊豕也或曰大夫爲公卿之總稱天子之大夫有三公前人謂三公立廟與諸侯同則亦當用大牢然禮文殘缺莫可考見何氏休注公羊傳云天子諸侯卿大夫牛羊豕凡三牲曰大牢天子元士諸侯之卿大夫羊豕凡二牲曰少牢疏家之說或出於此鄭意未必與何同至儀禮聘食篇大夫用牛乃主國待客之禮與大夫家祭自異郝氏因此遂謂非定特牲爲士少牢爲大夫則更謬矣又高氏謂此與特牲皆爲常時之特祭非合祭其說亦是詳特牲又大夫有三廟詳下云羊豕曰少牢者凡牲牛羊豕牛曰大牢羊豕曰少牢何注公

羊亦與鄭同吳氏廷華云謂之少者殺於大牢也云少牢於五禮屬吉禮者據大宗伯言之諸侯之卿爲上大夫大夫爲下大夫此篇自筮尸至釐爲卿大夫正祭之禮下有司徹乃言上大夫儐尸及下大夫不儐尸之禮與此本爲一篇亦以簡册繁重分爲二如士喪禮之別爲旣夕禮也○附考大夫士廟制王制曰大夫三廟一昭一穆與太祖之廟而三士一廟鄭注大廟別子始爵者大傳曰別子爲祖謂此雖非別子始爵者亦然一廟謂諸侯之中士下士名曰官師者上士二廟祭法曰大夫立三廟曰考廟曰王考廟曰皇考廟適士二廟曰考廟曰王考廟官師一廟曰考廟鄭注適士上士也官師中士下士案考廟父廟也王考廟祖廟也皇考廟曾祖廟也王制疏云諸侯之子始爲卿大夫謂之別子引大傳者證此太祖是別子也云雖非別子始爵者亦然者此有數條一是別子初雖身爲大夫中閒廢退至其遠世子孫始得爵命者則以爲太祖別子不得爲太祖也二是別子及子孫不得爵命者後世始得爵命自得爲太祖三是全非諸侯子孫異姓爲大夫者及他國之臣初來仕爲大夫者亦得爲太祖故云雖非別子始爵者亦然此總包上三事如鄭志荅趙商此王制所論皆殷

制故云雖非別子亦得立太祖之廟若其周制別子始爵其後得立別子爲太祖若非別子之後雖爲大夫但立父祖曾祖三廟而已隨時而遷不得立始爵者爲太祖故鄭荅趙商云祭法周禮王制之云或以夏殷襍不合周制是鄭以爲殷周之別也今案既夕記云其二廟則餕于禰廟如小斂奠是士有一廟二廟者與祭法合則祭法爲周制信矣鄭注既夕記云士事祖禰上士異廟下士共廟是士無論上士下士皆祭祖禰故特牲目錄即以祭祖禰言之此大夫禮亦但言祭祖禰者以大夫三廟別子始爵者得立太祖廟非別子始爵者則但立曾祖廟不立太祖廟二者不定故舉祖禰以該之也又祭法士之一廟者止有考廟鄭以爲兼祭祖者據祭法云王考無廟而祭之既無廟又無壇則是祭之於考廟可知故鄭謂祖禰共廟也

少牢饋食之禮 禮將祭祀必先擇牲繫於牢而芻之羊豕曰少牢諸侯之卿大夫祭宗廟之牲 疏

正義曰自此至又筮日如初言卿大夫祭前筮日之事○注祀嚴本誤禮　云禮將祭祀必先擇牲繫於牢而芻之者此鄭解牲稱牢之義也周禮牧人職曰凡祭祀共其犧牲以授充人繫之充人職曰掌繫祭祀之牲牷祀五帝則

繫于牢芻之三月享先王亦如之鄭注牢閑也必有閑者防禽獸觸齧是牢以繫牲因謂牲爲牢也詩公劉云執豕于牢則豕亦繫於牢特牲不言牢者據充人云掌繫祭祀之牲牷則牢非一牲必二牲以上乃得名牢也又鄭注月令云養牛羊曰芻犬豕曰豢此注言芻不言豢者據周禮成文言之耳云羊豕曰少牢者詳目錄下云諸侯之卿大夫祭宗廟之牲者對士祭宗廟牲用特豕言也

日用丁己

內事用柔日必丁己者取其令名自丁寧自變改皆爲謹敬必先諏此日朔日乃筮

【疏】正義曰己作己不作巳各本多混注自丁丁字校勘記云重修監本誤作可日祭日也用丁己者謂祭日用丁日及己日也己爲戊己之己非辰巳之巳古人言日者皆指干言之周禮十日曰浹日是也言辰者乃指支言之左傳十二日曰浹辰是也凡祭祀筮日皆以此月之下旬竝來月之上旬或以來月之上旬筮來月之中旬若以爲辰巳之巳則或此旬有巳而彼旬無巳故知爲戊己之己也釋文己音紀盧氏文弨考證云紀舊譌祀朱子始正之劉氏敞云祭祀卜日不卜辰其說是乃謂宗廟專卜丁以此己爲辰巳之巳則誤甚盛氏云柔日有五祭祀皆可用而謂唯取於丁似失之又云若以丁巳日筮旬有一日則祭日爲丁卯而非丁亥

矣　注云內事用柔日者曲禮文孔疏引崔靈恩云內事指宗廟之祭是也曲禮又云外事用剛日剛日甲丙戊庚壬五奇柔日乙丁己辛癸五偶皆謂十日也方氏云有事於宗廟據尚書武成召誥畢命及春秋所書魯事無非柔日惟洛誥烝祭歲日用戊辰豈事屬創舉與常禮異歟云必丁己者取其令名自丁寧自變改皆爲謹敬者丁寧變改皆謹敬之意鄭以柔日有五經獨言丁與己取謹敬之令名也云必先諏此日明日乃筮者此謂丁若己也凡筮必指定某日筮之故於筮之前一日諏定或丁日或己日至明日乃筮卽所謂諏日之禮也大夫以上有之士祭不諏日詳特牲禮

筮旬有一日

旬十日也以先月下旬之己筮來月上旬之己 疏 正義曰筮必旬有一日者容祭前十日爲散齊致齊之期鄭周禮大宰職所謂前期十日也祭統亦云先期旬有一日宮宰宿夫人散齊七日致齊三日方氏云特牲筮日無期以旬有一日上下所同也致齊則不貳事散齊仍治事以國事不可廢也餘詳特牲禮○注以毛本誤言　云以先月下旬之己筮來月上旬之己者旬爲十日而經云旬有一日是十有一日故知以己日祭則以己日筮并筮日之日數之爲十一日也敖氏云古者數日之法於此可見張氏爾岐云注言己

以例丁言上旬者先近日也今案據此注則上文丁己爲戊己之己明矣**筮于庿門之外主人朝服西面于門東史朝服左執筮右抽上韇兼與筮執之東面受命于主人**史家臣主筮事者

疏 正義曰廟唐石經作庿嚴本今文注文皆作庿今從之○筮于庿門之外卽冠禮特牲禮之閾外李氏云主人朝服者服祭服以筮也特牲筮日主人亦服祭時玄端司服職曰享先王則袞冕祭義曰易抱龜南面天子袞冕北面則天子卜祭亦服其祭服今案主人西面史東面受命于主人與特牲同但執筮抽韇之法較彼爲詳耳注云史家臣敎氏以史爲公有司與注異褚氏辨之云襍記大夫筮宅則史練冠長衣以筮蓋筮史是大夫家臣本服重服因筮而改爲不純凶之服據此則大夫之臣兼有卜筮等官也故注云史家臣主筮事者非公有司爲之儀禮釋官云史筮史卽筮人也古者通謂掌文詞之官爲史兆卦皆有籀辭故掌卜筮者亦稱史春秋每筮皆曰史又謂筮人爲筮史韋氏注國語云筮史筮人掌以三易辨九筮之名是也左傳齊崔武子筮之遇困之大過史皆曰吉孔疏史筮人也是大夫之家有史主筮矣**主人曰孝**

孫某來日丁亥用薦歲事于皇祖伯某以某妃配某氏尚饗丁未必亥也直舉一日以言之耳禘于大廟禮曰日用丁亥不得丁亥則己亥辛亥亦用之無則苟有亥焉可也薦進也進歲時之祭事也皇君也伯某且字也大夫或因字爲謚春秋傳曰魯無駭卒請謚與族公命之以字爲展氏是也其仲叔季亦曰仲某叔某季某某妃某妻也合會曰配某氏若言姜氏子氏也尚庶幾饗歆也【疏】正義曰注大廟毛本大作太非嚴本作大校勘記云公命下集釋無之字某仲叔季某字集釋敖氏俱作其季某下集釋通解無俱有也字合會毛本合誤命某氏陳閩監葛氏俱誤會黃氏丕烈云某仲叔季之某作其是也今仍嚴本此主人命筮之辭也吳氏廷華云不贊命文略也　云丁未必亥也直舉一日以言之耳者陰辰有六丁未必定與亥值經言丁亥直舉一日爲例耳大戴禮夏小正丁亥萬用入學傳云丁亥者吉日也禮記月令乃擇元辰鄭注元辰蓋郊後吉亥也孔賈二疏皆引陰陽式法擇亥爲天倉以證亥爲吉辰又易先庚後甲皆取丁義是古人以丁亥爲大吉日故經特舉以言之禘大廟用丁亥亦以其爲吉日也張氏惠言云注禘于大廟禮曰日用丁亥不得丁亥則己亥辛

亥亦用之無則苟有亥焉可也案此蓋禘于大廟禮文苟有亥焉可者禘大廟之禮耳若少牢祭日則徑云日用丁己當六陰辰可矣不須有亥也賈疏誤以大戴禮當禘于大廟禮遂以不得丁亥以下爲解本經之文非也今案張說甚是鄭明云丁未必亥矣而又云苟有亥焉可也不自相背戾乎蓋禘于大廟禮以亥爲主不得丁亥則凡有亥焉皆可用之少牢祭日以丁己爲主不得丁亥則凡丁日己日皆可用之此鄭引以證經之義也不然經言丁己注專言亥其非經意夫人知之鄭氏大儒豈猶昧此且鄭注日用丁己云必丁己者取其令名注筮旬有一日云以先月下旬之己筮來月下旬之己注若不吉則及遠日云遠日後丁若後己是鄭前後注皆依經立義何獨於此注而遠之以此益知不得丁亥以下爲禘于大廟禮文無疑也後人議此注者甚多皆由賈疏誤之耳云薦進也進歲時之祭祀也者薦進釋詁文鄭以此篇爲時祭之禮經云用者謂用此日祭也云皇君也亦釋詁文方氏謂遠祖亦稱皇大夫三廟皇祖即曾祖也舉詩周公皇祖春秋傳皇祖伯父昆吾爲證今案遠祖原可稱皇祖但此經言皇祖與士虞特牲義同當是舉皇祖爲例以該曾祖及禰耳云伯某且字也者案士喪禮爲其父某甫筮宅注云某甫且字

也此伯某亦云且字者古者年二十冠而字稱某甫士喪士虞注所云若言山甫孔甫若言尼甫是也連伯仲叔季行次稱之則言伯某甫士冠禮所云是也五十則去某甫而但稱伯仲特牲注所云伯子仲子是也故檀弓曰幼名冠字五十以伯仲此經云伯某卽伯某甫省文也注云且字益釋伯某之某爲且字耳注又云其仲叔季亦曰仲某叔某季某者卽士冠禮所云仲叔季惟其所當也張氏爾岐糾賈疏之誤而以聊且解之亦非且字義段氏說文注言之最析詳士喪禮云大夫或因字爲諡者顧氏炎武謂諡乃氏之譌是也春秋時列國大夫以王父字爲氏者甚多此注因且字而推言之謂大夫或有因字爲氏者下卽引春秋傳曰魯無駭卒請諡與族公命以字爲展氏是也無駭爲公子展之孫命爲展氏正所謂以王父字爲氏者此傳請諡與族族卽氏也公命以字爲展氏則但賜氏而未賜諡注是也二字正以展氏證上因字爲氏之說耳若作諡字則義不可通矣或謂鄭誤讀左傳爲諡作句而云因字爲諡不知此注云大夫或因字爲氏係鄭之自說下乃引傳耳注中諡字正由後人見左傳有爲諡之文誤改氏爲諡非鄭本作諡也賈疏已作諡解則其誤已久禮記檀弓魯哀公誄孔子曰嗚呼哀哉尼父鄭注尼父因其字

以爲之謚左傳哀公十六年孔疏引禮記注而駁之云謂謚孔子爲尼父鄭氏錯讀左傳云以字爲謚遂復妄爲此解此當卽或説所本也但檀弓注係言謚此注詳其文義明是言氏不得牽合爲一云某妃某妻也者言妃爲祖之妻也方氏云曾子問曰宗子雖七十無無主婦則卿大夫以下娶有再三者矣故加以某妃配于某氏之上以別其爲元妃繼妃也今案喪服小記曰婦祔於祖姑祖姑有三人則祔於親者是不一妃之證也但據經云以某妃配某氏似配止一人朱子曰程氏祭儀謂凡配止用正妻一人或奉祀之人是再娶所生卽以所生配謂凡配止用正妻一人是也若再娶者無子或祔祭別位亦可也若奉祀者是再娶之子乃許用所生配而正妻無子遂不得配祭可乎唐會要中有論凡是嫡母無先後皆當竝祔合祭與古諸侯之禮不同又曰只合從唐人所議爲允然則配用一人是正而又有前妻無子後妻有子不能不竝配者據小記云婦祔於祖姑祖姑三人是三人竝配葢經言其正傳記通其變耳云合食曰配謂以其享此祭也祭統曰鋪筵設同几鄭注同之言詷也祭者以其妃配亦不特几是此經言配之義也云某氏若言姜氏子氏也者男亦辨姓當詳稱其姓氏也云尚庶幾者詳特牲云饗歆也者謂歆其祀

也詩履帝武敏毛傳歆饗也二字亦互訓史曰諾西面于門西抽下韇左執筮右兼執韇以擊筮將問吉凶焉故擊之以動其神易曰蓍之德圓而神【疏】正義曰注圓毛本作圓嚴本作圓校勘記云徐本釋文集釋通解楊氏作圓○上史東面受命旣諾而西面于門西者以將述命也此與上執筮及下擊筮皆謂蓍爲筮也上韇韇蓋下韇韇底上左執筮右抽上韇謂以左手執下韇以右手抽上韇也不云執下韇而云執筮者以筮在下韇中故以執筮言之又云兼與筮執之者謂左手執筮兼執上韇也右手不執上韇者便其抽下韇也此抽下韇不云右亦右手可知左執筮謂以左手專執筮草也右兼執韇以擊筮謂右手抽下韇執之幷執上韇以二韇擊筮也敖氏云擊筮者爲將述命故也不述命則無此儀云將問吉凶焉者謂問吉凶於筮也引易者賈疏云鄭彼注云蓍形圓而可以立變化之數故謂之神也引之者證蓍有神故擊而動之也遂述命曰假爾大筮有常孝孫某來日丁亥用薦歲事于皇祖伯某以某妃配某氏尚饗述循也重以主人辭告筮也假借也言因蓍之靈以問之

常吉凶【疏】正義曰：注辭字，校勘記云陳閩監葛俱誤作辞之占繇○假爾大筮有常，筮者命筮之辭也。孝孫某來日丁亥以下，主人命辭也。以筮者命筮之辭冠於主人命辭之上，即士喪禮注所謂凡筮因會命筮爲述命也。特牲不述命，禮略也，餘詳士喪禮。大，曲禮作泰。呂氏大臨云：泰尊而大之也。馬氏晞孟云：大羹謂之泰羹，瓦尊謂之泰尊，龜謂之泰龜，筮謂之泰筮，以其有所尊故也。云述循也重以主人辭告筮也者，主人辭即上主人曰以下之辭，述之以告筮也。述循詳士喪禮。云假借也言因筮之靈以問之者，鄭訓假爲借，又申借義，謂因蓍之靈以問吉凶也。曲禮孔疏云：假，因也；爾，汝也，指蓍言也。鄭注曲禮云：龜筮於吉凶有常。此云常吉凶之占繇者，亦謂占繇之辭吉凶有常。王氏士讓云：有常，不差忒也。此褒美之，冀其有以告我也夫。

乃釋韇立筮　卿大夫之蓍長五尺，立筮由便。【疏】正義曰：釋韇，蔡氏云：莫韇於地也。注云卿大夫之蓍長五尺立筮由便者，對士之蓍長三尺，坐筮爲便也，餘詳特牲禮。

卦者在左坐卦以木卒筮乃書卦于木以示主人　卦者，史之屬也。卦以木者，每一爻畫地以識之，六爻備，書於版，史受以示主人。退占，東面旅占之。

乃退占

疏正義曰校勘記云李氏曰示主人石本上有以字盧氏文弨云開成石經無以字未知李據何本注版嚴本作板校勘記云張氏曰疏作版從疏張説是也寫卦須坐士冠特牲不言坐者以筮者坐則卦者亦坐可知此筮者立故須言坐以别之也　注云卦者史之屬也者詳士冠禮云卦以木者每一爻畫地以識之六爻備書於版者書卦之法此注爲備然則經文上木畫地者也下木版也云史受以示主人者恐人疑卦者示主人故特明之受受于卦者也云退占東面旅占之者以士冠禮云筮人還東面旅占明此史退占與彼同退退還東面位也

吉則史櫝筮史兼執筮與卦以告于主人占曰從從者求吉得吉之言疏正義曰櫝筮謂藏筮于櫝也筮既櫝矣則所執者櫝耳櫝而云筮者以筮在櫝中故以執筮言之與上初云左執筮同此言釋櫝櫝筮及兼執筮與卦以告皆其詳於士禮者占曰從即史告主人之辭從義詳士喪禮

乃官戒宗人命滌宰命爲酒乃退官戒戒諸官也當其祭祀事者使之具其物且齊也滌摡濯祭器埽除宗廟疏正義曰注滌摡濯祭器陸氏曰摡一本作濯許宗彥云陸本作摡祭器一本作卄濯祭器賈本則作濯

祭器耳盧云濯衍非今案嚴本作漑濯祭器從之○據下注云筮日旣戒諸官則此戒卽在筮日周禮太宰前期十日帥執事而卜日遂戒是也乃退者謂筮事畢而退也褚氏云官戒總言之命滌命爲酒擇其亟當預辦者言之酒卽酒正所謂事酒有事新造者儀禮釋官云宗人如周禮都家宗人之職周禮都宗人上士二人中士四人共六人家宗人如都宗人之數下經沃尸盥一宗人奉槃一宗人奉匜水一宗人奉簞巾則侯國大夫之宗人亦不止一人也周禮都宗人掌都祭祀之禮家宗人掌家祭祀之禮大宗伯掌眂滌濯故宗人命滌也宰家宰春秋時凡卿大夫私邑皆有邑宰其家又有家宰曲禮問大夫之富曰有宰食力此邑宰也大夫邑宰無定數家宰則家止一人所以相家事主政教猶天子之有冢宰諸侯之有執政喪服傳所謂貴臣聘禮所謂老也此經宰命爲酒周禮酒人共祭祀之酒其職屬冢宰故宰命爲之餘詳士冠禮 云官戒戒諸官也者謂所戒不一官故以官戒言之猶周禮云百官之誓戒也云當共祭祀事者使之具其物且齊也者是申言官戒之義謂凡當共祭祀之事者皆戒之使之預備其物且齊也上云筮旬有一日除去祭日則止十日故筮日卽使之齊乃得散齊七日致齊三日也云滌漑濯祭器

埽除宗廟者方氏云滌注兼宗廟之埽除非也宗人所命惟滌濯祭器今案說文滌洒也洒古文以爲灑埽字詩十月滌場釋文滌埽也是滌有埽除義祭祀埽除宗廟亦其事之大者故鄭兼言之周禮大宰掌百官之誓戒與其具脩彼注云脩埽除糞洒可證也

若不吉則及遠日又筮日如初

及至也遠日後丁若後己

疏 正義曰不吉謂上旬不從也及遠日又筮日謂至上旬丁己之日又筮中旬丁己之日也特牲不吉則卽日又筮此越十日而又筮亦其禮之異者如初謂自筮于廟門之外以下之儀也敖氏云此文當承占曰從之下欲終言上一事故至是乃見之 注云遠日後丁若後己者凡筮旬有一日皆以前旬之丁筮後旬之丁或以前旬之己筮後旬之己今不吉則至後旬之丁若後旬之己又筮之故鄭以爲後丁若後己也此與曲禮所云遠某日先遠日者異敖氏云此遠日對筮之日而言卽所筮不吉之日是也士冠特牲云筮遠日謂近日不吉更筮遠日卽曲禮所云遠日也此云及遠日謂此日筮不吉至後日又筮遠字只當後字言鄭注士冠特牲皆云遠日旬之外日注此云遠日後丁若後己分別極精餘詳特牲禮

右筮祭日

宿　宿讀爲肅肅進也大夫尊儀益多筮日旣戒諸官以齊戒矣至前祭一日又戒以進之使知祭日當來古文宿皆作羞　疏　正義曰自此至改筮尸言筮尸宿尸及宿諸官之事○敖氏云宿謂宿賓以下也是亦官宿之大夫於助祭之賓爲踰等故不親宿此宿當在宿尸之後言於此者爲下文節也劉氏台拱云案此宿與下文爲目之但下文有宿尸而無宿諸官之事則此句中已包之矣○此是一例宿戒尸尸與筮尸皆在宿前而用逆敘此又一例○注齊戒矣毛本矣作也嚴本作矣校勘記云徐陳閩葛集釋通解楊氏俱作矣　云宿讀爲肅肅進也又云古文宿皆作羞俱見特牲禮云大夫尊儀益多者鄭意以士無官戒之事大夫則先戒而後宿之又士但宿賓一人衆賓不宿此則統宿諸官是儀益多故申之云筮日旣戒諸官以齊戒矣至前祭一日又申戒諸官而進之使來也鄭知此宿諸官在祭前一日者以下文云前宿一日宿戒尸是宿戒尸在宿之前一日也又云明日筮尸宿尸則與此宿同日也又云明日主人朝服卽位于廟門之外者則祭日也是宿之明日乃祭則宿前祭一日明矣賈疏云此幷下文明日朝

服筮尸竝是前祭一日唯下文前宿一日宿戒尸是前祭二日李氏云申戒爲宿宿諸官宜在宿一尸之後宿尸之夕爲期則宿前於祭一日是皆申鄭前祭一日之說也郝氏乃謂宿在祭前三日盛氏因之以駁注不知經文敘次明顯如此何昧昧不察邪

前宿一日宿戒尸

皆肅諸官之日又先肅尸者重所用爲尸者又爲將筮

【疏】正義曰前祭二日宿戒當爲尸者敖氏云凡可爲尸者皆宿戒之褚氏云下筮辭者以某之某爲尸則是先已擇定爲尸者矣特決之於鬼神耳或惟恐不吉則更備二人擇所宿戒者三人止矣三人不吉甯廢一祭祭而無尸是㛐其祖考也可乎哉今案褚氏謂尸先已擇定是也此宿戒尸當亦使人宿之下宿尸乃親宿也注云皆肅諸官之日又先肅尸者重所用爲尸者又爲將筮者此鄭兩解宿戒之義也皆肅諸官之日又先肅尸謂下筮得吉後一宿尸是祭前一日之宿也凡與祭者皆有前十日之戒前一日之宿此前祭二日宿戒尸前一日又宿則較他人多一宿戒是以用爲尸而重之也又爲明日將筮故必先宿戒之不云宿而云宿戒者以別於筮後之宿也或曰宿訓爲豫宿戒猶豫戒與上宿字義異可通

明日朝筮尸如筮日之禮命曰孝孫

某來日丁亥用薦歲事于皇祖伯某以某妃配某氏以某之某爲尸尚饗筮卦占如初某之某者字尸父而名尸也字尸父尊鬼神也不前期三日筮尸者大夫下人君祭之朝乃視濯與士異疏正義曰校勘記云案張氏爾岐謂朝下當有服字石本監本並脫今案朝下不當有服字上筮日主人朝服此云筮尸如筮日之禮則亦朝服可知不煩再說也朝如字讀早也特牲前期三日之朝筮尸如求日之儀此云明日朝義與彼同謂明日之早各本皆無服字惟上宿下賈疏引有服字乃衍文耳如筮日之禮毛本禮作儀嚴本作禮校勘記云唐石經徐本集釋通解敖氏俱作禮是也楊氏作儀用薦歲事毛本薦作爲嚴本作薦○校勘記云唐石經徐本集釋楊敖俱作薦是也通解作爲○命筮之辭與筮日異故特言之筮卦占如初者盛氏云筮立筮卦書卦占退占初謂筮日也如初之中不止是三者約舉之以見其餘耳注云字尸父尊鬼神也者詳特牲筮尸下云不前期三日尸者大夫下人君祭之朝乃視濯與士異者此決特牲前期三日筮尸而言也特牲前期三日筮尸前二日宿尸宿賓前一日視濯視牲大夫前一日筮尸兼宿尸宿諸官祭

日乃視濯周禮大宰視滌濯注云前祭日之夕是人君前祭一日視濯也士賤不嫌與君同故亦前祭一日大夫避人君故不得前祭一日視濯而於人祭之朝乃視濯是與士異也

吉則乃遂宿尸祝擯筮吉又遂肅尸重尸也既肅尸乃肅諸官及執事者祝爲擯者尸神象

疏正義曰據經云吉則乃遂宿尸是筮尸之日郎宿尸也注云筮吉又遂肅尸重尸也者上既宿尸戒尸矣此筮吉又遂肅之是重尸也云既肅尸乃肅諸官及執事者以肅諸官及執事者當在肅尸之後經前但言宿此下又言宿諸官故注特明之云祝爲擯者尸神象者祝是接神之官尸神象故使爲擯也張氏惠言云凡少牢筮日宿尸皆著其異於士者略者竝如特牲今案特牲宗人擯辭祝致命此但言祝擯蓋與士禮異耳儀禮釋官云案左傳晉叔向稱范武子祝祝史陳信于鬼神魯叔孫昭子使祝宗祈死是大夫之家有祝明矣賈氏聘禮疏謂大夫本無祝官非是

主人再拜稽首祝告曰孝孫某來日丁亥用薦歲事于皇祖伯某以某妃配某氏敢宿告尸以主人爲此事來肅

疏正義曰注末嚴本有肅字毛本無校勘記云徐本集釋要義楊氏俱有肅

字敖氏有宿字通解無○主人先拜尊尸與特牲同祝告曰以下卽祝擯辭也此亦當有筮子爲某尸占曰吉之文以已具於特牲故略之耳不略孝孫某來日丁亥以下者以與特牲辭異也敖氏云已上之儀當略與特牲同以有成禮略之

尸拜許諾主人又再拜稽首主人退尸送揖不拜不尸拜者尊尸尊也 疏 正義曰盛氏云尸拜荅主人也主人又拜謝其許也此與特牲宿尸面位儀節大略相似所異者特文有詳略先後耳今案盛說是也餘詳特牲禮

若不吉則遂改筮尸卽改筮之不及遠日 疏 正義曰注云卽改筮之不及遠日者賈疏云上文筮日不吉及遠日筮者以日須取丁己故須後旬丁此筮尸不吉不須後旬故不待遠日也今案據注則改筮與上筮尸當連爲之言於此者盛氏謂終言上事而後及之是也○吳氏紱云敖氏謂改筮若又不吉則直以其次者爲尸不復筮此猶張子筮日之意今案此與褚說異竝存之

右筮尸宿尸宿諸官

旣宿尸反爲期于廟門之外爲期肅諸官而皆至定祭早晏之期爲期亦夕時也言旣

宿尸反爲期明大夫尊肅尸而已其爲賓及執事者使人肅之【疏】正義曰自此至諾乃退言祭期之事○注言毓宿尸嚴本作毓毛本毓作及校勘記云徐陳閩葛集釋通解楊敖俱作毓是也　云爲期肅諸官而皆至定祭早晏之期者案祭之期日筮日已定此所定者早晏之時耳祭之爲期凡與於祭者皆當使知之鄭意以爲期在宿諸官後故下注云爲期唯尸不來是諸官皆至也據經云筮日吉而遂宿尸宿尸反而爲期是皆前祭一日事也但筮尸在朝爲期在夕宿尸後尚有宿諸官之事經云毓宿尸反爲期亦大判言之謂爲期與宿尸同日耳云爲期亦夕時也者據特牲請期曰羹飪在祭之前夕此亦如之也云明大夫尊肅尸而已其爲賓及執事者使人肅之者對特牲賓亦親宿言也特牲主人宿尸又宿賓此不言宿賓及執事者故知使人宿之敖氏謂爲期時賓皆不在宗人退乃宿賓褚氏云主人親宿尸即使人宿賓至夕爲期時所宿之賓亦俱至矣敖說非盛氏云是時凡助祭者皆在經不見子姓兄弟等面位者以已見於特牲禮故略之歟

主人門東南面宗人朝服北面曰請祭期主人曰比於子比次早晏在於子也主人不西面者大夫尊於諸官有君道也

爲期亦唯尸不來也。疏正義曰：宗人朝服，則主人亦朝服可知。比于子，子謂宗人。儀禮釋官云：周禮宗伯肆師同官，肆師職曰：凡祭祀，宿爲期，詔相其禮。徐氏鈴氏云：祭期有定，而必請者，重祭且尊命也。周官雞人，大祭祀，夜嘑旦以叫百官。巾車鳴鈴以應雞人。小宗伯，祭之日，告時于王。則卿大夫祭之僕，亦有定安也。注云比次早晏在於子也者，案大射比耦注云：比，選次之也。此亦當作選次解，謂選次早晏之時在於子也。云主人不西面者，大夫尊於諸官，有君道也者，南面爲君位，對特牲主人在門外西面言也。云爲期亦唯尸不來也者，據特牲門外爲期，賓及衆賓、宗祝皆在，而尸不在，是唯尸不來，此亦如之也。案尸不來亦當使人告之。冠禮爲期，賓不在，擯者告期于賓之家，是其例。

宗人曰：旦明行事。主人曰：諾。乃退。

旦明，旦日質明。疏正義曰：注云旦明，旦日質明者，說文：旦，明也。穀梁傳注云：旦日猶明日也。冠禮曰：質明行事。注：質，正也。謂旦日正明，此解與彼同。李氏云：周禮雞人，凡國事爲期，則告之時。時謂此旦明之時。今案鄭彼注亦引此經證之。○案楊氏復謂少牢禮與特牲禮不同者，如特牲不諏日，少牢諏丁己之日；特牲坐筮，少牢立筮；特牲無宿戒尸之文，少牢宿戒尸而後筮特牲有宿賓之禮少牢不親宿賓使人宿之少牢爲期主人南面不西面面皆是也至謂特牲筮玄端祭朝服少牢筮與祭皆朝服案特牲記云其服皆朝服謂助祭者耳主人祭日亦服玄端又謂特牲筮人筮卽周禮春官筮人少牢史筮卽所謂府史案筮人亦稱筮史特牲之筮人與少牢之史一也又謂特牲爲無期之禮案特牲雖不爲期而亦請期所異者特牲之期主人定之少牢之期則主人不自定耳以上數條楊說似尚未確附辨於此

右爲祭期

明日主人朝服卽位于廟門之外東方南面宰宗人西面北上牲北首東上司馬刲羊司士擊豕宗人告備乃退刲擊皆謂殺之此實旣省告備乃殺之文互者省也尚書傳曰羊屬火豕屬水【疏】正義曰自此至東榮言視殺視濯之事○注省也毛本省下有文字嚴本無校勘記云徐本釋文集釋楊敖俱無文字與疏合通解有案通解非也又尚書傳曰毛本無曰字嚴本有校勘記云徐本集釋楊氏俱有曰字與疏合通解無○上言明日朝筮尸此又言明日

則筮尸之明日卽祭日也主人朝服者楊氏云襍記曰大夫冕而祭於公弁而祭於己士弁而祭於公冠而祭於己大夫爵弁自祭家廟惟孤爾其餘皆玄冠與士同今案玄冠雖同但士玄冠玄端大夫則玄端朝服禮經釋例云凡大夫之祭禮皆用朝服據經前後諸文言之也敖氏云東方視殺之位亦宜當塾少南牲亦當在東方少南今案東上者羊在東豕在西也儀禮釋官云司馬大夫家臣如周禮家司馬之職左傳有叔孫氏之司馬鬷戾又季氏以公鉏爲馬正杜注馬正家司馬是大夫家臣有司馬也周禮司馬下有羊人祭祀割羊牲大夫不能備官或卽以司馬主之又此篇及下篇皆有司士及司士贊者下經云司士又升魚腊注又升副倅者據此則大夫之司士不止一人也周禮司士凡祭祀帥其屬而割牲羞俎豆故此擊豕升鼎實俎司士掌之周禮小宗伯大祭祀告備于王今案退謂主人也　注云封擊皆謂殺之者說文封刺也引易士封羊爲證是封謂刺殺之擊亦謂擊而殺之故國語注云擊殺也云此實旣省告備乃殺之文互者省也者周禮大祭祀先期省牲特牲士禮亦於祭之前夕視牲告備夙興視側殺是旣省視告備乃殺之此少牢禮實亦先省後殺乃先言封擊次言告備者以其同時故連互言之以省文也

賈疏云特牲視牲與視殺別日大夫視牲視殺同日姜氏兆錫云周禮宿視牲至祭旦而後視殺者君體尊故以兩日行之也士卑於君無嫌得與君同兩日大夫近君有嫌則避君而不得兩日歷考諸禮皆然其說是也云尙書傳曰者謂尙書大傳也鄭注周禮庖人職云羊屬司馬火也注小宰職云司空奉豕鄭意蓋以羊屬火故屬司馬豕屬水故屬司空但大夫無司空司士亦非司空之屬注蓋連言之耳賈疏又據祭義君牽牲旣入廟門麗於碑卿大夫袒而毛牛尙耳謂諸侯禮殺於門內大夫士皆殺於門外辟人君也今案特牲祭日主人立于門外東方南面視側殺此主人即位于廟門外與彼同是殺於門外也陳氏祥道云士前祭立於廟門外者五筮日一也筮尸二也前祭之夕將視濯具揖入三也旣視復外位而視牲請期四也祭之日視殺五也大夫前祭立于廟門外者四筮日一也筮尸二也旣宿尸而請期三也祭之日視殺入四也又云大夫士無祼禮故殺牲而後迎牲迎牲而後迎尸天子諸侯有祼禮故迎尸而後迎牲

雍人摡鼎匕俎于雍爨雍爨在門東南北上

雍人掌割亨之事者爨竈也在門東南統於主人北上羊豕魚腊皆有竈竈西有鑊凡摡者皆陳之而後告絜

【疏】正義曰說文摡滌也上官戒宗人命滌至此始言摡者以大夫視濯在祭日故於此言之也鼎說文云三足兩耳和五味之寶器也王氏廣雅疏證引九家易云牛鼎受一斛天子飾以黃金諸侯白金羊鼎五斗大夫飾以銅豕鼎三斗士飾以鐵三禮圖云牛鼎口徑底徑及深俱一尺三寸羊鼎口徑底徑俱一尺深一尺一寸豕鼎口徑底徑皆八寸深九寸強牛鼎每足上以牛首飾之羊豕二鼎亦如之大夫祭用少牢故無牛鼎士祭用特牲故無羊鼎餘與九家易略同今案鼎有扃以舉鼎有鼏以覆鼎詳士冠禮匕詳下節俎說文云俎禮俎也从半肉在且上廣雅俎几也王氏疏證云且與俎古同聲俎之言苴也苴者藉也言所以藉牲體也明堂位云魯禘俎用梡嶡又云俎有虞氏以梡夏后氏以嶡殷以椇周以房俎鄭注梡斷木爲四足而已嶡之言蹷也謂中足爲橫距之象周禮謂之距椇之言枳椇也謂曲橈之也房謂足下跗也上下兩間有似於堂房魯頌閟宮篇籩豆大房毛傳云大房半體之俎也鄭箋云大房玉飾俎也其制足間有橫下有跗似乎堂後有房然周語王公立飫則有房烝韋注云房大俎也謂半解其體升之房也三禮圖云案舊圖俎長二尺四寸廣尺二寸高一尺漆兩端赤中央黑然則四代之俎其閒雖有

小異高下長短尺寸漆飾竝同今案明堂位疏引禮圖云諸臣加雲氣天子犧飾之其尺寸與三禮圖引舊圖同敖氏云鼎匕俎皆牲器故雍人摡之于雍爨之上以其類也下文摡甑甗匕敦于廩爨其義亦然今案雍爨即亨牲魚腊之爨詳特牲禮注云雍人掌割亨之事者本周禮內饔外饔職文儀禮釋官云案雍與饔通鄭注周禮云饔割亨煎和之稱左傳季氏有饔人檀是大夫之家有饔人也餘詳後雍正雍府下云爨竈也者詳特牲禮云在門東南統於主人者以門東是主位也喪祭亨牲於門外之西方者反吉禮以相變爲敬也云北上羊豕魚腊皆有竈者謂羊爨在豕爨之北魚腊爨以次而南也云竈西有鑊者亨用鑊不用鼎亨時則鑊加於竈上此未亨故在竈西也一竈一鑊羊豕魚腊凡四鑊膚與豕同鑊也云凡摡者皆陳之而後告絜者賈疏云案特牲視濯時皆陳之視訖告絜此亦當然張氏惠言云據注則兼有宗人告絜文不具耳

廩人摡甑甗匕與敦于廩爨廩爨在雍爨之北廩人掌米入之藏者甗如甑一孔匕所以匕黍稷者也古文甑爲烝【疏】正義曰廩爨以孰黍稷猶特牲之饎爨也廩爨在北北上穀倉也王氏士讓云案特牲主婦視饎爨于西堂下記云在西壁

是廟門內也此云在雍爨之北則廟門外也又掌自廩人無主婦出視之文蓋大夫官多足供其事也　注云廩人掌米入之藏者鄭注周禮序官廩人職云藏米曰廩是也儀禮釋官云考周禮廩人職祭祀共其接盛饎人掌凡祭祀共盛鄭司農云饎人主炊官此經廩人摡甑甗匕與敦于廩爨則廩人掌爲饎之事始兼饎人之職歟云甗如甑一孔者考工記陶人爲甗實二鬴厚半寸脣寸甑實二鬴厚半寸脣寸七穿鄭司農云甗無底甑方言甑自關而東謂之甗說文甑甗也甗甑也一穿接一穿卽一孔也段氏說文注云無底卽所謂一穿蓋甑七穿而小甗一穿而大一穿而大則無底矣其底七穿故必以箅蔽甑底而加米於上而餴之而餾之吳氏廷華云鄭氏衆曰甗無底林氏考工圖謂底虛如隔子然則似無底也今案甑甗大略相同孟子以釜甑爨蓋皆炊飯之器特一穿七穿爲異其炊時必皆有物爲之蔽乃可加米於其上始林氏所謂隔子歟云古文甗爲烝者詩曰烝之浮浮蓋因甑以烝炊故古文又假烝爲甑歟云匕所以匕黍稷者也者案匕有二上雍人所摡之匕匕牲體者也此廩人所摡之匕匕黍稷者也儀禮經中所言匕多牲體之匕故注於此特別之方言匕謂之匙廣雅柶匙匕也王氏疏證云古者匕或以匕黍

稷或以匕牲體吉事用棘匕喪事用桑匕小雅有捄棘匕
傳云匕所以載鼎實士昏禮匕俎從設注云匕所以別出
牲體也特牲記棘心匕刻注云刻若今龍頭少牢下篇覆
二疏匕于其上注云疏匕匕柄有刻飾者又二手執挑匕
枋以挹湆注于疏匕注云此二匕者皆有淺斗狀如飯橾
挑長枋可以抒物於器中者襍記朼以桑長三尺或曰五
尺刊其柄與末注云朼所以載牲體者此謂喪祭也吉祭
朼用棘朼與匕同太平御覽引三禮圖云匕以載牲體長
二尺四寸葉博三寸長八寸漆丹柄頭疏匕形如飯橾以
棘心為之案三禮圖記匕之長與襍記不合失之說文匕
相與比敘也从反人匕亦所㠯用比取飯段氏說文注云
㠯者用也用字衍比當作匕漢人曰匕黍稷匕牲體凡用
匕曰匕也匕即今之飯匙也少牢禮注所謂飯橾也匕飯
匕黍稷之匕蓋小經不多見其所以別出牲體之朼十七
篇中屢見蓋大於飯匙其形製略如飯匙故亦名匕鄭所
云有淺斗狀如飯橾者也以上王段二家釋匕制極詳禮
經釋例云匕飯匕牲體之器同用匕而匕湆之器亦用匕
今案有司徹所云挑匕疏匕即匕湆之器也匕亦作朼詳
後長朼下又案柶亦稱匕詳士冠禮敦盛黍稷器周制諸
侯以上盛黍稷之器曰簋大夫士曰敦禮經釋例云案聘

禮歸饔餼堂上八簋黍其南稷公食禮正饌宰夫設黍稷六簋是諸侯盛黍稷之器謂之簋也少牢禮陰厭主婦自東房執一金敦黍有蓋婦贊者執敦稷以授主婦主婦興受又受贊者敦黍受贊者敦稷祭畢餕司士進一敦黍于上佐食又進一敦黍于下佐食是大夫盛黍稷之器謂之敦也士昏禮饌于房中黍稷四敦士喪禮朔月奠黍稷用瓦敦有蓋士虞禮贊設二敦于俎南黍其東稷特牲禮主婦設兩敦黍稷于俎南士盛黍稷器亦謂之敦也廣雅盩盂也王氏疏證云敦與盩同古者敦以盛食盟則用以盛血或用木而飾以金玉或用瓦無飾皆有蓋有足無足者謂之廢敦爾雅邱一成爲敦丘孫炎注云形如覆敦敦形似盂少牢疏引孝經鉤命決云敦規首上下圓相連聶崇義三禮圖引舊圖云敦受一斗二升漆赤中大夫飾口以白金周官玉府若合諸侯則共珠槃玉敦鄭注云敦槃類珠玉以爲飾鄭司農云王敦歃血玉器內則敦牟卮匜鄭注云敦牟黍稷器也士喪禮云黍稷用瓦敦有蓋又云敦啟會面足注云敦有足則敦之形如今酒敦少牢云主婦自東房執一金敦黍有蓋又云敦皆南首注云敦有首者尊者器飾也飾蓋象龜形士喪禮有廢敦注云廢敦敦無足者所以盛米也今案據此則惟周禮之玉敦用以盛血

士喪禮之廢敦用以盛含米其餘皆用以盛黍稷如簋也聶氏三禮圖云敦與簠簋容受並同上下內外皆圓爲異考工記旊人爲簋賈疏祭宗廟皆用木簋今此用瓦簋據祭天地及外神尚質器用陶匏之類也然則祭宗廟之敦亦當以木爲之所云金敦玉敦蓋皆木器而飾以金玉也士喪禮用瓦敦者喪事無飾取質素之意至此篇言金敦士昏特牲諸篇但言敦不言金則不必有金飾之始大夫禮與士異

司宮摡豆籩勺爵觚觶几洗篚于東堂下勺爵觚觶實于篚卒摡饌豆籩與篚于房中放于西方設洗于阼階東南當東榮放猶依也大夫攝官司宮兼掌祭器也

疏正義曰几洗篚毛本作几几嚴本几作凡校勘記云唐石經徐陳通解俱作凡誤集釋楊敖俱作几與疏合○豆籩勺爵觚觶几洗篚器凡九種皆司宮摡之于房東堂下也篚以實勺爵觚觶卒摡與豆籩七者同饌于房中西方房中近西處先言實于篚者敖氏云勺爵觚觶摡之則隨實于篚不待其卒摡也勺亦實于篚者爲將洗之方氏苞云几不言所陳之地已見特牲爾雅釋器云木豆謂之豆竹豆謂之籩瓦豆謂之登鄭注云豆籩禮器郝氏

爾雅義疏云豆者說文云古𠊊肉器也梓人云𠊊一豆肉中人之𠊊也是豆爲肉器此文豆當作梪說文木豆謂之梪是也其形則三禮圖云口圜徑尺二寸漆赤中大夫以上畫以雲氣諸侯以象天子以玉皆謂飾其口也其質則皆用木其其高通蓋一尺其受實則旊人注云豆實四升是也其中柄謂之校其足跗謂之鐙祭統云夫人薦豆執校執醴授之執鐙鄭注校豆中央直者也鐙豆下跗也其飾則明堂位云夏后氏以楬豆殷玉豆周獻豆鄭注楬無異物之飾也獻疏刻之案周禮外宗云佐王后薦玉豆是則周亦玉豆也籩說文云竹豆也籩人注云籩竹器如豆者其容實皆四升案籩口有緣故士喪禮云毼豆兩兩籩無縢鄭注縢緣也士虞禮記注豆不楬籩有縢是則豆籩之用吉凶異施也今案三禮圖謂豆登皆有蓋籩則無蓋而有巾案籩巾詳特牲記瓦豆謂之鐙詳公食禮又此篇亦有瓦豆詳下鄭氏鄉射記注云豆宜濡物籩宜乾物案菹醢濡物也故盛以豆栗脯之類乾物也故盛以籩楊氏復云士冠脯醢士昏醴賓脯醢鄉飲脯醢衆賓辯有脯醢鄉射薦用籩脯五膱醢以豆聘禮醴賓脯醢又筵几于室薦脯醢燕禮大射禮獻賓獻公獻卿薦脯醢士喪禮始死奠脯醢小斂脯醢朝夕奠脯醢特牲禮主人獻賓薦脯醢以

上皆一豆一籩士冠再醮兩豆葵菹蠃醢兩籩栗脯大斂毼豆兩籩無縢士虞兩豆兩籩獻祝兩豆兩籩特牲兩籩兩豆主婦致爵于主人兩豆兩籩以上皆兩豆兩籩既夕遣奠四豆四籩少牢賓尸四豆四籩以上皆四豆四籩又云士昏禮夫婦席醢醬二豆菹醢四豆無籩婦饋舅姑有菹醢無籩聘禮歸饔餼八豆西夾六豆東夾亦如之無籩公食大夫下大夫六豆上大夫八豆無籩觀特牲禮厭祭時薦兩豆及迎尸饋食時佐食羞庶羞四豆皆未用籩也主婦亞獻尸始設籩少牢厭祭及迎尸饋食亦未用籩也逮賓尸主婦薦韭菹醓醢昌菹醓醢取籩于房其所薦先後之序則豆重籩輕於此可見矣禮經釋例云楊說非也考禮之通例食禮則有豆無籩飲酒之禮則豆籩皆有故公食大夫有豆無籩鄉飲鄉射燕禮大射豆籩皆有特牲尸入九飯有豆無籩主婦亞獻主人獻賓豆籩皆有少牢尸入十一飯有豆無籩有司徹祭畢賓尸豆籩皆有蓋禮不同則器亦異非豆重而籩輕也勺說文云枓也所以挹取也段氏說文注云考工記勺一升注曰勺尊斗也斗同枓謂挹以注於尊之枓也士冠禮注亦云尊斗所以㪺酒也今皆譌尊升不可通矣王氏廣雅疏證云案勺之言酌斗之言㪺也勺之有飾者龍勺疏勺蒲勺是也勺之無飾者禮

器之樿杓士喪禮之素勺是也杓與勺同明堂位夏后氏以龍勺殷以疏勺周以蒲勺鄭注云龍龍頭也疏通刻其頭蒲合蒲如鳧頭也大雅行葦篇酌以大斗傳云大斗長三尺也正義云長三尺謂其柄漢禮器制度注勺五升徑六寸長三尺是也此蓋從大器挹之於尊用此勺耳其在尊中不當用如此之長勺也禮經釋例云凡盛酒之器曰尊𣂔酒之器曰勺考鄉飲酒兩壺加二勺鄉射兩壺左玄酒皆加勺大射方壺膳尊亦云加勺特牲記兩壺加勺士冠禮醮用酒尊亦加勺蓋酒在尊中必以勺𣂔之然後實于爵也燕禮方壺瓦大圜壺不云加勺大射圜壺及獲者釋獲者之壺亦不云加勺皆文不具也少牢禮司宮取二勺于篚洗之兼執以升乃啟二尊之蓋冪加二勺于二尊大夫祭祀威儀多也士冠禮側尊一甒醴篚實勺觶角柶士虞禮兩甒醴酒加勺是醴亦用勺也又加勺皆南枋士虞禮加勺南柄特牲禮爲酬賓及兄弟尊兩壺于阼階東加勺南枋西方亦如之少牢加勺覆之南枋是也若燕禮大射尊面鄉君則勺亦東枋歟爵觚觶及篚俱詳特牲記几詳士昏禮洗詳士冠禮篚有上篚下篚敖氏云下篚亦餕于房以俟事至而設之設洗于阼階東南當東榮此堂下之洗也房中亦當有洗方氏苞云文略者以下篇主婦

洗于房中見之也餘詳下　注云放猶依也者廣雅釋詁云放依也孔安國注論語放于利而行亦云放依也依于西方者謂於房中近西處饌之也云大夫攝官司宮兼掌祭器也者賈疏云下文司宮筵神席于奥此又掌豆籩之等故云攝官儀禮釋官云禮運大夫具官非禮也孔子譏管氏官事不攝焉得儉此篇司馬刲羊兼羊人之職司士擊豕兼司空之職雍人陳鼎兼甸人之職廩人摡甑甗匕與敦兼饎人之職司宮又兼掌祭器皆足爲攝官之證又云案左傳序叔孫氏之難云司宮射之是大夫家臣有司宮也

右祭日視殺視濯

羹定雍人陳鼎五三鼎在羊鑊之西二鼎在豕鑊之西魚腊從羊膚從豕統於牲

疏 正義曰自此至簞巾于西階東言鼎及豆籩盤匜等之事○公食禮甸人陳鼎此雍人陳鼎者以大夫無甸人故雍人陳之也鼎五者羊豕魚腊膚此大夫祭宗廟五鼎之正禮也楊氏復云有司徹升羊豕魚三鼎腊爲庶羞膚從豕去腊膚二鼎以其繹祭殺于正祭故用少牢而鼎三也禮經釋例云凡亨牲體之器曰鑊

周禮大宗伯省牲鑊鄭注鑊亨牲器也又魚腊亦亨之以鑊天官亨人掌共鼎鑊鄭注鑊所以煑肉及魚腊之器旣孰乃脀于鼎今案說文鑊鑴也鑴瓽也瓽大盆也淮南說山訓注云無足曰鑊然則鑊形似盆無足故可加于竈上以煑物爾雅釋訓所謂鑊煑之也鼎在鑊西爲將實之也盛氏云前祭一夕陳鼎于門外北面北上至是移而近鑊焉便升也前夕不言陳鼎以已見特牲禮也特牲不言實鼎之法此詳言之互相備也　注云魚腊從羊膚從豕統於牲者敖氏云三鼎羊魚腊二鼎豕與膚膚鼎亦在豕鑊西者以膚在豕鑊故也魚腊自有鑊未升之時其鼎乃從羊者蓋此鑊四而鼎五者若鼎各從其鑊則豕鑊西之鼎二羊鑊西之鼎一嫌其輕重失次故以魚腊之鼎從羊見其尊也今案牛羊豕爲三牲祭以牲爲貴此魚腊鼎從羊鼎而在羊鑊之西膚鼎從豕鼎而在豕鑊之西故鄭以爲統於牲也

司馬升羊右胖髀不升肩臂臑膊骼正脊一脡脊一橫脊一短脅一正脅一代脅一皆二骨以並腸三胃三舉肺一祭肺三實于一鼎升猶上也上右胖周所貴也髀不升近竅賤也肩臂臑肱骨也膊骼

股骨脊從前爲正脅旁中爲正脊先前脅先後屈而反猶器之綪也竝併也脊脅骨多六體各取二骨併之以多爲貴舉肺一尸食所先舉也祭肺三爲尸主人主婦古文胖皆作辯髀皆作脾今文竝皆爲併【疏】正義曰膞骼脣石經嚴本俱如是注同毛本膞譌膊盧氏詳校改膊下竝同骼集釋作胳注同又注肱骨也嚴本有也字毛本無校勘記云徐本楊敖俱有也字集釋通解俱無股骨下嚴本無也字敖本有據有司徹疏引此注兩句俱有也字單疏本則上句有也字下句無與嚴本合今從嚴本校勘記云注屈而反陳閩監葛屈俱誤居○此及下升豕升魚腊及膚皆謂自鑊而升之于鼎也說文胖半體肉也右胖右半體也李氏云肩至代脅凡十一體脊脅言一見其體言二以竝見其骨敖氏云腸三胃三者少牢之俎五而已腸胃不得別俎故但附於其牲也附於其牲則其數貶焉而止於三亦如特牲豕俎膚三之意也今案司馬刲羊故羊鼎司馬實之自肩至肺其一鼎也 注云升猶上也者升亦作陞廣雅釋詁陞上也士冠禮注云在鼎曰升升有自下而上之義故鄭云猶上也云上右胖周所貴也者周人貴右故祭神用右胖也云髀不升近竅賤也者詳士昏禮或曰般人貴髀勝國之禮故弗尚非以其近竅賤也云肩臂

臑肱骨也膊骼股骨者肱骨前脛骨股骨後脛骨也云脊從前爲正脊旁中爲正者脊有三前爲正脊中爲脡脊後爲橫脊是脊從前爲正也脊兩旁之肋謂之脅脅有三前爲代脅中爲正脅後爲短脅是脅旁中爲正也云脊先前脅先後屈而反猶器之綧也者謂經於脊先言前脊次言中脊次言後脊脅亦宜然今先舉短脅先言後脅次言中脅次言前脅屈而反猶陳器之綧屈也陳器之綧詳士喪禮云並併也者詳士昏禮云脊脅骨多六體各取二骨併之以多爲貴者解經皆二骨以並指三脊三脅六者言之也經於肩臂臑等不言一於脊脅各言一而其下總云皆二骨以並見一體有二骨二骨共爲一體也吳氏廷華云凡十一體合六體二骨爲十七是以多爲貴也舉肺一以爲尸食祭肺三則尸主人主婦各一也云古文胖皆作辯者胡氏承珙云案旣夕明日以其班祔今文班爲胖士虞禮明日以其班附古文班或爲辨今文亦爲胖蓋今文借胖爲班爲辨此則古文又借辯爲胖皆以聲近互借故也云髀皆作脾今文並皆爲併俱詳見士昏禮

司士升豕右胖髀不升肩臂臑膊骼正脊一脡脊一橫脊一短脅一正脅一代脅一皆二骨以

並舉肺一祭肺三實于一鼎家無腸胃君子不倉溷腴疏正義曰校勘記云注溷集釋作圂案少儀作圂俗作溷○儀禮釋官云周禮司士職曰凡祭祀帥其屬而割牲羞俎豆故此經擊豕升鼎實俎司士掌之敖氏云此與上經升羊皆出自鑊而入于鼎其文之序則始于肩終于肺與下經之出自鼎而載于俎者同以其出入先後之節考之似正相反則此所云者但據其已在鼎者上下之次言非謂入鼎之序亦然也　注云家無腸胃君子不倉溷腴者腴謂腸胃也上羊鼎有腸胃此無腸胃故鄭特明之餘詳既夕禮設遣奠節無腸胃之下

雍人倫膚九實于一鼎倫擇也膚脅革肉擇之取美者疏正義曰膚與豕同鑊而異鼎敖氏云膚九者與其牲異鼎故得充其數焉先魚腊實之者與豕同鑊空因便也今案周禮外饔職掌實鼎俎注云倫擇也者案公食禮倫膚七注云倫理也此云擇以倫膚九在雍人下則是雍人擇之也敖氏云司士不掄膚以其卑也案鄭意蓋以倫爲掄廣雅釋詁掄擇也王氏疏證云倫掄通云膚脅革肉擇之取美者革皮也膚革之之近脅骨者其肉最美馬融注噬嗑卦云柔脆肥美曰膚此膚爲豕膚故鄭注聘禮云膚豕之肉也

司士又

升魚腊魚十有五而鼎腊一純而鼎腊用麋司士又升副倅者合升左
右胖曰純正義曰魚十有五與特牲同云而鼎亦謂實
純猶全也疏于一鼎也省文敖氏云他篇腊不言其物此
云用麋者經特於此見之乎今案既夕注云士腊用兔則
用麋大夫禮經著其異者耳麋說文鹿屬冬至解其角山
海經注云麋似鹿而大　注云司士又升副倅者案周禮
諸子掌國子之倅鄭司農云副倅之倅後鄭云公卿大夫
士之副貳據此則副倅是佐貳也鄭必解爲副倅者以上
云司士升豕此又升魚腊明是其佐貳爲之儀禮釋官云
案注云副倅郎謂司上贊者下文司士贊者二人與司士
爲三故經又云司士三人也一贊者其佐云合升左右胖曰
純純猶全也者士昏禮云腊一肫注云肫或作純純全也凡
牲體半爲胖全爲純此合升左右胖故云純也吳氏廷華
云據下五飯舉腊肩則亦體解但左右胖全脅爾敖氏云
不言髀不升可知也吳氏紱云下經祝俎腊兩髀屬於尻
則此之髀不升不必言矣**卒脀皆設扃鼏乃舉陳鼎于廟門之外東方**
北面北上北面北上鄉內相隨古文鼏皆爲密疏正義曰扃唐石經作扃嚴本作扃注同嚴本是也鼏

毛本作冪，嚴本經注俱作鼏，亦是也。校勘記云：唐石經、徐本、集釋、楊、敖俱作鼏，通解作冪。○郝氏敬云：胥，烝同，升也。卒胥，升胥，升鼎畢也。張氏爾岐云：胥，以牲體實鼎也。下載俎畢，亦云卒胥。張又云：載牲于俎，亦謂之胥也。詳特牲禮。乃舉，舉鼎也，謂自鑊西舉而陳于門外東方也。注云北面北上鄉內相隨者，謂羊鼎在北，其餘以次南陳，皆北面鄉內，有似相隨也。古文鼏皆爲密，詳士冠禮。

司宮尊兩甒于房戶之閒，同棜，皆有冪，甒有玄酒。房戶之閒，房西室戶東也。棜，無足禁者，酒戒也。大夫去足，改名，優尊者，若不爲之戒然。古文甒皆作廡，今文冪作鼏。

疏 正義曰：張氏識誤云：經曰同棜皆有冪，案注云今文鼏作冪，鼏指經也，經字必鼏，後乃啟二尊之蓋鼏，同從注。今案：經文唐石經、嚴本俱作冪，是也。注嚴本云今文鼏作冪，非，當從集釋、通解、毛本云今文冪作鼏。詳下。棜無足，毛本棜誤於。○司宮掌凡勞事，故撫器設尊布筵等事皆司宮爲之。司宮掌勞事，詳燕禮。凡兩甒皆有玄酒，玄酒，明水也。冪，甒蓋也。注云房戶之閒房西室戶東也者，詳士冠禮。棜無足以下，詳特牲記。古文甒皆作廡，詳士冠禮。云今文冪作鼏者，校勘記云：徐本、張氏俱互倒，與單疏標目合；集釋、通解俱與今本同。案鼎鼏尊冪在今文則皆作冪在古文則皆作密後人妄爲分別而刊本又復淆譌不可致詰此注當有誤字張氏據注以改經固非李黃據經以改注亦未爲得葢以冪爲古鼏爲今儀禮中無此例胡氏承珙云案此說非是鼎鼏尊冪自是兩字今文固無作密者然未嘗不作鼏十七篇中所云古文作密者在今文則多作鼏者也至古文雖少作冪之字然如旣夕記之鬲古文卽借冪爲之則此古文或本作冪今文則又作鼏注當云今文冪作鼏鄭因下文啟二尊之葢冪作冪不作鼏故於此從古文經字作冪疊今文不用耳李黃所改者未必非也

司宮設罍水于洗東有枓設篚于洗西南肆枓㪺水器也凡設水用罍沃盥用枓禮在此也

正義曰注㪺毛本誤作剩嚴本不誤校勘記云徐陳閩疏葛集釋通解楊敖俱作㪺○上設洗于阼階東南司宮也此罍水與篚亦司宮設之經但云有枓不言所設之處當加於罍上如勺之加於尊也水在洗東篚在洗西經之大例諸篇皆同此先言設洗後乃言設水篚者蔡氏德晉云文變也篚初在東房至是乃設于阼階東南篚制詳特牲記南肆猶南順也　注云枓㪺水器也者禮經釋例云凡盛水之器曰罍㪺水之器曰枓棄水之器曰洗今案洗

制罍制已詳上冠禮故此特明之斢挹也枓亦名勺廣雅釋器云枓杓也王氏疏證云杓與勺同枓杓所以斢酒亦所以斢水中庸云今夫水一勺之多喪大記浴水用盆沃水用枓士喪禮疏云枓受五升方有柄用挹盆中水以沃尸三禮圖名爲洗勺引舊圖云勺五升口徑六寸曲中博三寸長三寸柄長二尺四寸漆赤中柄末亦丹其斢酒之勺云受一升據此則斢水之枓雖亦名勺較斢酒之勺大矣云凡設水用罍沃盥用枓禮在此也者以罍水必有枓挹之乃可用以沃盥他篇不言有枓故鄭以爲禮在此也其實罍以盛水枓以挹水沃盥而所盥棄水則以洗承之三者相將闕一不可有洗卽有罍有罍卽有枓諸篇行禮之節皆然士昏禮設洗言洗不言水士冠鄉飲鄉射特牲記設洗水在洗東言水不言罍燕禮大射設洗罍水在東言罍不言枓皆文不具也又尸尊不就洗別設槃匜以待其盥下文小祝設槃匜與簞巾于西階東是也詳士虞禮及特牲記

改饌豆籩于房中南面如饋之設實豆籩之實改更也爲實之更之威儀多也如饋之設如其陳之左右也饋設東面

疏正義曰張氏爾岐云此承上文亦司宫爲之前饌豆籩房中依于西方今欲實之乃更陳如饋時之次第

也豆籩之實謂菹醢等　注云改更也爲實之者言此更饌豆籩者爲將實之也詩緇衣毛傳云改更也說文同云更之威儀多也者褚氏寅亮云對士不改而即實於其處威儀略也凡大夫與士禮之異者或取尊者禮盛而威儀多卑者禮殺而威儀略或取大夫上避君士卑不嫌同君各有攸當參觀兩禮以意求之可也云如饋之設如其陳之左右也饋設東面者李氏云如設于奧時江氏筠云入室而陳物于其席前乃所謂饋既夕記云燕養饋羞又云朔月若薦新則不饋于下室有司徹云有司官徹饋饋之義可考而知也此所云饋薦指室中薦豆籩時今案室中之祭席于奧東面此陳于房中南面則面向有異故鄭以經所謂如者但如其饋於室時陳設左右之次耳不如其東面也王氏士讓云若如其東面則象於當祭之時矣饎爨陳也此說是也

小祝設槃匜與簞巾于西階東爲尸將盥　疏正義曰儀禮釋官云案小祝佐祝者據此則大夫之祝非一人矣周禮小祝職曰大祭祀沃尸盥餘詳士虞禮匜水錯于槃中下○方氏苞云祭之前夕陳鼎于門外主人子姓兄弟宗祝衆賓之位詳於特牲蓋其義通乎上下故於士舉之而知上焉者之略同也鼎實之名數器具之張設牲體之差等割

制升載之儀法則詳於少牢益其事備於尊者故於大夫舉之而知下焉者之差減也

右羹定實鼎饌器

主人朝服即位于阼階東西面爲將祭也疏正義曰自此至革順言祭時將至布設舉鼎匕載之事上視殺言主人朝服矣此復言嫌祭時服有異敖氏云主人旣視殺而退至是乃出立于其位也

司宮筵于奧祝設几于筵上右之布陳神坐也室中西南隅謂之奧席東面近南爲右疏正義曰注席東面嚴本作面毛本面作西面校勘記云徐本集釋俱作面通解楊氏俱作西面案當作面○案特牲祝筵几此司宮設筵祝設几者賈疏云大夫官多故使兩官供其事　注云布陳神坐也者神位在奧故以筵于奧爲布陳神坐也設几于筵上所以安神右之神道尚右也云席東面近南爲右者士昏禮席于廟奧東面是几席于奧皆東面也東面則南爲右此云右之几在南也餘詳士昏禮

主人出迎鼎除鼏士盥舉鼎主人先入道之也主人不盥不舉疏正義曰出迎鼎迎于廟門外也除鼏示有事也士有

司之屬也云道之也者解經主人先入也云主人不盥不舉者經云士盥舉鼎是主人不盥不舉也特牲云主人降及賓盥士禮自舉鼎也高氏愈云士祭則親舉鼎大夫雖使人舉而必親自導之敬也

司宮取二勺于篚洗之兼執以升乃啟二尊之蓋冪奠于棜上加二勺于二尊覆之南柄二尊兩甒也今文啟為開古文柄皆為枋

疏正義曰加二勺于二尊嚴本尊上無二字毛本有校勘記云徐陳通解俱無唐石經集釋楊敖俱有與注合今從石經注今文啟為開古文柄皆為枋嚴本如是校勘記云徐本集釋同今本脫啟為開古文及皆六字又誤枋為方案釋文有作枋二字○司宮郎前尊兩甒者二勺一尊一勺也李氏云玄酒亦有勺重古如酌者然王氏士讓云二勺上旣摡之矣此復洗之重酌奠之器致其潔也今案蓋冪蓋尊之冪也啟二尊之蓋冪奠于棜上加二勺于二尊即特牲記所云即位而徹之加勺也說詳彼覆之郝氏敬云勺加尊上覆向下南柄柄向南便執也　注云二尊兩甒也者謂二尊即上兩甒也今文啟為開詳士昏禮古文柄皆為枋詳冠禮

鼎序入雍正執一匕以從雍府執四

匕以從司士合執二俎以從司士贊者二人皆合執二俎以相從入相助疏正義曰入入廟門也言序入者五鼎以次而入羊鼎在先也言合執者合二俎而執之也每鼎一匕一俎司士合執二俎贊者二人又皆合執二俎則有六俎矣鼎五而俎六者其一爲肵俎也先言從而末言從入謂執匕執俎者皆從鼎入門也儀禮釋官云案下篇注云雍正羣吏掌辨體名肉物者府其屬周禮凡官之長皆曰正雍正即雍人之長也又周禮內饔外饔下皆有府二人　注云相助者爾雅釋詁相助皆訓爲勴説文勴作勸云助也是相助二字亦轉相訓呂刑今天相民馬融注相助也此謂司士贊者助司士執俎耳或謂相當讀如字非陳鼎于東方當序南于洗西皆西面北上膚爲下匕皆加于鼎東枋膚爲下以其加也南于洗西陳於洗西南疏正義曰當序當東序也前陳陳鼎于廟門外北面此皆西面與彼異北上謂羊在北豕魚腊膚以次直陳而南前陳鼎門外但云北上不云膚爲下以升鼎膚次豕也李氏云膚升鼎先魚腊從其牲陳之在下如其次敖氏云加匕東柄便箸之執也　注云膚爲下以其加

也者案羊魚腊無別鼎而豕則有膚鼎故謂之加加者室在下也或曰鼎實將載於俎祭統云凡爲俎者以骨爲主膚無骨故在下也云南于洗西陳於洗西南者李氏云榮在序外鼎當東序洗當東榮今案據此則鼎在洗西矣經陳鼎不云于洗西而云南于洗西是不與洗東西正相直而在洗西之南則鼎兼在洗南矣故注以爲陳于洗西南也盛氏世佐云當序東西節也南于洗西南北節也設洗之節南北以堂深而鼎又在其南也

俎皆設于鼎西西肆肵俎在羊俎之北亦西肆肵俎在北將先載也異其設文不當鼎

疏 正義曰上言陳鼎之處此言俎所設之處也俎設鼎西便於載也五俎皆有鼎故各在其鼎之西肵俎無專鼎故特設於羊俎之北也盛氏世佐云鼎西面俎亦西面肆則俎於鼎爲縮也肵俎亦西肆從其類也 注云肵俎在北將先載也者案五鼎羊鼎在北羊俎設於羊鼎西則亦在北矣而肵俎又在羊俎之北是於俎爲最北亦以將先載故也肵俎敬尸之俎故先載卽下載心舌是也云異其設文不當鼎者旣言俎皆設於鼎西而復別言肵俎所在者以五俎皆當鼎肵俎不當鼎故不得不異其文也

宗人遣賓就主人皆盥于洗長

朼長朼者長賓先次賓後也主人不朼言就主人者明親臨之古文朼作匕

疏正義曰注作匕張氏識誤云監本匕誤作上○特牲云宗人遣佐食及執事盥又云宗人執畢先入是朼載之事宗人主之故此宗人遣賓也李氏云此臣也而曰賓者祭以得賓客之助爲榮也禮運曰仲尼與於蜡賓盛氏世佐云是時主人西面於阼階東洗與鼎俎之設皆與主人相近故往就之乃序進盥也卒盥序進函面匕 注云長朼者長賓先次賓後也者褚氏寅亮云士親朼則主人與賓也大夫不親朼則朼者長賓及眾賓也故注言長賓先次賓後也然則下經歷言佐食二人升羊豕司士三人升魚腊膚卽載者也敖氏誤以升者爲朼者故言佐食等卽賓也方氏苞云賓以匕出之於鼎佐食以手承之乃升而載之於俎特牲禮亦主人長賓朼佐食升載至儐尸之俎卽用朼者升載殽其儀以示辨則此爲賓朼而佐食及司士升載無疑矣云主人不朼言就主人者明親臨之者謂主人雖不朼亦親臨之敬也案易言震驚百里不喪匕鬯周官大僕贊王牲事注謂殺牲匕載之事是人君亦親匕也少牢不親匕下人君也特牲親匕士卑不嫌也云古文朼作匕者段氏說文注云匕牲之匕易詩亦皆作匕大東傳震卦二注皆云匕所以載鼎實是

也禮記襍記乃作枇本亦作朼鄭注特牲引之而曰朼畢同朼曰朼載蓋古經作匕漢人或作朼非器名作匕匕載作朼以此分別也若士喪士虞特牲有司篇匕載字皆作朼乃是淺人竄改所爲鄭注易亦云匕牲體薦鬯未嘗作朼牲體也胡氏承珙云案士昏禮匕者逆退釋文作朼云朼必履反劉云匕器名朼者朼載也是二字分別說始於劉昌宗鄭君非不知匕朼同字但今文有作朼者故時或仍之張氏識誤謂少牢禮古文作匕鄭氏改爲朼非也今案古止有匕字無朼字劉氏之說段已破之敖氏謂用匕謂之匕猶設尊謂之尊設席謂之席之類或作朼者似後人誤而改之以別於其爲器名者而改之不盡者故匕朼襍也此論甚是但謂鄭本從今文作朼恐非竊疑鄭本經文皆當作匕注當云今文匕作朼今本經注匕朼互易或出後人所改如段說耳餘詳前廩人摡甑甗之下　佐

食上利升牢心舌載于肵俎心皆安下切上午割勿沒其載于肵俎末在上舌皆切本末亦午割勿沒其載于肵橫之皆如初爲之于爨也　牢羊豕也安平也平割其下於載便也凡割本末食必正也午割使

可絕也。勿没，爲其分𢿱也。肵之爲言敬也，所以敬尸也。周禮祭尚肺，事尸尚心舌。心舌知滋味。今文切皆爲刌。

疏正義曰：注「使可絕」下，嚴本有「也」字，毛本無。校勘記云：徐本、集釋、楊、敖俱有，通解無。○𡚁氏廷華云：利即佐食也，長爲上，亥爲下。佐食上利，猶言上佐食也。今案：上司馬升羊，司士升豕，升魚腊，謂自鑊升實之於鼎。此上利升牢心舌，及下上利升羊，下利升豕，司士三人升魚腊膚，謂自鼎升而載之於俎也。經言皆皆羊豕也，橫之，詳特牲記。皆如初爲之于爨也者，言此切割之制，自爲之之於爨時已然矣。特牲記云心舌實于牲鼎，則其初亦亨之於鑊，後乃各自其鑊實之於鼎也。羊心舌在羊鼎，豕心舌在豕鼎，一羊豕鼎相近，故上利得兼升之。注云牢，羊豕也者，凡牲一爲特，二爲牢。特牲肵俎但有豕心舌，少牢則羊豕心舌俱有之，故言牢以兼之也。云安，平也，平割其下，於載便也者，下即本也，上即末也。經不云本末而云上下者，以心於俎立載，切下使平則可立，故云於載便也。末在上，即特牲記所謂心立也，義互詳彼。云凡割本末，食必正也者，言舌亦切本末，取其正也。云午割使可絕也者，鄭注特牲記云「午割，從橫割之」。彼言割之形，此言其義，一也。云勿没爲其分𢿱也者，亦是言其義。勿没，不絕中央少許，恐其分𢿱也。云肵之爲言

敬也所以敬尸也者本郊特牲文云周禮祭尙肺者明堂位周祭肺是也云事尸尙心舌心舌知滋味又云今文切皆爲刌俱詳特牲記

佐食遷肵俎于阼階西西縮乃反

疏 正義曰盛氏世佐云佐食不言上利文省也肵俎不與眾俎同進故遷之使異其處敖氏云西縮猶西肆郝氏敬云乃反反阼階東載眾俎也今案特牲肵俎亦先設阼階西以尸未入故也義互詳彼

佐食二人上利升羊載右胖髀不升肩臂臑膞骼正脊一脡脊一橫脊一短脅一正脅一代脅一皆二骨以並腸三胃三長皆及俎拒舉肺一長終肺祭肺三皆切肩臂臑膞骼在兩端脊脅肺肩在上

升之以尊卑載之以體次各有宜也拒讀爲介距之距俎距脛中當橫節也凡牲體之數及載備於此

疏 正義曰膞骼正脊一唐石經唯此膞字誤膊○首言佐食二人爲上利下利發端也此節先言出鼎之序後乃言載俎之次賈疏云實鼎曰升實俎曰載今實俎而言升者以其升者上也是以載俎升載兩言之也但此經所載牲體多少

一依上文重序之者以其載俎之時恐與入鼎時多少有異故重序之今案腸胃及肺兼言之其長短以在俎而著之也云長及拒則下紐矣云皆切則不長矣肩臂臑膊骼在兩端脊脅肺肩在上此以牲體之前後爲在俎之上下也祭統云周人貴肩又云凡前貴於後肩臂臑前體故在俎上端膊骼後體故在俎下端脊脅居體之中腸胃肺爲内體故皆在俎之中央上端俎之左端也張氏爾岐疑肺下肩字爲誤盛氏世佐云張氏蓋失於分句之不審耳肩臂臑膊骼在兩端爲句脊脅肺爲句肩在上爲句此三言者所以明其載於俎之次也云肩臂臑膊骼在兩端則脊脅腸胃肺之在中央明矣舉脊脅肺而不言所在者以其可知也不言腸胃文省也俎端有上下故又言肩在上以别之云肩在上則臂臑從肩而皆在俎之上端膊骼在其下端亦可知矣此立言之法也王氏士讓云復言肩在上者以上文直言兩端未分上下故須别之也載不言腸胃者以既言長皆及俎拒拒當俎中節則腸胃在俎之下中可知矣今案盛説王説極精經不云肩臂臑在上而云肩在上亦以肩爲貴體故特舉之以該臂臑且肩又在臂臑之上故舉其最上者言之也張氏以肩爲誤固非敖氏以不言腸胃爲文脱亦非矣　注云升之以尊卑載之以體次

各有宜也者凡牲四體尊於脊脅腸胃肺而前體又尊於後體今自鼎升於俎先肩臂臑次膞骼次脊脅等是升之以尊卑也載於俎則脊脅肺等在中膞骼在下不以尊卑爲序而以牲體之前後分上下是載之以體次也故云各有宜也云拒讀爲介距之距者説文距雞距也淮南高注距爪也也是距爲雞足也鄭以拒爲俎足故讀從距左傳昭二十五年季郈之雞鬬季氏介其雞郈氏爲之金距服注金距以金踏距也鄭所云介距之距謂此但雞距在足之下俎距在足之中央故鄭又申之云俎距脛中當横節也明堂位俎用梡嶡鄭注梡始有四足也嶡爲之距孔疏梡形四足如案嶡亦如梡而横柱四足中央如距也賀云直有腳曰梡加腳中央横木曰嶡又夏后氏以嶡鄭注嶡之言蹷也謂中足爲横距之象周禮謂之距孔疏今俎足間有横似有横蹷之象故足中央爲横距之象言雞有距以距外物今兩足有横而相距也周禮謂之距者言周代禮儀謂此俎之横者爲距故少牢禮腸三胃三長皆及俎距是也詩閟宮籩豆大房鄭箋大房玉飾俎也其制足間有横下有跗似乎堂後有房然俎足中央有横故鄭以此距當横節也云凡牲體之數及載備於此者案牲體前脛骨謂之肱肱骨三肩也臂也臑也後脛骨謂之股股骨三髀

也膞也骼也合左右胖爲十二又脅有三短脅也正脅也代脅也合左右爲六則十八也加正脊脡脊橫脊三者爲二十一肩臂臑髀膞骼脊脅之名皆見於此經故鄭以爲凡牲體之數備於此也至載於俎則用右胖而去左又髀不升爲十一體肩臂臑膞骼在兩端脊脅在中載之法亦唯此經詳之若特牲載俎用肩臂臑膞骼正脊橫脊長脅短脅則止九體無十一體故鄭以爲及載備於此也此經升鼎載俎歷序牲體皆不及觳賈疏乃去兩髀而通二觳爲二十一體與經不合陳氏祥道沿其誤朱子嘗辨之後儒仍有取陳說者以經言髀不升也然髀雖不升於神俎而士虞特牲少牢祝俎皆用之若觳亦不升於神俎也今詳錄諸儒之説於後陳氏禮書云肱骨三肩臂臑也股骨三肫胳觳也肫亦作膞胳亦作骼脊骨三正脊脡脊横脊也脅骨三代脅長脅短脅也正脊之前則脰也脰亦謂之脰肫之上則髀也然則左右肱之肩臂臑與左右股之肫胳觳而爲十有二脊骨三與左右脅骨六而爲九祭之所用者去髀脰而二十有一去二觳而爲十九矣又云士喪禮特豚四鬄去蹏兩胉脊胉脅也旣夕鼎實羊左胖亦如之然則四鬄者殊左右肩髀而爲四又兩胉一脊而爲七此所謂豚解也士喪禮略豚解而已至虞然後豚解體解

兼有焉若夫正祭則天子諸侯有豚解體解禮運曰腥其
俎孰其殽體其犬豕牛羊腥其俎謂豚解而腥之爲七體
孰其殽謂解之爛之爲二十一體大夫士有體解無豚解
以其無朝踐獻腥之禮故也朱子云豚解之義陳説得之
體解則析脊爲三兩胉兩肱兩股合三通爲二十一體凡
牲與腊方解割時皆是如此但牲則兩髀以賤而不升於
正俎耳故少牢禮具列自髀以下凡二十一體但髀不升
耳而鄭注云凡牲體之數備於此不及他體也況此言腊
則又不殊賤也而周禮內饔及此經昏禮兩疏皆言二十
一體乃不數兩髀而不計其數之不足葢其疏略至少牢
疏及陳祥道乃去髀而以兩觳足之葢見此經後篇猶有
肫及兩觳可以充數然欲盡取之則又衍其一故獨取兩
觳而謂肫非正體若果如此則觳亦非正體又何爲而取
之邪此其爲説雖巧而近於穿鑿不可承用褚氏寅亮云
二十一體當數髀而去觳葢觳附於骼可析可合不得爲
體經言髀不升則髀明是體之一安得去之而取觳乎疏
末是陳亦同誤秦氏蕙田云正脊之前肩之上當頸處謂
之肫亦謂之臑骼之下後足之末近蹏者謂之觳而臑一
觳兩皆不在正體之數兩髀雖以近竅之故賤之而不升
然究屬正體通數之得二十一體則牲體之數備矣合觀

諸說二十一體當取兩髀去兩觳今案朱子之論不可易耳互詳於特牲記

下利升豕其載如羊無腸胃疏正義曰豕載於俎惟無腸胃為異餘俱與羊同前升鼎時不言無腸胃者以歷序牲體則其無腸胃自見此但言如羊故須別其異者也

體其載于俎皆進下進下變於食生也所以交於神明不敢以食道敬之至也鄉飲酒禮進腠羊次其體豕言進下互相見疏正義曰案姜氏兆錫以此二句為總言羊豕甚是體謂十一體言羊豕之體之載於俎皆進下故特言體以起側也下經腊之進下言亦者亦羊豕也足證此皆進下為總舉羊豕之辭也注云進下變於食生也者張氏爾岐云食生人之法進腠腠骨之本下骨之末進下者以骨之末向神也盛氏世佐云每體各有本末如臂以近肩處為本近臑處為末餘以是推之云所以交於神明不敢以食道敬之至也者是解所以變於食生之義不敢以食道檀弓文引鄉飲酒禮者證進腠為食生之道也云羊次其體豕言進下互相見者羊次其體謂上經載羊自肩以下詳次其體鄭以此二句為單言豕故以互見解之似不如姜說之確

司士三人升魚腊膚魚用鮒十有五而俎

縮載右首進腴右首進腴亦變於食生也有司載魚橫之少儀曰羞濡魚者進尾疏正義曰注進腴毛本腴誤魚○司士三人升魚腊膚變於初也鮒詳士喪禮縮載謂直載之於俎也鄭注少儀云腴腹下也進腴謂毐魚以腹向神也　注云右首進腴亦變於食生也者亦者亦牲體之進下也　士喪禮云魚左首進鬐注云未異於生是食生人之法進鬐祭神則進腴爲變於食生也詳公食大夫禮魚七縮俎寢右下云有司載魚橫之者案有司卽指下篇有司徹言引之者見正祭與儐尸禮異又引少儀者進尾亦橫載之與縮載異也亦詳見於公食禮

腊一純而俎亦進下肩在上如羊豕凡腊之體載禮在此疏正義曰腊一純而俎謂左右胖全載於俎此其與羊豕異者也兩髀亦不升矣氏紱云腊亦體解但羊豕則專用右體而十有一腊則兼左右體十有九耳　注云如羊豕謂進下及肩在上皆如羊豕也云肩在上則亦前後體在俎兩端脊脅在中故鄭以爲凡腊體載俎之禮見於此也

膚九而俎亦橫載革順列載於俎令其皮相順亦者亦其骨體疏正義曰注云列載於俎令其皮相順者謂膚革相比次作行列以載令不鎦襍也革皮也言革順則

膚不去皮可知云亦者亦其骨體者上骨體云進下卽橫載也此膚亦如之橫載者橫而載於俎也賈疏云上牲體載文不明故舉膚亦橫載以明之或曰上舌載于所俎經明云橫之此膚橫載云亦者蒙舌而言也

右將祭卽位設几加勺載俎

卷三十七終

儀禮正義卷三十八　鄭氏注

績溪胡培翬學

卒脀祝盥于洗升自西階主人盥升自阼階祝先入南面主人從戸內西面將納祭也疏正義曰自此至主人又再拜稽首言陰厭之事禮經釋例云凡尸未入室之前設饌于奧謂之陰厭少牢司宮筵于奧祝設几于筵上右之此爲神布席也至主人及祝入室後主婦薦自東房韭菹醓醢坐奠于筵前主婦贊者一人執葵菹蠃醢以授主婦主婦不興遂受陪設于東韭菹在南葵菹在北此薦豆也又云佐食上利執羊俎下利執豕俎司士三人執魚腊膚俎序升自西階相從入設俎羊在豆東豕亞其北魚在羊東腊在豕東特膚當俎北端此設俎也又云主婦自東房執一金敦黍有蓋坐設于羊俎之南婦贊者執敦稷以授主婦主婦興受坐設于魚俎南又興受贊者敦黍坐設于稷南又興受贊者敦稷坐設于黍南敦皆南首此設敦也又云祝酌奠此酌奠也又云遂命佐食啟會佐食啟會蓋二以重設于敦南此啟會也又云主人

西面祝在左主人再拜稽首祝祝曰孝孫某敢用柔毛剛鬣嘉薦普淖用薦歲事于皇祖伯某以某妃配某氏尚饗主人又再拜稽首此饗神也皆尸未入室之前設饌于奧以饗神者也所謂陰厭也餘詳特牲禮上卒脀升鼎畢也此卒脀載俎畢也然則升鼎載俎均謂之脀也入入室也敖氏云祝先升亦大夫禮異也祝南面負墉　注云將納祭也者言入室爲將納陰厭之祭也

主婦被錫衣移袂薦自東房韭菹醓醢坐奠于筵前主婦贊者一人亦被錫衣移袂執葵菹嬴醢以授主婦主婦不興遂受陪設于東韭菹在南葵菹在北主婦興入于房被錫讀爲髲鬄古者或剔賤者刑者之髮以被婦人之紒爲飾因名髲鬄焉此周禮所謂次也不纚笄者大夫妻尊亦衣綃衣而侈其袂耳侈者蓋半士妻之袂以益之衣三尺三寸袪尺八寸韭菹醓醢朝事之豆也而饋食用之豐大夫禮葵菹在北緈今文錫爲緆嬴爲蝸

疏 正義曰移袂毛本移作侈校勘記云唐石經嚴本要義楊氏俱作移徐本釋文集釋通解敖氏俱作侈下同陸氏曰侈本又作移魏氏曰移本又作侈段

玉裁云釋文當云移袂本又作侈後人倒之耳張忠甫依釋文改移爲侈非也作移者自是相傳古本羣經音辨曰移廣也音侈禮主婦人衣移袂此賈昌朝本作移也葉抄釋文移從衣始非也臧庸云移字當作移說文移衣張也案移乃正字移即移之假借字作侈誤也段謂釋文當云移袂本又作侈正與要義合追師注引此經亦作移表記衣服以移之注云移讀如水氾移之移移猶廣大也此古作移之證○高氏愈云此言主婦親設四豆也李氏云主婦贊者一人亦被錫衣侈袂則其餘如士之妻纚笄宵衣耳蔡氏德晉云主婦贊者即特牲所謂宗婦也蓋以命婦爲之故亦被錫衣侈袂陪設謂繼設之薦自東房以上饌豆於房中故自房來也特牲兩豆少牢四豆故主婦先執兩豆坐奠也而贊者又執兩豆以授之主婦不興則贊者亦入戶坐授也主婦興入于房入東房也蓋主婦初自房出而入室設豆設畢乃出室而入房經但云入于房不云入室出室省文也敖氏云不言盥如特牲可知注云被錫讀爲髲鬄古者或剔賤者刑者之髮以被婦人之紒爲飾因名髲鬄焉者段氏玉裁校本謂注鬄當作鬄以被之被當作髲說文鬄髲也鬄或作髢髲鬄也段氏說文注改鬄也爲益髮也云庸風正義引說文云髮益髮也言人髮

少聚他人髮益之下十字必古注語髲字不見於經傳假被字爲之召南被之僮僮傳曰被首飾也少牢注曰被錫讀爲髲鬄則被即髲也又說文鬄髴髮也段氏注云鬄與鬄義別鬄字今經典不見而五經文字曰鬄聽亦反見詩風注所云詩風注謂采蘩箋也今箋云主婦髲髢髢釋文作鬄張參所見作鬄爲是蓋鄭既注禮乃箋詩禮注謂剔人髮以髲婦紒因名髲鬄追師注亦引少牢主婦髮鬄與詩箋皆自用其改易之字而俗人多識鬄少識鬄且誤認爲一字於是二禮及詩注皆改鬄爲鬄爲髢夫鬄鬄同字訓髲髲益髮也倘經云髲鬄直重字而已於義安乎胡氏承珙云案段說甚晰然髲鬄雖同一物古文自有累言之者單言之曰髲累言之亦可曰髲鬄況鬄義本因鬄髮其曰髲鬄即如云髲鬄也似不必改鬄爲鬄古文被錫二字皆假借今文之緆又因錫通用耳云此周禮所謂次也者周禮追師掌王后之首服爲副編次鄭注副之言覆所以覆首爲之飾其遺象若今步搖矣編編列髮爲之其遺象若今假紒矣次次第髮長短爲之所謂髲髢髢釋文作鬄案鄭以此經之髲鬄釋周禮之次是髲鬄即次也云不纚笄者大夫妻尊者案特牲士妻纚笄宵衣此髲鬄是大夫妻尊也云亦衣綃衣而侈其袂耳者鄭以侈釋移謂大夫

妻綃衣與士妻同惟侈袂爲異綃衣詳特牲禮敖氏云被謂衣之也今文錫爲緆緆當作緣緣褖通內司服曰緣衣素紗是也褚氏寅亮云敖氏以被字爲句錫衣侈袂爲句而以錫衣爲褖衣其意蓋以士妻自祭辟助祭之褖衣故服六服外之綃衣若大夫妻自祭辟助祭之展衣尙可服褖衣不必服綃衣故以錫衣爲褖衣似也然則竟服褖衣可矣又何必侈其袂乎細思終未安不如仍遵注義所以侈其袂者以與士妻同服綃衣不得不稍異制也今案鄭注周禮追師引此經移袂云移袂褖衣之袂與此注云綃衣不同詩采蘩孔疏申之云鄭以特牲禮士妻綃衣大夫妻言侈袂對士而言故侈綃衣之袂以無明文故追師之注更別立說今案鄭雖爲兩解當以此注爲正以經但云衣移袂不言何衣明是與士妻衣同凡言侈袂者皆謂衣同衣而欲有以別之故爲侈袂之制如鄭注司服云士衣袂二尺二寸大夫以上侈之以其同爲玄端服也襍記曰凡弁經其衰侈袂以其同爲衰服也若一爲褖衣一爲綃衣則其衣自異何必更爲侈袂以別之褚氏駁敖之說是也且鄭追師注雖有褖衣之說而其引此經被錫卽作髲鬄與此注同敖氏以被爲衣錫爲褖是無首飾矣故又云不言首飾亦纚笄是以大夫妻纚笄與士妻同果爾則經何

以不一言及之至轉錫爲襐尤爲臆斷不可從云侈者葢半士妻之袂以益之衣三尺三寸袪尺八寸者鄭以侈釋移遂申言侈袂之制袂袖也袪袂口也士妻之袂二尺二寸袂尺二寸今以其半益之則袂三尺三寸袪尺八寸也注三尺三寸係指袂言之據賈疏當時有兩本或作衣或作袂惠氏棟校本定作袂之考鄭注司服云侈之者葢半而益一焉半而益一則其袂三尺三寸袪尺八寸注襍記云袂之小者二尺二寸大者半而益之則侈袂三尺三寸據此可證作袂爲是也云韭菹醓醢朝事之豆也而饋食用之豐大夫禮者李氏云周禮醢人朝事八豆有韭菹醓醢饋食八豆有葵菹蠃醢士饋食禮唯取葵菹蠃醢大夫兼取朝事二豆是爲豐大夫禮云葵菹在北綪者校勘記云在下集釋有北字案特牲疏引此注今本有北字單疏本則有北字而無綪字今案北綪二字宜俱有李氏云豆皆右菹左醢據此則葵菹亦當在南今在北是綪設之故鄭以綪釋葵菹在北之義也吳氏廷華云據經云陪設于東而二菹乃分南北則葵菹在醓醢東蠃醢在韭菹東如四隅二菹二醢各邪向爲南北注所謂綪也今案各本皆作葵菹在綪無北字張氏爾岐以菹醢鐟對爲在綪於在字義終難通當從集釋爲是又汪氏中校本改在爲左曰在

左形似致誤鄭注士喪禮釋綪爲屈左綪者左屈也據經云韭菹在南葵菹在北是其設之次先韭菹次醢醢在韭菹之北屈而東設葵菹又南設臝醢几筵東向以北爲左今設葵菹自北屈而陳故云左綪案汪氏因今本無北字遂以在爲左似亦可備一說云今文錫爲緆臝爲蝸者校勘記云今文二字陳閩監葛本俱誤在葵菹上又云徐本通解俱有鬄鬄爲緆三字今本無嚴本集釋俱與徐本同惟鬄字作錫釋文有爲緆二字云音羊案緆字不當從易疑陸誤盧氏文弨釋文考證云注本有錫爲緆三字注疏本無則釋文無所附麗矣今案作鬄作緆俱非集釋作錫爲緆是也臝爲蝸詳士冠禮

佐食上利執羊俎下利執豕俎司士三人執魚腊膚俎序升自西階相從入設俎羊在豆東豕亞其北魚在羊東腊在豕東特膚當俎北端相助也

【疏】正義曰高氏愈云此言設五俎於席前也吳氏廷華云羊在豆東在臝醢東羊南豕北南上也張氏爾岐云特膚者膚俎單設在四俎之北也劉氏台拱云當俎北端當豕俎之北也　注云相助也者詳前司士贊者二人皆合執二俎以相從入下敖氏於彼

經云相從嫌竝行也今案此節相上無以字又上言序升謂五者以次而升也則敖氏之解移於此節似亦可通秦氏蕙田云執俎之人以序而升相從而入相如字不必讀作去聲

主婦自東房執一金敦黍有蓋坐設于羊俎之南婦贊者執敦稷以授主婦主婦興受坐設于魚俎南又興受贊者敦黍坐設于稷南又興受贊者敦稷坐設于黍南敦皆南首主婦興入于房敦有首者尊者器飾也飾蓋象龜周之禮飾器各以其類龜有上下甲今文曰主婦入于房

疏 正義曰高氏愈云此言主婦親設四敦也敖氏云金敦以金飾之也四敦皆然特見其一耳婦贊者卽主婦贊者一人也不言主省文也後放此以授主婦立授之也故主婦興受敦與受豆籩不同禮貴相變也蔡氏德晉云婦贊者唯一人其後二敦別有婦人贊者執之以授主婦張氏爾岐云設黍稷亦綷也今案上主婦設豆畢興入于房此復自東房執敦入室以設設畢復入于房以行禮時婦人位恆在房中也 注云敦有首者尊者器飾也者鄭意蓋以大夫以上敦簋有飾士無

之故禮器管仲鏤簠注云鏤簠謂刻而飾之大夫刻爲龜爾諸侯飾以象天子飾以玉云飾蓋象龜周之禮飾器各以其類龜有上下甲者考工記梓人云外骨內骨卻行仄行云云以脰鳴者以注鳴者以旁鳴者以翼鳴者以股鳴者以胷鳴者謂之小蟲之屬以爲雕琢鄭注云刻畫祭器博庶物也又云外骨龜屬也戴氏震考工記圖注云歐陽氏集古錄曰簠容四升其形似龜有首有尾有足有甲有腹今禮家作簠但於其蓋刻爲龜形與原父所得眞古簠不同案集古錄所云但於其蓋刻爲龜形者卽聶氏三禮圖之敦與簠簋皆於蓋頂作一小龜是也其說始於儀禮疏誤解鄭注飾蓋象龜一蓋字蓋之爲言意擬未定之辭無正文也褚氏云敦與簋之首足皆在器身不在蓋盛氏云三禮圖敦蓋龜形士喪禮敦啟會面足敦蓋已啟猶云面足則其說未必然今案刻爲龜者謂通體刻爲龜形非於其蓋也此注蓋字是虛詞非會蓋之蓋觀禮器考工記注不言刻蓋可見賈疏以蓋形龜象釋之則其誤自賈始矣云今文曰主婦入于房者鄭以上云坐設言坐則必有興古文有興字文義較備故疊今文不從也

祝酌

奠遂命佐食啟會佐食啟會蓋二以重設于敦南酌奠酌酒爲神

奠之後酌者酒尊要成也特牲饋食禮曰祝洗酌奠奠于鉶南重累之【疏】正義曰高氏愈云諸侯廟中有鬱鬯以灌地降神大夫無之止酌酒奠神而神若來享之故祝遂出迎尸也方氏苞云二以重者以黍稷二敦南北相次會之啟不得各從其敦故重之而並設於下敦之南兼明所謂會者卽蓋也今案特牲言祝洗酌奠此不言洗省文耳　注云酌奠奠酌酒爲神奠之者以陰厭爲神不爲尸也云後酌者酒尊要成也者李氏云饌由尊者而成故酒後設之引特牲者以經未言所奠之處故引特牲以證之但特牲設鉶在前故經云奠于鉶南此酌奠時尚未設鉶故經空其文注以所奠處故預指鉶言之下經鉶設于韭菹之南是此時尚未設鉶也云重累之者以每二敦之蓋重疊設之鄭箋詩無將大車亦云重猶累也

主人西面祝在左主人再拜稽首祝曰孝孫某敢用柔毛剛鬣嘉薦普淖用薦歲事于皇祖伯某以某妃配某氏尚饗主人又再拜稽首羊曰柔毛豕曰剛鬣嘉薦菹醢也普淖黍稷也普大也淖和也德能大和乃有黍稷春秋傳曰奉粢以告曰潔粢豐盛謂其三時不害而民和

年豐也

[疏]正義曰：禮經釋例云凡室中房中拜以西面爲敬室中之拜事神與尸也案士虞禮陰厭主人入祝從在左西面又云主人再拜稽首特牲禮陰厭祝先入主人從西面于戶內又云主人再拜稽首又釁主人西面再拜少牢禮陰厭主人西面祝在左主人再拜稽首又尸飯祝西面于主人之南主人不言拜侑又尸酢主人主人西面奠爵又拜又獻祝主人西面荅拜又獻二佐食同又釁主人西面三拜釁者又主人受上釁爵酌以酳于戶內西面坐奠爵拜此男子室中之西面拜也又少牢禮主婦獻尸入戶西面拜又主婦主人之北西面拜送爵又主婦受尸酢及獻佐食皆西面荅拜此婦人室中之西面拜也士虞禮主人初獻北面荅拜特牲禮主人獻佐食佐食北面拜受角又嗣舉奠北面再拜稽首少牢禮獻上佐食上佐食戶內牖東北面拜又主婦獻佐食佐食北面拜又賓長獻尸戶西北面拜送爵有司徹不儐尸之禮賓長獻尸戶西北面荅拜又賓致爵于主人賓北面荅拜又賓自酢戶西北面拜此男子室中之北面拜也特牲禮主婦亞獻北面拜送有司徹不儐尸之禮主婦致爵于主人戶西北面拜送爵又主婦自醋戶內北面拜此婦人室中之北面拜也又士昏禮婦至成禮酌酳主人贊戶內北面荅拜酳婦

亦如之又贊自酢戶西北面奠爵拜此嘉禮室中之拜也房中之拜與婦人行禮也特牲禮賓三獻主人致爵于主婦席于房中南面主婦拜受爵主人西面荅拜又獻內兄弟于房中主人西面荅拜有司徹獻內賓于房中南面拜受爵主人南面于其右荅拜又不儐尸之禮賓致爵于主婦主婦北堂席北東面拜受爵賓西面荅拜此皆房中之拜也特牲獻內兄弟主人西面拜有司徹獻內賓南面拜者士與大夫之殊也蓋堂上以南鄉爲尊故拜以北面爲敬室中以東鄉爲尊故拜以西面爲敬房中則統於室亦以西面爲敬歟　注云羊曰柔毛豕曰剛鬣者曲禮文賈疏云羊肥則毛柔豕肥則鬣剛也嘉薦普淖詳士虞記春秋傳桓公六年隨季梁之言引之者以證普淖之義

右陰厭

祝出迎尸于廟門之外主人降立于阼階東西面祝先入門右尸入門左主人不出迎尸伸尊也特牲饋食禮曰尸入主人及賓皆辟位出亦如之祝入門右者辟尸盥也旣則後尸

疏　正義曰自此至牢肵正脊加于肵皆言尸入正祭之事張氏爾岐分尸入妥尸及尸

十一飯爲二節，今從之。注云主人不出迎尸伸尊也者，
謂伸尸尊也。特牲注云「主人不迎尸，成尸尊」，與此同義，詳
彼。引特牲禮曰「尸入，主人及賓皆辟位，出亦如之」者，此特
牲記之文也。引之證此與彼同。云祝入門右者，辟尸盥也，
旣則後尸者，盥見下文。入門則祝先，升階入室則祝
後，下文「祝延尸，尸升自西階，入，祝從」，是後尸之事也。**宗人
奉槃東面于庭南，一宗人奉匜水西面于槃東，一宗人奉
簞巾南面于槃北，乃沃尸盥于槃上，卒盥，坐奠簞，取巾，興，
振之三，以授尸，坐取簞，興，以受尸巾。**庭南沒霤。疏正義曰：南面于槃北，以尸
北面盥，故向之。乃沃，奉匜水之宗人也。坐奠簞取巾，奉簞
巾之宗人也。餘詳士虞禮及特牲記。注云霤者，門內霤
也。庭南近門，故以爲沒盡霤處。李氏云：尸盥設于西階東，
尸入門左，至門內霤，侍盥者奉器就之。門內霤在庭之南。
特牲禮曰「尸入門左，
北面盥」，亦繼門言之。**祝延尸，尸升自西階，入，祝從。**由後詔相之曰
延。延，進也。周禮曰：「大祝相尸禮。」祝從，從尸升自西階。疏正義曰：入，入室也。注云由
後詔相之曰延，延，進也，及引

周禮大祝職文俱詳特牲禮云祝從從升自西階者經言祝從于入之下注恐人以祝之入在尸後而升階或在尸前故特明之

主人升自阼階祝先入主人從祝接神先入宜也【疏】正義曰以祝是接神之官故宜先入也

尸升筵祝主人西面立于戶內祝在左主人由祝後而居右尊也祝從尸尸即席乃卻居主人左【疏】正義曰西面以右爲上注以入室祝先主人後今主人立于祝右以其尊也祝在主人左以由前而卻也必言祝從尸尸即席者以入室中祝猶在主人先至尸即席乃退居主人左也退居主人左與主人同西面者以將拜妥尸也蔡氏德晉云室中西面主人之定位也祝位負北墉南面有事於神尸則變位

祝主人皆拜妥尸尸不言尸荅拜遂坐拜妥尸拜之使安坐也尸自此荅拜遂坐而卒食其閒有不啐奠不嘗鉶不告旨大夫之禮尸彌尊也不告旨者爲初亦不饗所謂曲而殺【疏】正義曰蔡氏德晉云尸不言象神之恭默也盛氏世佐云案特牲禮言尸坐于主人拜妥尸之上此言於妥尸之下者亦文有先後耳敖氏云以主人尊故非也今案士虞亦言尸坐于妥尸之下盛說是也注云拜

安尸拜之使安坐也者詳特牲禮云尸自此荅拜遂坐而卒食者明其卒食以前不復興也但據特牲禮中閒有卒酒告旨主人拜尸奠觶荅拜祭鉶嘗之告旨主人拜尸荅拜之文則不能坐而不興故注復申之云其閒有不啐奠不嘗鉶不告旨大夫之禮尸彌尊也者以少牢無啐奠嘗鉶告旨之事也不嘗鉶不告旨謂不嘗鉶告旨耳非兩事也特牲主人之拜以其告旨非以其嘗鉶也注於告旨上必兼言不者以啐酒之拜亦以告旨故總言不告旨也尸在廟門內本尊而大夫之尸視士尸又尊故云彌尊也云不告旨者爲初亦不饗者鄭以不告旨總上不啐奠不嘗鉶言之故下祇申言不告旨之義也特牲拜安尸後尸荅拜執奠祝饗主人拜如初注饗勸強之也此經無祝饗之事是初亦不饗也初時不饗故後亦不告旨也云所謂曲而殺者禮器文彼注云謂若父在爲母期也案父在爲母期不得伸其尊特牲士禮得饗而少牢不饗者以大夫近君嫌與君同是亦不得伸之義故引以爲證也盛氏世佐云不祝饗與士禮異所以然者以其有儐尸於堂之禮故於是略之歟此說亦可存參

祝反南面未有事也隋祭爾敦官各肅其職不命

【疏】正義曰敖氏云南面云反以見從尸入時位在此稷若云方陰厭之初祝

入南面此旣無事故反其位南面祝在室之常位也此時妥尸畢復其常位故云反　注云未有事也者妥尸事畢也云隋祭爾敦官各肅其職不命者對特牲隋祭爾敦皆祝命之言也此申言未有事之義未有事故反南面也

右迎尸入妥尸

尸取韭菹辯擩于三豆祭于豆閒上佐食取黍稷于四敦下佐食取牢一切肺于俎以授上佐食上佐食兼與黍以授尸尸受同祭于豆祭牢羊豕也同合也合祭於俎豆之祭也黍稷之祭爲隋祭將食神餘尊之而祭之今文辯爲徧

疏 正義曰此言尸隋祭之事凡尸未食前之祭謂之隋祭詳特牲禮擩染也豆閒上豆之閒義俱詳彼吳氏廷華云擩必於醢四豆惟醓醢蠃醢則三豆者二豆之誤李氏云切肺祭肺也神俎祭肺三取其一也言牢者羊豕兼取之今案羊豕肺各取其一畱二以爲主人主婦用也敖氏云言兼與黍而不言稷見其尊者耳或曰黍下脫一稷字方氏苞云承上經取黍稷于四敦而曰兼與黍以授尸則兼稷無疑也下經曰爾上敦黍

則不兼稷無疑也所以然者緣尸之意已所飯不敢同於神祭也今案兼與黍下各本皆無稷字其實當有稷字方說是也豆祭所祭豆實之處卽豆閒也禮經釋例云隋祭卽周禮大祝九祭中之命祭也此祭必祝命之故曰命祭特牲士虞皆然少牢不云命祭文不具也　注云牢羊豕也者義見前云同合也合祭於俎豆之祭也　者說文同合會也故同訓爲合李氏云俎豆當作菹豆張氏識誤同謂卽合祭於上取韭菹祭于豆閒之處也云黍稷之祭爲隋祭將食神餘尊之而祭之者案隋祭當兼肺言注特舉黍稷以該之耳禮記郊特牲祭黍稷加肺鄭注謂綏祭也孔疏云案特牲禮云祝命挼祭尸左執觶右取菹換于醢祭于豆閒佐食取黍稷肺祭授尸尸祭之是尸綏祭之時有黍稷肺也少牢亦然張氏爾岐云先陳設爲陰厭尸後來卽席食是尸餕鬼神之餘故尊而祭之也云今文辯爲徧者詳鄉飲酒禮爲釋文作作

上佐食舉尸牢肺正脊以授尸尸受祭肺

上佐食爾上敦黍于筵上右之　爾近也或曰移也右之便尸食也重言上佐食明更起不相因

疏　正義曰李氏云授尸下賈氏有尸受祭肺四字楊氏復說同吳氏澄考注本據以補入張氏爾岐云

案唐石經本亦無此四字唯下食舉疏云舉牢肺正脊也者上文云上佐食舉尸牢肺正脊以授尸尸受祭肺則賈作疏時經文尚有四字劉氏台拱云案經文若有此四字注不必為重言上佐食作解矣吳本不足據今案據此則鄭賈兩本似異也李氏又云牢肺離肺也不設大羹者大羹為尸不為神賓尸乃有之敖氏云肺脊先食舉之亦明不與他舉同吳氏疑義云此肺脊兼羊豕言下亦然此用少牢故言牢以為尸舉故又曰尸方氏苞云上經舉一切肺此曰舉尸牢肺正脊明上所取肺以隋祭此肺脊乃尸所食也其餘牢幹骼肩魚腊皆曰尸以有入肵俎者有留神俎者故竝言尸以別之蔡氏德晉云上敦黍當羊俎之南者也今案此但有黍而無稷詳後三飯下注云爾近之也或曰移也者詳燕禮南鄉爾卿下云右之便尸食也者敖氏云右之蓋當尸前之南注云便尸食謂黍在尸右則尸以右手取之便也云重言上佐食明更起不相因者以舉肺脊為尸食舉爾黍為尸三飯其事本不相因若不重言上佐食恐人疑舉肺脊與爾黍同時為之非更起也

主人羞肵俎升自阼階置于膚北　羞進也肵敬也親進之主人敬尸之加

【疏】正義曰高氏愈云此言主人親設肵俎也特牲主人羞肵

俎于腊北者，特牲三俎無膚，故肵在腊北。此五俎有膚，膚特于北，故在膚北也。餘詳特牲禮。注云「羞，進也。肵，敬也」者，詳前。云「親進之主人，敬尸之加」者，以肵俎在五俎外，主人加設此俎以敬尸，故言加也。

上佐食羞兩鉶，取一羊鉶于房中，坐設于韭菹之南。下佐食又取一豕鉶于房中以從，上佐食受，坐設于羊鉶之南，皆芼，皆有柶。尸扱以柶，祭羊鉶，遂以祭豕鉶，嘗羊鉶。芼，菜也。羊用苦，豕用薇，皆有滑。

疏正義曰：秦氏蕙田云：此言二佐食羞羊鉶豕鉶也。方氏苞云：但言取鉶于房中，而不言實之之人、初設之地，以實豆籩鉶陳于房中，已見於特牲也。吳氏廷華云：坐設于韭菹之南，近席，與初兩豆一列。敖氏云：上佐食受，興受之也，故下云坐設。芼，以菜和物之名。祭鉶亦于豆祭也。下篇曰「以羊鉶之柶扱羊鉶，遂以扱豕鉶，祭于豆祭」。若公食大夫禮用大牢，則祭鉶於上鉶之閒，與此異。王氏士讓云：案自尸祭韭菹至此，品物多矣，而尸惟嘗羊鉶者，蓋羊為少牢，必先嘗之，以明禮之正也。今案：鉶詳聘禮，柶詳士冠禮。注云云者，詳公食禮。

食舉。舉，牢肺、正脊也。先食啗之

以爲道也。【疏】正義曰：特牲云「乃食食舉」，此不云「乃食」，文有詳略耳。敖氏誤以特牲之「乃食」爲一飯，遂謂此經爲脱漏，不知尸先食舉而後三飯，此經與特牲同，旣云三飯，則當連飯。敖氏謂一飯則食舉以安之，非矣。餘詳特牲禮。注云「舉牢肺正脊也」者，上經云「上佐食舉牢肺正脊以授尸」，此云食舉，是食牢肺正脊也。云「先食啗之，以爲道也」者，亦是道食通氣，與特牲注義同。禮經釋例云：凡尸飯，舉脊爲食之始，舉肩爲食之終。案特牲尸始三飯前乃食食舉，李氏如圭云「食舉卽肺脊也，食必先舉之，故曰舉」，是初舉肺脊也。又三飯前舉幹，注「長脅也」，又舉獸幹及魚，舉後羞庶羞，是再舉脅及胳魚也。終三飯前舉骼及獸魚如初，是三舉骼及胳魚也。終三飯後舉肩及獸魚如初，是四舉肩及胳魚也。士虞禮尸始三飯前舉肺脊，後舉卽羞庶羞，如初舉脊也。又三飯前舉幹，是再舉脅也。終三飯前舉胳，是三舉胳也。終三飯後舉肩，是四舉肩也。尸不受魚腊者，虞祭不備味也。皆始舉豕脊，終舉豕肩也。少牢禮尸始三飯前食舉，注「舉牢肺正脊也」，是初舉脊也。四飯前舉牢幹，後舉羞庶羞，是再舉脅也。五飯前舉魚，是三舉魚也。六飯前舉腊肩，是四舉腊也。七飯前舉牢骼，是五舉骼也。八飯前不舉，終三飯前舉牢肩，是六舉肩也。亦始舉羊豕之脊，終舉羊豕之肩也士祭九飯故四舉大夫祭十一飯故六舉少牢雖六舉然牢體亦祇四舉脊也脅也骼也肩也特牲士虞亦始脊次脅次骼終肩與大夫側同又特牲少牢皆再舉後始羞庶羞士虞初舉後卽羞庶羞此虞祭與吉祭異者也

三飯食以黍

疏正義曰此尸始三飯也禮經釋例云凡士祭尸九飯大夫祭尸十一飯案特牲禮尸三飯告飽祝侑主人拜注三飯告飽禮一成也此始三飯也佐食舉幹舉獸幹魚一羞庶羞四豆後經云尸又三飯告飽祝侑之如初注禮再成也此又三飯也合前爲六飯經又云舉骼及獸魚如初尸又三飯告飽祝侑之如初注禮三成此終三飯也合前爲九飯經又云舉肩及獸魚如初注不復飯者三三者士之禮大成也士虞禮尸飯播餘于篚三飯佐食舉幹此始三飯也經又云又三飯舉骼此又三飯也經又云又三飯舉肩注後舉肩者貴要成也此終三飯也亦共九飯特牲士虞皆士禮是士祭尸九飯也此少牢禮尸食舉三飯此始三飯也上佐食舉尸牢幹羞胾醢後經云尸又食此又一飯也合前爲四飯上佐食舉尸一魚後經云尸又食此又一飯也合前爲五飯上佐食舉尸腊肩後經云尸又食此又一飯也合前爲六飯上佐食舉尸牢骼後經云尸又食此又一飯也合前爲七飯尸告飽

祝侑後經云尸又食此又一飯也合前爲八飯上佐食舉尸牢肩後尸不飯告飽主人侑經云尸又三飯注爲祝一飯爲主人三飯尊卑之差此終三飯也合前爲十一飯少牢大夫禮是大夫祭尸食十一飯也至於有司徹不儐尸之禮入飯之後乃盛肵俎卒盛乃舉牢肩十一飯之前乃摭於魚腊俎俎釋三个其餘皆取之實於一俎以出主人之魚腊取於是其儀雖與賓尸小異而其爲十一飯則無異也又士祭尸三飯即侑大夫祭尸七飯始侑士祭祝主人其侑大夫祭祝主人更侑皆隆殺之義也今案下經尸又三飯注云尸十一飯下人君也有司徹不儐尸者尸又三飯注云士九飯大夫十一飯其餘有十三飯十五飯賈疏云士大夫既不分命數爲尊卑則五等諸侯同十三飯天子十五飯可知據注以大夫十一飯爲下人君則賈疏之説當爲鄭義意當如賈所云也　注云食以黍者據上經云上佐食爾上敦黍于筵上知此所食者黍鄭恐人上以爲兼食稷故特明之下又食無注明亦同食黍也

佐食舉尸牢幹尸受振祭嚌之佐食受加于肵幹正脅也古文幹爲肝

疏 正義曰振祭詳特牲禮嚌嘗也佐食受加于肵者禮經釋例云凡尸所食皆加于肵俎若虞祭則以篚代

之詳特牲佐食舉幹尸受振祭嚌之佐食受加于肵俎下案此下當有尸實舉于菹豆之文經不言略也詳後上佐食受尸牢肺正脊加于肵下注云幹正脅也者上食舉是正脅故知此亦正脅云古文幹爲肝者肝是假借字段氏云此與古文髀爲脾皆但取同音假借而已是也

上佐食羞胾兩瓦豆有醢亦用瓦豆設于薦豆之北設於薦豆之北以其加也四豆亦綪羊胾在南豕胾在北無臐膮者尚牲不尚味 疏 正義曰胾詳士虞禮胾四豆下瓦豆亦名鐙詳公食禮醢用瓦豆亦兩也薦豆即上韭菹等四豆也蔡氏德晉云凡薦豆用木豆則加豆其皆用瓦豆歟 注云設于薦豆之北以其加也者以胾醢是加豆故與薦豆同列而設於其北也云四豆亦綪羊胾在南豕胾在北者兩胾兩醢爲四豆李氏云羊胾北醢醢東豕胾胾南醢是綪也云無臐膮者尚牲不尚味者特牲有豕無羊此有羊豕二牲故不必有臐膮以備味互詳特牲羞庶羞四豆下

尸又食食胾上佐食舉尸一魚尸受振祭嚌之佐食受加于肵橫之又復也或言食或言飯食大名小數曰飯魚橫之者異於肉 疏 正義曰尸又食此四飯也

方氏苞云特牲舉幹骼肩皆以獸魚從以合九飯之節也少牢分魚腊爲二又以魚附於胾以成十一飯之數也注云又復也也者據說文又又之本義爲手經典多用爲繼前之辭穀梁傳云又有繼之辭也義與復同故鄭注禮經多訓爲復詩小宛天命不又毛傳亦云又復也云或言食或言飯食大名小數曰飯者鄭以上言三飯此言又食食卽飯也禮器天子一食諸侯再大夫三此大名也就一食之中又分之則有一飯三飯之異故云小數曰飯如此經及特牲所云是也云魚橫之者異於肉者鄭以肉不云橫而魚云橫故特釋之褚氏寅亮云牢肉與魚同加一俎故肉橫而魚亦橫橫若縮則礙後加之物矣經明言橫之敖氏云縮俎不可解肉本橫今仍橫魚本縮今則橫故注云異於肉也

又食上佐食舉尸腊肩尸受振祭嚌之上佐食受加于肵腊魚皆一舉者少牢二牲略之腊必舉肩以肩爲終也別舉魚腊崇威儀【疏】正義曰又食此五飯也敖氏云此言上佐食受則前後所謂佐食受者皆其上者也注云腊魚皆一舉者少牢二牲略之者對特牲獸魚皆三舉此少牢有二牲故於腊魚略之而一舉也云腊必舉肩以肩爲終也者李氏云肩尊牲體亦後舉之張氏爾岐云牲

體貴肩以所貴者終也云別舉魚腊崇威儀者對特牲三亦舉獸魚皆兩者同舉此則先舉魚後舉腊別舉之者大夫之禮威儀多也

又食上佐食舉尸牢骼如初如舉幹也疏正義曰又食此六飯也如初謂亦尸受振祭嚌之佐食受加于肵如舉幹時也注不承上言如舉腊肩者以骼與幹皆牢體故舉其類言之也

又食不舉者卿大夫之禮不過五舉須侑尸疏正義曰又食七飯也鄭意蓋對諸侯以上言之但無文可考耳五舉者上文舉牢肺正脊一也舉牢幹二也舉魚三也舉腊肩四也舉牢骼五也

尸告飽祝西面于主人之南獨侑不拜侑曰皇尸未實侑侑勸也祝獨勸者更則尸飽實猶飽也祝旣侑復反南面疏正義曰西面戶內之位也於主人之南即上經祝在左是也此時祝主人同在戶內西面祝侑而主人不侑故言獨侑以別之特牲侑尸祝皆不拜此特言之者嫌主人不侑祝獨侑或當拜也皇尸未實侑侑辭也詩楚茨皇尸載起毛傳皇大也鄭箋皇君也又云尸稱君尊之也方氏苞云特牲每三飯祝侑主人拜尸荅拜少牢則祝唯八飯前一侑而不拜主人唯九飯前一拜侑何也少牢鼎俎倍加儀節益繁使一與

特牲同則日不暇給矣豕鉶祭而不嘗與二佐食卒爵而不拜釐者不拜旣爵皆職此之由　注云侑勸也者詳特牲禮云祝獨勸者更則尸飽者更代也此祝勸下八飯主人勸是更代而勸不共侑也特牲祝主人共侑此祝主人更侑禮經釋例以爲禮有隆殺是也注以尸飽言之豈特牲之侑不欲尸飽乎說殊迂曲賈疏葢謬云實猶飽也者以上云尸告飽此云未實是言其未飽故以猶飽解之實亦訓滿訓充與飽義亦近也云祝旣侑復反南面者上經云祝反南面此祝西面於主人之南爲侑尸也故旣侑復反南面南面祝室中之常位也○賈疏云大夫七飯告飽而侑諸侯九飯告飽而侑天子十一飯而侑此本特牲少牢推而言之未有的據也諸侯十三飯天子十五飯說詳前

尸又食上佐食舉尸牢肩尸受振祭嚌之佐食受加于肵四舉牢體始於正脊終於肩尊於終始　疏　正義曰尸又食此八飯也佐食受加于肵劉氏台拱云案單言佐食亦謂上佐食也上佐食先在尸右自是以後在尸左　注云四舉牢體者一牢正脊二牢幹三牢骼四牢肩是始於正脊終於肩也云尊於終始者以正脊及肩皆牲體之貴者故云然也

尸不飯告飽祝西

面于主人之南祝當贊主人辭【疏】正義曰上祝西面于主人之南為侑尸此西面于主人之南當為主人致侑辭於尸也**主人不言拜侑**祝言而不拜主人不言而拜親疏之宜【疏】正義曰款氏云祝為之辭故不言也注云親疏之宜者賈疏云祝言而不拜者疏也主人不言而拜者親也**尸又三飯**為祝一飯為主人三飯尊卑之差凡十一飯下人君也【疏】正義曰祝侑而云尸又食主人侑而云尸又三飯是為祝一飯為主人三飯也此合前為十一飯餘詳上三飯之下**上佐食受尸牢肺正脊加于肵**言受者尸授之也尸授牢幹而實舉於菹豆食舉操以授佐食焉【疏】正義曰據特牲士虞此下亦當有反黍于其所之文經不言者略也注云言受者尸授之也者注以經渾言受尸故特明之也特牲舉肺脊加于肵俎注云尸授佐食佐食受而加之與此同也云尸授牢幹而實舉於菹豆食舉操以授佐食焉者此申尸授之義也尸授牢幹而實舉於菹豆亦無正文約特牲言之案特牲尸食舉至三飯後佐食舉幹尸受振祭嚌之佐食受加于肵俎舉獸幹魚一亦如之尸實舉于菹豆注為將食庶羞舉謂肺脊經又云佐食羞庶羞四豆是特牲尸實舉

于菹豆在羞庶羞之前明此經亦當在羞胾醢之前上文上佐食舉尸牢幹尸受振祭嚌之佐食受加于肵下郎云上佐食羞胾兩瓦豆有醢案所云佐食受者尸授之故注以爲尸受牢幹之時郎實舉于菹豆在羞胾醢前是約特牲言之也食舉操以授佐食明于菹豆中取以授之李氏云菹豆菹之豆惠氏棟云上文尸食舉舉者牢肺正脊也不言加于肵者實于菹豆也至此尸授上佐食上佐食受而加于肵禮經釋例云凡尸所食之肺脊必先奠于菹豆尸卒食佐食始受之加于肵俎少牢不言奠于菹豆文不具也詳特牲尸實舉于菹豆下褚氏寅亮云食舉時經無尸實舉于菹豆之文而此云佐食受尸由後可以明前也然則士虞禮之尸卒食佐食受肺脊知前亦奠于菹豆矣敖氏欲護前說故云言受明尸未嘗奠之也豈有左手執肺脊至十一飯之久而始終不釋乎且此何義也郝氏敬誤同

右尸十一飯是謂正祭

主人降洗爵升北面酌酒乃酳尸尸拜受主人拜送酳猶羡也

既食之而又飲之所以樂之古文酳作酌［疏］正義曰自此至亦折一膚言主人初獻之事○張氏爾岐云此初獻禮主人獻尸尸酳主人遂致嘏主人獻祝主人獻佐食凡四節今案尸卒食酳尸主人初獻主人婦亞獻賓長三獻士虞特牲少牢及有司徹不儐尸之禮大略皆同惟細節小異耳詳特牲主人洗角升酌酳尸下敖氏云北面酌酒見凡酌於此者之面位也尊東西設勺南枋而北面酌之則非酌於此者其面位亦可得而推矣經義述聞云主人拜送本作主人西面拜送凡主人主婦事尸皆西面故下文尸酢主人主人拜受爵尸荅拜主人西面奠爵又拜又主婦西面拜獻尸尸拜受主婦西面拜送爵祭統正義云少牢特牲尸皆在室之奧主人西面事之是也又案士虞禮主人酳尸尸拜受爵主人北面荅拜注云主人北面以酳酢變吉也賈疏引此文作主人西面拜送又云特牲直有主人拜送雖不見主人面位約與少牢同皆西面也自唐石經始脫西面二字各本遂沿其誤今案特牲尸酳主人主人拜受角尸拜送主人退注云退者進受爵反位蓋反西面位是特牲受酢亦西面也　注云酳猶羨也者取饒羨之義故以爲樂之也餘詳特牲禮

尸祭酒啐酒賓長羞牢肝用俎縮執俎

肝亦縮進末鹽在右羞進也縮從也鹽在肝右便尸換之古文縮爲蹙【疏】正義曰牢肝羊豕肝也羞牢肝即所謂以肝從也凡主人主婦賓長獻皆有從詳特牲禮縮執俎肝亦縮鹽在右詳士虞禮敖氏云肝進末卽體進下之意祭禮進末則昏禮之肝從當進本也劉氏台拱云案此俎不奠尸旣受肝則賓長縮執俎以降　注云鹽在肝右便尸換之者鹽亦在俎也李氏云鹽在右據賓長西面設者而言於尸爲鹽在左尸右取肝鄉左換之便古文縮爲蹙者詳鄉飲禮

尸左執爵右兼取肝換于俎鹽振祭嚌之加于菹豆卒爵主人拜祝受尸爵尸荅拜兼兼羊豕【疏】正義曰吳氏廷華云加于菹豆韭菹豆也葵菹則遠矣主人拜亦相拜如特牲方氏苞云特牲祝相爵而少牢無之少牢尸嘏主人有辭而特牲無之皆互見也蓋賓禮旣爵有拜尸不拜旣爵而主人先拜故祝詔之士禮旣詳則大夫不待言矣今案少儀其有折俎者取祭反之不坐燔亦如之尸則坐鄭注引此經尸左執爵右兼取肝換于俎鹽振祭嚌之加于菹豆然則尸此祭亦坐不興也　注云兼兼羊豕者謂兼取羊豕肝也王氏士讓云取兼羊豕其嚌之先羊後

家可知

右主人獻尸

祝酌授尸尸醋主人主人拜受爵尸荅拜主人西面奠爵又拜主人受酢酒俠爵拜拜彌尊尸疏正義曰敖氏云初拜固西面矣此言之者著受爵而反位也蔡氏德晉云尸荅拜而主人奠爵又拜不敢當尸之荅也賈疏云此少牢與特牲尸酢主人使祝代尸酌己是尊尸今主人拜受訖又拜爲俠拜是彌尊尸也方氏苞云受爵而俠拜視特牲有加位彌高禮彌卑也凡俠拜不復荅故尸於主人受嘏後奠爵之拜荅此又拜則不荅也又云特牲尸酢主人主人拜受角尸拜送少牢則曰荅拜大夫尊而尸以祖考臨之轉用尊長荅卑幼之辭與士與下大夫不送尸而上大夫儐尸出門拜送同義皆使人不敢以富貴加於父兄宗族也

上佐食取四敦黍稷下佐食取牢一切肺以授上佐食上佐食以綏祭綏或作挼挼讀爲墮將受嘏亦尊尸餘而祭之古文墮爲肵疏正義

日張氏爾岐云取四敦黍稷於四敦中各取少許也上佐食以授祭者以此黍稷及切肺授主人爲隋祭也吳氏廷華云取牢一切肺取之尸俎以授祭亦換於醢以授主人今案凡主人主婦受尸酢皆授祭詳特牲佐食授授祭下

注云綏或作授授讀爲墮者據下云古文爲肵此則綏或作授據今文言也凡隋祭字今文多作綏此以綏祭之綏今文或本又有作授者故鄭據讀爲墮以授與墮義近也有司徹不儐尸者其綏祭注綏皆當作授授讀爲藏其隋之隋此注讀爲墮義當與彼同鄭意蓋皆讀從周禮守祧職旣祭則藏其隋之隋也墮當作隋詳士虞禮祝命祝食隋祭下云將受嘏亦尊尸餘而祭之者上尸祭黍稷肺注云將食神餘尊之而祭之是尸餕鬼神之餘此將以黍嘏主人是尸所食之餘故云亦尊尸餘而祭之也云古文綏爲肵者鄭以肵字於隋祭義尤遠故疊之而不從各本皆作古文墮爲肵張氏淳云案經云上佐食以綏祭墮當爲綏後注有云綏亦當爲授古文爲肵此綏爲肵之證也從經今案集釋作古文綏爲肵戴氏震謂各本譌作墮是也

主人左執爵右受佐食坐祭之又祭酒不興遂啐酒 右受佐食右手受墮於佐食也至此言坐祭之者明尸與主人

爲禮也尸恆坐有事則起主人恆立有事則坐　疏　正義曰敖氏云言坐祭之者凡奠爵拜者執爵興故至此云坐也　注云右受佐食右手受墮於佐食也者經但云受未言所受何物故注明之墮即上黍稷肺是也云至此言坐祭之者明尸與主人爲禮也者鄭意以尸與主人爲禮故坐也尸與主人爲禮謂尸與墮祭且將致嘏也又云尸恆坐有事則起主人恆立有事則坐者明尸與主人爲禮則坐者以有墮祭之事也賈疏云禮器云周坐尸曲禮云立如齊鄭云齊謂祭祀時是尸常坐主人祭時常立也今案特牲云主人坐左執角受祭祭之與此同

祝與二佐食皆出盥于洗入二佐食各取黍于一敦上佐食兼受摶之以授尸尸執以命祝

命祝以嘏辭　疏　正義曰三人出盥於洗者爲將執所嘏之物故致潔以敬其事也各取黍於一敦者上佐食取上敦之黍下佐食取下敦之黍也兼受者兼受下佐食所取之黍也摶字義詳特牲方氏苞云上文上佐食取四敦黍稷以授祭則主人所受兼黍稷無疑也此二佐食各取黍于一敦則不兼稷無疑也所以然者緣主人之心受神惠以祭不敢用其半而致嘏於己則不敢受其全也　注云命

祝以嘏辭者謂以所嘏之辭命祝使述之以嘏於主人也所嘏之辭下文承致多福無疆以下是也**卒命祝祝受以東北面于戶西以嘏于主人曰皇尸命工祝承致多福無疆于女孝孫來女孝孫使女受祿于天宜稼于田眉壽萬年勿替引之**嘏大也予主人以大福工官也承猶傳也來讀曰釐釐賜也耕種曰稼勿猶無也替廢也引長也言無廢止時長如是也古文嘏爲格祿爲福眉爲微替爲袂袂或爲載載替聲相近

疏 正義曰卒命祝祝謂尸命祝祝畢也祝受以東北面于戶西以嘏于主人敖氏云受受黍也東北面鄉主人于戶西者爲尸致嘏宜近尸也郝氏敬云祝受以東尸在室西隅祝席前受尸命遂東就主人戶內之位致嘏也二說不同今案受自兼受黍受命言至祝致嘏主人自當鄉主人劉氏台拱謂東北面者鄉主人又不背尸是也但於戶西爲近主人非近尸室戶在東牖在西近戶者則以戶言之近牖者則以牖言之此戶西近戶郝氏謂就主人戶內之位致嘏是矣敖說非也郝氏又云宜稼于田祿自田出也方氏舟云周官不耕者祭無盛士無田則從庶人之薦故雖卿大

夫之尊祝嘏之辭不過宜稼于田而已雅詩有楚茨大田頌有載芟良耜自天子以至於庶人但能知稼穡之艱難則百行有本爲萬福之原也今案士嘏辭與大夫同唯士尸親嘏則首句當易耳此篇尸不親嘏者盛氏以爲大夫以上威儀多是也詩天保君曰卜爾萬壽無疆箋云尸嘏主人傳神辭也楚茨工祝致告徂賚孝孫苾芬孝祀神嗜飲食卜爾百福如幾如式箋云此皆嘏辭之意楚茨又云永錫爾極時萬時億孔疏以爲天子嘏辭之略然則天子諸侯之嘏辭此其僅存可考者歟　注云嘏大也予主人以大福者詳特牲進聽嘏下云工官也者案詩楚茨工祝致告毛傳云善其事曰工此注不用者楚茨工祝爲作詩者之辭此工祝爲祝自稱之辭故以官釋之書允釐百工孔傳詩嗟嗟臣工毛傳皆云工官也云承猶傳也者說文承奉也言奉尸命傳致於主人也云來讀曰釐釐賜也者詩江漢釐爾圭瓚毛傳釐賜也鄭以古釐字亦作來故讀爲釐而以賜釋之詩貽我來牟漢書劉向傳作釐麰是也或疑來訓爲賜與上致字複謂來當讀如字褚氏寅亮云上言致福下言賜祿義自別非複也云耕種曰稼者詩毛傳云種之曰稼斂之曰穡故鄭以耕種解之云勿猶無也者說文勿州里所建旗是勿之本義也經典多借勿爲無

故鄭以無釋之詩東山賓之初筵箋皆云勿無也云替廢也引長也言無廢止時長如是也者替廢引長本爾雅文詩楚茨子子孫孫勿替引之毛傳亦同此句勿替二字宜略逗鄭恐人以替引二字連讀故旣釋其字而又申言其義謂勿替者言無廢止時引之者言長如是也云古文嘏爲格祿爲福眉爲微替爲袂袂或爲臷臷替聲相近者嘏爲格詳士冠禮胡氏承珙云祿爲福者爾雅釋詁祿福也本疊韻爲訓此云受祿于天宜稼于田蓋因有田祿以共祭祀故鄭從今文作祿耳眉爲微者古文假字猶士冠禮之假麋爲眉也段氏玉裁云釋文袂音決今本乃作袂音決袂不當有決音明嘉靖本鍾人傑本皆作袂錢氏大昕云袂當爲秩字形相涉而譌也說文載爲臷詩秩秩大猷說文引作臷臷大猷是秩與臷通承珙案錢說是也說文走部又云䞇走也从走臷聲讀若詩威儀秩秩

主人坐奠爵興再拜稽首興受黍坐振祭嚌之詩懷之實于左袂挂于季指執爵以興坐卒爵執爵以興坐奠爵拜尸荅拜執爵以興出宰夫以籩受嗇黍主人嘗之納諸內詩猶承也

實于左袂便右手也季猶小也出出戶也宰夫掌飲食之事者收斂曰嗇明豐年乃有黍稷也復嘗之者重之至也納猶入也古文挂作卦

疏 正義曰敖氏云經云坐奠爵是立聽嘏也興少進受黍復位乃坐祭嚌之也宰夫受黍主人左執爵乃取而嘗之而納之內謂簋中注云詩猶承也實于左袂便右手也季猶小也者謂以右手實黍故於左袂爲便也餘詳特牲禮云出出戶也者謂出室戶也云宰夫掌飲食之事者周禮鬱人大祭祀與量人受舉斝之卒爵而飲之鄭注斝受福之嘏聲之誤也王酳尸尸嘏王此其卒爵也少牢饋食禮主人受嘏詩懷之卒爵執爵以興出宰夫以籩受嗇黍詩楚茨旣齊旣稷旣匡旣敕鄭箋嘏之禮祝徧取黍稷牢肉魚擩於醢以授尸孝孫前就尸受之天子使宰夫受之以匡祝則釋嘏辭以敕之儀禮釋官云周禮宰夫職無受黍之文鄭楚茨注亦以此經推之敖氏云宰夫司士大夫之私人也今案大夫官多故使宰夫受黍特牲則祝以籩受也云收斂曰嗇明豐年乃有黍稷也者詩周頌云豐年多黍多稌年豐乃有收故本其收斂言之而曰嗇黍亦重農之意互詳特牲禮云復嘗之者重之至也者前已嚌是嘗此復嘗是重受此黍也賈疏云特牲不言復嘗者文不具也是也云納猶入也者公

羊傳云納者何入辭也是納猶入也云古文挂作卦亦詳特牲禮

右尸酢主人命祝致嘏

主人獻祝設席南面祝拜于席上坐受 室中迫狹 疏 正義曰凡獻尸畢必必獻祝及佐食詳特牲主人酌獻祝下案特牲先云筵祝南面後云獻祝此亦當先設席乃獻文逆敘耳 注云室中迫狹者明室中迫狹故拜於席上也室制詳士昏禮及鄉射禮記 **主人西面荅拜** 不言拜送下尸 疏 正義曰此與下獻佐食皆西面而荅拜者統於神室中之拜以西面為敬也詳前陰厭主人西面面祝在左主人再拜稽首下注云不言拜送下尸者上主人酳尸尸拜受主人拜送今獻祝云荅拜荅拜較拜送為輕是下尸也

薦兩豆菹醢 葵菹蠃醢 疏 正義曰秦氏蕙田云案薦者敖氏以為宰夫姜氏兆錫以為主婦盛氏世佐泛云有司當以盛說為是 注以菹醢為葵菹蠃醢饋食之豆也敖則以為非菹醢醢云下篇主婦獻祝宰夫薦棗糗籩以尸之上籩則豆亦當以尸之上豆江氏筠云注非不考於是而為此說蓋所謂上籩者棗仍屬饋食之籩

故謂其空以類從又見下篇於他菹醢皆有非文此獨不著士虞禮餕兩豆菹醢其記云豆實葵菹菹以西鸁醢則凡經所不著者可知故謂空用饋食禮褚氏寅亮云饋食之豆葵菹蝸醢其常也祝用其常故經不著以可知也若主人主婦用非菹醢醢則必明言之矣當從注

佐食設俎牢髀橫脊一短脅一腸一胃一膚三魚一橫之腊兩髀屬于尻皆升下體祝賤也魚橫者四物共俎姝之也腊兩髀屬于尻尤賤不姝

疏 正義曰牢兼羊豕敖氏云髀右髀也橫脊短脅不二骨者俎實巳多故此略之腊亦髀者與牲並用故體亦放之　注云皆升下體祝賤也者髀橫脊短脅皆下體對尸俎有肩臂臑正脊正脅爲賤也云魚橫者四物共俎姝之也者四物謂羊豕魚腊羊豕腊載於俎皆橫魚本縮今以四者共一俎魚亦從而橫載故特言橫以姝別之也與前注云魚橫之者異於肉同意云腊兩髀屬下尻尤賤不姝者牢髀姝左右胖爲二腊則左右合升故兩髀連屬於尻不姝也李氏云尻在兩髀中吳氏廷華云尻脊骨盡處在兩股閒所謂髖也今案說文云髖髀上也廣雅髖尻臀也三者異名同實前尸俎髀不升注云近竅賤也此連屬於尻故爲尤賤也○放

氏云祝俎一而已乃襍用五俎之物者見其尊也後人每以注云祝賤疑之案注所謂祝賤對尸俎言之耳褚氏寅亮云祝兼五俎實尊於他執事也吳氏紱云祝接神尊之故雖下尸而俎實之多如此今據鄭注特牲記云祭祀接神者貴似敖說亦可通互詳特牲記

祝取菹擩于醢祭于豆開祝祭俎大夫祝俎無肺祭用膚遠下尸不嚌之膚不盛

疏　正義曰此祝祭豆祭俎也注云大夫祝俎無肺祭用膚遠下尸者賈疏云案特牲尸俎有祭肺離肺祝俎有離肺無祭肺是下尸今大夫尸俎亦有離肺祭肺祝則俱無是遠下尸也李氏云祝祭用膚與餕者同云不嚌之膚不盛者凡肺祭訖嚌之加於俎膚不嚌以不盛也褚氏寅亮云注膚不盛是解經不言嚌之意敖氏云亦嚌遵經不可從

祭酒啐酒肝牢從祝取肝擩于鹽振祭嚌之不興加于俎卒爵興亦如佐食授爵乃興不拜旣爵大夫祝賤也

疏　正義曰敖氏云肝牢當作牢肝俎牲俎也　注云亦如佐食授爵乃興者此經直云卒爵興不云授爵故特明之云不拜旣爵大夫祝賤也者此決特牲祝卒角拜主人荅拜以士卑故祝不賤此大夫尊故祝賤不拜旣爵也

右主人獻祝

主人酌獻上佐食上佐食戶內牖東北面拜坐受爵主人西面荅拜佐食祭酒卒爵拜坐授爵興不啐而卒爵者大夫之佐食賤禮略

疏 正義曰敖氏云取節於牖見其少西於他之北面拜者也凡室中北面拜者皆在戶牖閒其言戶西者則近於戶言牖東者則近於牖今案他經多云戶西北面拜此獨云牖東敖說是也言戶內者明亦獻於室王氏士讓云案祝有設席佐食無設席經但著其位案敖氏又疑卒爵下拜字爲衍文褚氏寅亮云祝旣不拜卒爵則佐食亦不拜卒爵可知敖說可從注蓋據特牲士之佐食亦啐言之也方氏苞云祝不拜旣爵佐食不啐與賓獻祝而不及佐食同義以將儐尸日不足也注皆以爲賤似失之今案以下注將儐尸禮殺參之方說亦可存

俎設于兩階之閒其俎折一膚佐食不得成禮於室中折者擇取牢正體餘骨折分用之有脀而無薦亦遠下尸

疏 正義曰注云佐食不得成禮於室中者以獻在室而俎設階閒是不得成禮於室中也盛氏云俎設

兩階閒卽特牲禮所謂執事之俎陳于階閒也云折者擇取牢正體餘骨折分用之者謂以體骨折分用之不得全體也詳特牲記佐食之俎但用折而無全體又膚止一而已下於祝也云有脅而無薦亦遠下尸者賈疏云無胏已是下尸又無薦是遠下尸也褚氏云案下篇不儐尸之禮云其獻祝與二佐食其位其薦脅皆如儐則佐食有薦可知故敖謂不言薦文略注言無薦似未然今案敖說是也

主人又獻下佐食亦如之其脅亦設于階閒西上亦折一膚上佐食旣獻則出就其俎特牲記曰佐食無事則中庭北面謂此時【疏】正義曰云亦如之謂自拜受爵至授爵與其儀亦如上佐食也脅俎實也張氏爾岐云西上者上佐食俎在西此在其東　注以上佐食旣獻則出就其俎位中庭北面敖氏則以上佐食與爲出立戶外據士虞記佐食無事則出戶負依南面之文也今案特牲記云佐食當事則戶外南面無事則中庭北面上佐食旣獻則事畢矣宜以注爲是

當事解詳特牲記

右主人獻兩佐食初獻禮竟

有司贊者取爵于篚以升授主婦贊者于房戶男女不相因特牲饋食禮曰佐食卒角主人受角降反于篚【疏】正義曰自此至入于房言主婦亞獻之事○張氏爾岐云此亞獻禮內主婦獻尸尸酢主婦主婦獻祝主婦獻佐食亦四節儀禮釋官云案凡事有專主之者謂之有司贊者則有司之助鄉飲記主人之贊者注云贊助也謂主人之屬佐助主人禮事是其言贊之義敖氏云篚下篚也婦人不可以取爵於庭故有司為取之敖氏又疑戶為東之誤褚氏云於房中就戶相授受也敖欲改為東非賈疏引內則非祭非喪不相授器其相授則女受以篚其無篚則皆坐奠之而後取之謂此經亦當受以篚及奠於地今案內則云非祭非喪不相授器則祭與喪男女得相授明矣鄭彼注云祭嚴喪遽不嫌也賈說未然　注云男女不相因者謂男女不相襲爵也張氏爾岐云注引特牲禮者見此亦主人受佐食爵反于篚贊者別取爵授主婦是男女不因爵而用也

婦贊者受以授主婦主婦洗于房中出酌入戶西面拜獻尸入戶西面拜由便也不北面者辟人君夫人也拜而後獻者當俠拜也昏禮曰婦洗在北堂直室東隅

疏正義曰婦贊者卽主婦贊者也出謂自房出而至堂也入戶入室戶也郝氏敬云出酌出房酌酒於房戶間之甒　注云入戶西面面拜由便也者主人位在戶內西面下云主婦主人人之北西面面拜送爵此不言主人之北明在主人之南入戶卽拜是由便也故下注復申言之云不北面者辟人君夫人也者以士妻北面拜卑不嫌與夫人同大夫之妻不北面近君須辟也詳特牲主婦北面拜送下云拜而後獻者當俠拜也者以當俠拜故獻前先拜也亦與特牲異引昏禮者張氏爾岐云明此經婦洗所在亦然也

尸拜受主婦主人之北西面拜送爵拜於主人之北西面婦人位在內此拜於北則上拜於南矣由便也

疏正義曰郝氏敬云主婦又拜送所謂俠拜也　注云拜於主人之北西面婦人位在內者室南向北爲內南爲外鄭以婦人位當在內故於主人之北拜高氏愈云主婦在內主人在外所謂女正位乎內男正位乎外也云此拜於北則上拜於南矣由便也者此申上注之意詳上

尸祭酒卒爵主婦拜祝受尸爵尸荅拜

疏正義曰尸不啐酒而卒爵禮略也王氏士讓云特牲主婦亞獻時宗婦執兩籩兄弟長以燔從此無者特牲室中成禮無儐尸

於堂之事故卽備籩牖此别行儐尸凡鉶豆籩湆脀燔皆於儐尸時進之也互詳特牲主人初獻賓長以肝從下

右主婦獻尸

易爵洗酌授尸祝出易爵男女不同爵疏正義曰上云祝受尸爵主明此易爵洗者亦祝也

婦拜受爵尸荅拜上佐食綏祭主婦西面于主人之北受祭祭之其綏祭如主人之禮不嘏卒爵拜尸荅拜不嘏夫婦一體綏亦當作挼疏正義曰主婦受酢不夾爵拜變於不賓尸古文爲肵禮敖氏云士妻撫祭內子受祭又有於房於室之異皆相變也主婦旣祭又祭酒乃卒爵下篇曰主婦立卒爵執爵拜郝氏敬云如主人之禮二佐食取四敦黍稷牢一切肺同也注云不嘏夫婦一體者以受福夫婦同之故不嘏統於主人也云綏亦當作挼古文爲肵者前上佐食以綏祭注云綏或作挼挼讀爲墮鄭以此綏字義與彼同故云亦也但彼文或本有作挼者故就挼讀之此則無作挼之本故破綏爲挼也餘詳前

右尸酢主婦

主婦以爵出贊者受易爵于篚以授主婦于房中贊者有司贊者也易爵亦以授婦贊者婦贊者受房戶外入授主婦〔疏〕正義曰易爵以授主婦將獻祝佐食也篚亦堂下之篚也方氏苞云士禮略主婦獻尸祝佐食竝用內篚之爵而更洗之內子則室中堂上皆使有司取爵於下篚宗婦傳致而內篚之爵專以酬內賓宗婦於房中以著威儀之盛耳

注云贊者有司贊者也者以上文有司贊者取爵于篚明此易爵于篚亦有司贊者也云易爵亦以授婦贊者婦贊者受房戶外入授主婦者謂有司贊者以爵授婦贊者婦贊者受之於房戶外乃入授主婦然則上主婦以爵出贊者受亦非主婦親授贊者明矣吳氏疑義云此當主婦授婦贊者乃轉授有司贊者褚氏云仍有婦贊者爲之授受敖氏有司贊者與主婦親授受之說不可從

主婦洗酌獻祝祝拜坐受爵主婦荅拜于主人之北卒爵不興坐授主婦不俠拜下尸也今文曰祝拜受〔疏〕正義曰注云不俠拜下尸也者王氏士讓云於祝二佐食

俱不俠拜降等也於祝洗於二佐食不見洗文簡中又有等也云今文曰祝拜受者今文祝拜下無坐字案據下云卒爵不興則當有坐字明矣故鄭從古文

右主婦獻祝

主婦受酌獻上佐食于戶內佐食北面拜坐受爵主婦西面荅拜祭酒卒爵坐授主婦主婦獻下佐食亦如之主婦受爵以入于房不言拜於主人之北不知也爵奠於內篚疏正義曰注不言拜於主人之北可知也者上獻祝云拜於主人之北此不言亦與彼同可知敖氏云上云主人之北此云西面上云不興此云祭酒皆互見其說是也云爵奠於內篚者內篚房中之篚也

右主婦獻兩佐食亞獻禮竟

賓長洗爵獻于尸尸拜受爵賓戶西北面拜送爵尸祭酒

卒爵賓拜祝受尸爵尸荅拜【疏】正義曰：張氏爾岐云自此至於其筵前言賓長終獻之禮賓長獻尸尸醋賓長賓長獻祝凡三節賈疏云尸祭酒卒爵者案特牲賓長獻爵止待夫婦致爵此大夫禮或有儐尸者致爵在儐尸故不致爵爵不止也王氏士讓云不儐尸則止爵與特牲同互詳特牲賓三獻如初下

右賓長獻尸

祝酌授尸賓拜受爵尸拜送爵賓坐奠爵遂拜執爵以興坐祭遂飲卒爵執爵以興坐奠爵拜尸荅拜【疏】正義曰敖氏云賓受酢而俠拜與夫奠爵拜執爵興之類皆放主人事尸之禮爲之

右尸醋賓長

賓酌獻祝祝拜坐受爵賓北面荅拜祝祭酒啐酒奠爵于其筵前啐酒而不卒爵祭事畢示醉也不獻佐食將儐尸禮殺【疏】正義曰敖氏云不卒爵故啐而奠之

筵前席南也蓋北面奠之奠於此者明其與他奠爵之禮異祝不卒爵又不及佐食蓋放不賓尸末獻之儀也高氏愈云以將告利成而尸謖故祝奠爵不飲郝氏敬云不獻佐食將與賓餕也有儐尸故獻禮從簡說皆與注微異而可存○姜氏兆錫云自主婦獻尸獻祝佐食及賓長獻尸獻祝祝凡薦從之屬視特牲禮反略蓋以此有儐尸之禮故歟方氏苞云特牲主婦亞獻尸獻祝皆有籩燔賓三獻有燔從而少牢俱無之以增儐尸禮也然不儐尸主婦之獻仍薦籩燔而賓獻亦無燔何也以士牲少故再獻三獻各以從薦爲儀少牢二牲主婦亞獻已兼薦羊豕之燔故三獻無薦也

右賓長獻祝終獻禮竟

主人出立于阼階上西面祝出立于西階上東面祝告曰利成利猶養也成畢也孝子之養禮畢　疏　正義曰自此至廟門言祭畢尸出廟之事○祝告曰利成鄉主人告也　注義俱詳見於士虞禮　祝入尸謖主人降立于阼階東西面謖起

也或作休。疏正義曰：記特牲記士虞禮注云古文謖或爲休，此當亦據古文言也，義詳彼。**祝先尸從**

遂出于廟門事尸之禮訖於廟門。疏正義曰：敖氏云祝先尸而行也。尸出廟門，祝宜告以主人將有事尸於門外次中俟之。士冠禮曰請醴賓，賓就次。李氏云尸在廟門外則疑於臣，故送逆尸皆以廟門爲斷。○姜氏兆錫云：案特牲禮賓獻尸，爵止，主人主婦乃交致交酢，比賓作止爵，尸乃酢賓，賓乃獻祝佐食，乃又致主人主婦，主人乃獻賓及衆，於是堂下陳尊，主人乃又酬賓，乃又獻長兄弟衆衆兄弟，乃又獻內賓宗婦，長兄弟衆賓長乃又皆爲尸加爵，爵嗣又爲舉奠，而賓長兄弟以下皆旅酬以至無算爵，而後利成尸謖也。今賓獻尸以下，但尸酢賓，賓獻祝而即尸謖，何煩簡不倫至是邪？追觀儐尸而後知先聖之禮制隆殺有時也。易曰錯綜參伍而不易其方，此之謂也。

右祭畢尸出廟

祝反復位于室中主人亦入于室復位祝命佐食徹肵俎降設于堂下阼階南徹肵俎不出門，將儐尸也。肵俎而以儐尸者，其本爲不反魚肉耳。不云尸俎未歸尸疏正義曰自此至篇末言徹肵俎行餕之事祝復位復室中南面之位主人復位復室中西面之位也敖氏云佐食上佐食也阼階南近於鄉者所升之處也注云徹肵俎不出門將儐尸也者案不儐尸之禮尸出則佐食出尸俎於廟門外有司受歸之此徹於堂下不出門是爲將儐尸也云肵俎而以儐尸者其本爲不反魚肉耳者案曲禮毋反魚肉鄭注爲己歷口人所穢孔疏引崔靈恩云少牢禮尸所食之魚肉皆別致於肵俎不反故處是肵俎本爲不反魚肉而設故魚肉多在肵俎可褻以儐尸也云不云尸俎未歸尸者特牲徹之卽以歸尸故云尸俎此未歸尸故不云尸俎也

司宮設對席乃四人餕大夫禮四人餕明惠大也疏正義曰張氏爾岐云設對席者對尸席而設西向之席吳氏紱云設對席而四人餕則二人共一席矣禮經釋例云凡餕士禮二人大夫禮四人餕 亦有獻酢案特牲禮尸出徹庶羞後筵對席佐食分簋鉶 宗人遣舉奠及長兄弟餕舉奠卽嗣子也又主人洗爵宰贊一爵酌醑上餕下餕又上餕洗爵酌酢主人此餕畢之獻酢也餕者用嗣子及長兄弟二人此士禮也少牢禮尸出徹肵俎後司宮設對席乃四人餕又主人洗一爵贊者洗三爵酌授上餕次餕以辯又主

人受上餕爵酳以醑於戶內此餕畢之獻酢也有司徹不儐尸之禮尸出徹俎後乃餕如儐言如少牢之禮也餕者用兩佐食及兩賓長共四人此大夫禮也士虞祭不備禮故不餕祭統云凡餕之道別貴賤之等而興施惠之象此大夫禮四人餕爲惠大對特牲二人餕言之也

上佐食盥升下佐食對之賓長二人備備四人餕也三餕亦盥升疏正義曰此以佐食與賓長餕者王氏士讓云大夫嗣既不舉奠故亦不與於餕也郝氏敬云室中之事佐食與尸周旋久而闕一獻神惠宜首及賓長助獻因得陪食也張氏爾岐云上佐食升居尸席下佐食西向對之賈云下佐食雖云西向對賓近北不得東西相當以其一賓長在上佐食之北一賓長在下佐食之南也　注云備四人餕也者餕以佐食止二人故又以賓長二人充四人之數也云三餕亦盥升者因經但言上佐食盥故并明之敖氏云注知三餕亦盥者以特牲禮舉奠及長兄弟盥而推之也

司士進一敦黍于上佐食又進一敦黍于下佐食皆右之于席上右之者東面在南西面在北疏正義曰上佐食東面以南爲右下佐食西面以北爲右必右之者飯以右手取之便

也

資黍于羊俎兩端兩下是䰞 資猶減也減置於羊俎兩端則一賓長在上佐食之北一賓長在下佐食之南今文資作齎 【疏】正義曰敖氏云餕主於二佐食故以二賓長爲兩下今案上司士所進止二敦黍故必分黍置於羊俎兩端以爲二賓長䰞也 注云資猶減也者謂分減二佐食敦中之黍置俎兩端也云減置於羊俎兩端則一賓長在上佐食之北一賓長在下佐食之南者賈疏云以其尸東面近南今尸起上佐食居尸坐處明知位次如此褚氏云設俎上端在北下端在南賓長䰞上端黍衆賓長䰞下端黍各居其右也云今文資作齎者胡氏承珙云此字當作齊詩楚茨旣齊旣稷箋云齊減取也蓋齊者謂有分限周禮亨人以給水火之齊注云齊多少之量此減黍者亦是分限之義古文作資者同音假借今本作齎者詩甫田以我齊明釋文云齊本作齎

司士乃辯舉䰞者皆祭黍祭舉 舉舉膚今文辯爲徧 【疏】正義曰蔡氏德晉云徧舉徧授四人舉也特牲禮佐食授舉各一膚此亦當然也 注云舉舉膚者盛氏世佐云此唯云辯舉而不言所舉者明與特牲同用膚可知郝氏敬以爲舉羊體非今文辯爲徧詳鄉飲酒禮

主人西面三拜䰞

者䭜者奠舉于俎皆荅拜皆反取舉三拜旅之示徧也言反者拜時或去其席在東面席者東面拜在西面席者皆南面拜【疏】正義曰注云三拜旅之示徧也者謂不一一拜之而總言三拜是旅拜也旅拜以示徧也云言反者拜時或去其席者案曲禮云揖人必違其位盛氏世佐云反反其席也云皆反則䭜者拜時皆降席矣必降席荅拜者下尸也敖以反取舉三字連讀失之云在東面席者東面拜在西面席者皆南面拜者李氏云在西面者與主人同面故南面拜褚氏云西面之䭜者若如敖氏說亦西面面拜則背主人矣依注南面爲得蓋主人拜時東面之䭜者必起立西面之䭜者必辟席而向南如是則主人與四人之拜皆得相向矣奠舉於俎蓋仍奠於膚俎也物各有俎不可亂就近俎之說亦未是**司士進一鉶于上䭜又進一鉶于次䭜又進二豆湆于兩下乃皆食食舉**湆肉汁也【疏】正義曰上䭜上佐食也次䭜下佐食也賈疏云神坐之上止有羊豕二鉶故更羞二豆湆于兩下湆者從門外鑊中來敖氏云兩下資黍於俎又有湆無鉶皆下主䭜者也二豆湆亦羊豕各一敦褚氏云羊鉶進上䭜豕鉶進次䭜羊

湆進賓長豕湆進次賓長李氏云皆會會黍也會舉會膚注云湆肉汁也者以經但云湆故以肉汁解之或曰湆亦鉶也因盛於豆不盛於鉶故以豆湆名之少牢正祭無湆嘗者嘗尸會之餘不得有湆也今案或說似亦近是

卒會主人洗一爵升酌以授上嘗贊者洗三爵酌主人受于戶內以授次嘗若是以辯皆不拜受爵主人西面三拜嘗者嘗者奠爵皆荅拜皆祭酒卒爵奠爵皆拜主人荅一拜不拜受爵者大夫嘗者賤也荅一拜略也古文一爲壹也

疏 正義曰敖氏云每於將酌乃洗爵云洗三爵總言之耳若是謂酌受授也辯及於兩下也今案贊者卽有司贊者盛氏謂不言有司文省是也上進鉶言上嘗次嘗又言兩下此不言兩下亦該於次嘗中矣故下云嘗者三人興出也　注云不拜受爵者大夫嘗者賤也者蓋對士者爲嗣子而立文云荅一拜略也者賈疏云四餕皆拜主人總荅一拜故云略也敖氏云卒爵禮輕可以略特牲二人嘗其禮亦然凡大夫士之禮其荅卒爵拜者皆一拜也乃見之者嫌人多或旅之也李氏云周禮九拜有奇拜謂

一拜也。荅臣下之拜。古文一爲壹者，詳士冠禮。

暮者三人興，出。

出降實爵於篚，反賓位。

疏 正義曰：出，出室也。反賓位，俟上暮與出，同出廟門也。詳後。

上暮止。主人受上暮爵，酌以醋于戶內，西面坐奠爵拜，上暮荅拜，坐祭酒，啐酒。

主人自酢者，上暮獨止，當尸位，尊不酌也。

疏 正義曰：上暮止，獨留不出也。受上暮爵，酌醋，主人自酌以醋也。敖氏云：主人啐酒者，爲聽嘏。凡旣祭酒而未得卽卒爵者，必啐酒。賈疏云：特牲上暮親自酌酢主人，此上暮不酌者，上暮將嘏主人，故在尸位，不可親酌。褚氏云：坐尸位，繼尸嘏，尊矣，故酢主人不親酌。注說爲是。

上暮親嘏，曰：主人受祭之福，胡壽保建家室。

親嘏，不使祝授之，亦以黍。

疏 正義曰：孔氏廣森禮學卮言云：胡壽，猶遐壽也。鄭注冠辭永受胡福，云胡猶遐也，遠也。古讀遐如胡，詳見顧氏唐韻正。成王之冠頌曰：使王近于民，遠于年。遐壽，所謂遠于年也。詩載芟疏引周書謚法：保民耆艾曰胡。蔡氏德晉云：胡壽，猶遐齡也。保言保守也，建言創立也。祝其享遐齡而大保守創建其家業也。今案：胡訓爲遐，是也。或謂老人頷下有胡，因云胡壽。若然，則冠辭之胡福奚以嘏乎斯言陋矣王氏士讓云案特牲主人祝曰餕有以也見與惠逮下之意少牢上餕曰主人受祭之福胡壽保建家室則歸福於上之意也禮經釋例云士餕祝而不嘏大夫餕嘏而不祝禮相變也今案特牲有祝戒少牢無之義已詳特牲注至少牢嘏而特牲不嘏則大夫之禮隆也注云親嘏不使祝授之者對上主人酳尸尸命祝嘏言也云亦以黍者亦上尸嘏張氏爾岐云亦搏黍以授主人而致辭也今案敖氏謂上餕親嘏惟以辭不用黍盛氏世佐云此經無以黍之文下文亦不言主人受注不能無疑

主人興坐奠爵拜執爵以興坐卒爵拜疏正義曰敖氏云重嘏故其禮盛至是乃云主人興是坐而聽嘏也**上餕荅拜**

上餕興出主人送乃退送佐食不拜賤疏正義曰張氏爾岐云退謂主人退也凡賓出主人皆拜送此送佐食但云送不云拜故注以爲賤也敖氏云出亦謂出戶送謂送之於戶外退者上餕退立於賓位也褚氏寅亮云出出廟門以不與賓尸禮也退送而還入廟門也三餕則不送上餕則送而不拜尊卑之差也如以爲出室何必送邪此時賓有司等皆暫出以俟徹俎埽堂出而復入故鄭於下篇議侑于賓注云是時主人賓有司

已復內位其不與儐尸禮者則出而遂歸矣今案上言舊者三人與出謂出室也此言上舊與出則出室而即出廟門也經不別言出廟門者省文也儀禮十七篇凡出室無有言送者褚氏之駁是矣但謂三舊則不送上舊則送而不拜以是為尊卑之差說猶未合上經三舊之出禮尚未畢主人自不追送且四人同舊亦無三人先出廟門之禮故注以為反賓位至此時禮畢上舊出廟門三舊亦隨之出故經特言主人送以見禮終復云乃退者謂主人送訖暫退以俟儐尸也褚氏據下篇議侑于賓注謂此時賓有司等皆暫出其說甚確賓有司等既皆出則上舊亦無獨退立賓位之理敖氏之誤益明矣○方氏苞云特牲饋食廟祭之節備矣故少牢獨著其禮之異者而同者則缺焉如祭之前夕陳鼎于門外主人子姓兄弟宗祝眾賓之位視濯告充之儀詳於特牲蓋其義通乎上下故於士舉之而知上焉者之略同也鼎實之名數器具之設張牲體之差等割制升載之儀法則詳於少牢蓋其事備於尊者故於大夫舉之而知下焉者之差減也至於視殺之節迎尸之儀命尸告神祝嘏之辭主婦不嘏之義亦通乎上下然於特牲舉之或疑大夫之有異也於少牢舉之則知士之無以易此矣又有禮之節會不得不二篇並見者則各以

小節之微異者相閒故不厭其重複制禮之由紀事之法無微不達是謂聖人之文

右餕

卷三十八終

儀禮正義卷三十九　鄭氏注

績溪胡培翬學

有司徹第十七

鄭目錄云少牢之下篇也大夫既祭儐尸於堂之禮祭畢禮尸於室中天子諸侯之祭明日而繹有司徹於五禮屬吉禮大戴第九小戴第十二別錄少牢下篇第十七【疏】正義曰校勘記云篇題唐石經徐本釋文俱無徹字集釋通解俱有陸氏曰本或作有司徹今案鄭目錄云有司徹則鄭本有徹字也今仍之云少牢之下篇也者敖氏云此別爲一篇及其名篇之意皆與既夕同先大父校證云此與少牢同爲一篇亦以簡册繁重釐而爲二分儐尸以下及不儐尸者別爲一篇故云少牢之下篇也云大夫既祭儐尸於堂之禮祭畢禮尸於室中者先大父云通解續引目錄如是今本作上大夫既祭儐尸於堂之禮若下大夫祭畢禮尸於室中無儐尸於堂之事較通解所引多十四字是後人因賈疏語增入要義楊氏俱與通解同集釋與今本同校勘記云釋文引亦無上字此大夫兼上下言之賈疏云言大夫既祭儐尸於堂之禮者謂

上大夫室中事尸行三獻禮畢別行儐尸於堂之禮又云祭畢禮尸於室中者據下大夫室內事尸行三獻無別行儐尸於堂之事即於室內爲加爵禮尸即下文云若不儐尸以下是也今案賈疏述目錄原無尸增多之十四字定從通解各本爲正下文若不儐尸鄭注謂下大夫也是賈疏所本後人多疑鄭說辨見後經文若不儐尸下云天子諸侯之祭明日而繹者案詩絲衣序云繹賓尸也鄭箋云天子諸侯曰繹以祭之明日卿大夫曰賓尸與賓同日此云天子諸侯明日而繹則卿大夫賓尸即正祭之日行之可知義與詩箋同也禮記禮器曰季氏祭逮闇而祭日不足繼之以燭雖有強力之容肅敬之心皆倦怠矣又曰他日祭子路與室事交乎戶堂事交乎階質明而始行事晏朝而退鄭注室事祭時堂事儐尸是卿大夫儐尸與正祭同日之證也吉事下今本無禮字集釋有戴氏震云今本脫也據補別錄下亦當有名字與既夕篇同吳氏廷華云據特牲禮尸卒食三獻後尚有獻賓衆及旅酬無筭爵諸節上篇曾未之及俱於此篇儐尸不儐尸詳之故劉向以此爲少牢之下篇其別爲一篇而加以有司徹之名當起於兩戴鄭氏因之然劉說是也今案目錄首云少牢之下篇則亦從

劉說矣就此篇之中約分爲二自有司徹埽堂至主人退有司徹皆言上大夫儐尸之事自若不儐尸以下至篇末則言下大夫不儐尸之事也

有司徹 徹室中之饋及祝佐食之俎卿大夫既祭而儐尸禮崇也儐尸則不設饌西北隅以此薦俎之陳有祭象而亦足以厭飫神天子諸侯明日祭於祊而繹春秋傳曰辛巳有事于大廟仲遂卒于垂壬午猶繹是也爾雅曰繹又祭也 疏 正義曰自此至如初言將儐尸更整設及溫俎之事○張氏爾岐云有司謂司馬司士宰夫之屬吳氏廷華云有司助祭諸執事也今案下不儐尸者卒饃有司官徹饋注云官徹饋者司馬司士舉俎宰夫取敦及豆張氏蓋據下注言之但彼言有司官此不言官彼祇徹尸之饋改饌西北隅此兼徹祝以下薦俎當如吳說爲該備也徹去也 注云徹室中之饋及祝佐食之俎者饋謂饋食凡饋於尸者皆是如菹醢四豆也五俎也四敦也兩鉶也四瓦豆也酌奠之觶也皆正祭時陳於室中者也祝佐食之俎不皆在室中故言及以別之祝二豆一俎在室二佐食薦俎在階恐徹之注獨言俎者以祝佐食不與儐尸當取俎以歸故特言之室中又有饃者二二豆湆四爵

注不言者於室中該之也褚氏云儐尸於堂室中無事矣故凡室中之器物皆令有司徹之是也云卿大夫既祭而儐尸禮崇也者春秋卿亦稱大夫禮記王制諸侯之上大夫卿是注言卿大夫卽指上大夫言既祭而儐尸爲禮崇對下大夫及士無儐尸之禮者言也校勘記云儐徐本作賓案通篇儐尸之儐或作賓或作儐諸本錯互據經文作儐則當以儐爲正賓儐或古字通用其作擯者誤今案校勘記之說是也儐亦禮之之意詳聘禮詩序作賓尸者古字通用此經則皆作儐也今注文亦俱從經作儐吳氏廷華云徹而儐尸蓋以紓其象神之勞蔡氏德晉云祭統言天子之祭與天下樂之諸侯之祭與竟內樂之然則大夫之儐尸亦率其賓客宗族家臣以樂尸也云儐尸則不設饌西北隅以此薦俎之陳有祭象而亦足以厭飫神者張氏爾岐云不儐尸者尸出之後設饌于西北隅以厭飫神謂之陽厭此既儐尸有祭象故不設饌西北隅爲陽厭也云天子諸侯明日祭於祊而繹者謂此儐尸在祭日天子諸侯則於明日此儐尸於廟之堂天子諸侯則於廟門之祊此儐尸但有獻酬而不祭天子諸侯則又祭其名爲繹是皆言禮之異於卿大夫者蓋天子諸侯祭之明日有繹祭儐尸於繹祭行之故絲衣序云繹賓尸也楚茨毛傳亦

云繹而賓尸謂繹祭而行賓尸之禮也卿大夫則有儐尸而無繹祭故此經但云儐尸不名繹也後人讀此注未審輒謂儐尸卽繹祭非矣陳氏祥道云祊其地也繹其祭也賓尸其事也又云繹之名特施於天子諸侯賓尸之名亦施於卿大夫其說尙有分曉又卿大夫儐尸卽用正祭之牲下文𢾺尸俎是也天子諸侯繹祭則别用牲詩絲衣云自羊徂牛鄭箋以爲視牲周禮牛人凡祭祀共其享牛求牛鄭注享獻也獻神之牛謂所以祭者也求終也終事之牛謂所以繹者也是亦其禮之異於卿大夫者爾雅釋宮云閍謂之門禮記禮器疏引釋宮作廟門謂之祊鄭注郊特牲亦云廟門曰祊今案祊與塾同詩絲衣云自堂徂基毛傳基門塾之基爾雅又云門側之堂謂之塾鄭注禮器爲祊乎外云謂之祊祊者於廟門之旁因名焉引周禮門堂及絲衣自堂徂基爲證是祊卽塾也但凡門皆有塾廟門則名塾又名祊耳天子諸侯繹祭郊特牲曰坐尸於堂鄭注謂朝事時也是正祭朝踐時已事尸於堂故繹祭於廟門行之所謂求神非一處也卿大夫無朝踐之禮正祭事尸於室故儐尸得於廟堂行之也此經賈疏及郊特牲孔疏皆謂祊有二種一是正祭之祊一是繹祭之祊今案詩楚茨曰祝祭于祊毛傳祊門內也鄭箋孝子不知神之所

在故使祝博求之平生門內之旁待賓客之處孔疏引孫炎云祊謂廟門也知門內者以正祭之禮不宐出廟門也祊說文作鬃云門內祭先祖所旁皇也亦引詩祝祭于鬃又云鬃或作祊是正祭之祊也禮器曰爲祊乎外鄭注祊祭明日之繹祭也孔疏爲祊乎外稱外故知明日繹祭也家語云周禮繹祭於祊是繹祭之祊也郊特牲索祭祝於祊鄭注索求神也廟門曰祊謂之祊者以於繹祭名也孔疏此索祭於祊是正祭日之祊下云斦之爲言敬也相饗之也報大也毛血告幽全之物是皆據正祭之日明此祊亦正祭日注云謂之祊者以於繹祭名也者以祊是廟門明日繹祭稱祊名同稱之曰祊也禮器疏引郊特牲索祭祝於祊亦以爲正祭之祊其說是矣而祊之於東方疏及詩楚茨疏引乃又以爲繹祭何邪賈此疏引索祭祝於祊亦以爲祭之明日祊皆誤江氏永云索祭祝於祊文承直祭祝於主之下當在薦熟之後是也祭統詔祝於室而出於祊鄭注出於祊謂索祭也是亦以爲正祭之祊矣而孔疏乃謂明日繹祭而出廟門求神不知出於祊與詔祝於室連言卽詩所云祝祭於祊出者出室非出廟門此疏亦誤也又郊特牲引孔子曰繹之於庫門內祊之於東方朝市之於西方失之矣鄭注祊之禮宐於廟門外之西室繹

又於其堂神位於西也此二者同時而大名曰繹其祭禮簡而事尸禮大竊疑此祊與繹對言明亦是正祭之祊考正祭時設席於奧東西以神位在室之西此求神於門內亦當在西方今乃於東方猶繹當在廟門今乃於庫門均爲失禮之事且此經言繹言祊言朝市明是三事鄭乃繹與祊牽合爲一解之恐非以上因注疏繹祊祭多紛岐略爲詮次如此云春秋傳曰辛巳有事于大廟仲遂卒于垂壬午猶繹是也者以其辛巳祭壬午繹是繹在祭之明日也公羊傳曰繹者何祭之明日也何注禮繹繼昨日事但不灌地降神爾天子諸侯曰繹大夫曰賓尸士曰宴尸去事之殺也必繹者尸屬昨日配先祖食不忍輒忘故因以復祭穀梁傳曰繹者祭之旦日之享賓也楊疏旦日猶明日也又引爾雅曰繹又祭也者證繹是祭名與卿大夫賓尸不祭者異郭注爾雅云祭之明日尋繹復祭是也爾雅又云周曰繹商曰彤夏曰復胙尚書有高宗彤日天子諸侯繹祭禮亾此其散見各書可考者爾○案上目錄已云天子諸侯之祭明日而繹此注似複者蓋鄭作三禮目錄別爲一卷後人乃引以冠各篇之首耳上篇注羊家曰少牢義同此

埽堂爲儐尸新之少儀曰汜埽曰埽埽席前曰拚

疏　正義曰禮經釋例云凡正祭于室儐尸于

堂案特牲少牢及士虞禮皆陰厭後迎尸入室行饋食之禮卒食酳尸主人主婦賓長凡三獻皆在室中此正祭之禮也繹側又云正祭以神事尸繹祭與儐尸則以賓客之禮事尸也少牢正祭畢尸出廟門後有司徹埽堂攝酒燅俎復選侑以輔尸然後迎尸與侑入廟門升堂行禮如飲酒之儀在堂上不在室中此儐尸之禮也陳氏祥道云埽堂設筵皆堂上之事也大夫正祭不迎尸而儐尸迎之正祭有祝而儐尸有侑正祭先薦後獻儐尸先獻後薦正祭之鼎五儐尸之鼎三正祭之牲體進下儐尸之牲體進腠正祭之魚縮載儐尸之魚橫載正祭主人獻尸而尸酢之於獻祝佐食之前儐尸主人獻尸而尸酢之於獻侑之後皆與正祭不同今案此兩條分別儐尸與正祭之異特詳故備錄之　注云爲儐尸新之者前正祭時堂已埽訖此特言埽是爲儐尸新之也引少儀者證此埽爲氾埽也氾廣也謂堂上下皆埽之或曰篇末云司宮埽祭此埽堂司宮埽之今案下特云司宮攝酒則埽堂非司宮也蓋亦有司之屬耳

司宮攝酒

更洗益整頓之今文攝爲聶

【疏】正義曰上篇設尊啟冪加勺皆司宮故此攝酒亦司宮掌之也賈疏云注洗當作撓是也餘詳士冠禮

乃燅尸俎

燅溫也溫尸俎於爨肵亦溫焉獨言

溫尸俎則祝與佐食不與賓尸之禮古文燅皆作尋記或作燖春秋傳曰若可燖也亦可寒也【疏】正義曰注云燅溫也者說文燅於湯中爓肉也或作𤎒亦作燅廣雅釋詁燅爓也王氏疏證云爓與鬵通說文鬵內肉及菜湯中薄出之今案燅古文作尋左傳以尋對寒言是燅爲溫也云溫尸俎於爨脈亦溫焉者賈疏云下文卒燅乃升羊豕魚三鼎故知先溫於爨之鑊乃後升之於鼎也李氏云尸俎神俎也尸所舉肩骼加於脈者下皆復載於俎故知脈俎亦燅今案脈以歸尸故經言尸俎亦兼脈上篇徹脈俎于阼階南此有司徹室中神俎時當并徹以溫之於爨也云獨言溫尸俎則祝與佐食不與賓尸之禮者上篇正祭時所升者尸俎而外唯祝與二佐食之俎而已其餘則皆存於鑊不待溫今溫尸俎而不溫祝佐食之俎是祝佐食不與賓尸以別立侑故也敖氏則謂祝佐食亦與但因其故俎不燅褚氏云賓尸時無祝與佐食之職若仍與焉則當列於衆賓不得因其故俎設故俎則非其名矣上篇上餋興出主人送之曰出明不復入廟也若復入者不送敖氏以出爲出戶送爲送其出戶臆說耳秦氏蕙田云祝佐食以神事尸者也侑以賓事尸者也幽明理殊尸賓事異自不空相襲據此則注說是也云古文燅皆作尋記或作燖

者賈疏云論語及左傳與此古文皆作尋論語不破至此疊古文不從者彼不破者或古文通用至此見今文作燅有火義故從今文也胡氏鎬三禮補義云注記或作燖墨莊古今文疏義之說恐不然古文先於許鄭安得必以許鄭斷古文乎鄭注記或作燖自與上尋字不同蓋古文或从火或不从火亦不拘定一體耳賈疏又云郊特牲血腥爓祭用氣也注云爓或爲燖今此義指彼記或讀之故云記或作燖也今案今本郊特牲注云爓或爲腤賈所見本葢作燖耳但腤與燅燖通廣雅燅腤俱訓爚是也燖亦與燂通集韻燂同燖禮記內則五日則燂湯請浴釋文燂溫也廣雅釋詁溫燂熯也是也又引春秋傳曰若可燖也亦可寒也者哀十二年左傳文此燖字當作尋賈所見左傳本作尋亦作燖鄭葢引以證古文之尋亦爲溫耳段氏云燅者正字尋者同音假借字左傳賈注云尋溫也服注云尋之言重也溫也論語何注云溫尋也互相發明又中庸溫故而知新注曰溫讀如尋溫之溫尋尋本皆無火旁卒

燅乃升羊豕魚三鼎無腊與膚乃設扃鼏陳鼎于門外如初

腊爲庶羞膚從豕去其鼎者儐尸之禮殺於初如初者如廟門之外東方北面北上今文扃爲鉉古文鼏爲密

疏正義曰：注云脂爲庶羞膚從豕者以經言無脂與膚是無脂鼎膚鼎也下載俎不見脂體而尚有膚故知脂爲庶羞膚從豕在豕鼎所云無膚者謂無專鼎耳云去其鼎者儐尸之禮殺於初者正祭五鼎儐尸之禮殺於正祭故云脂膚二鼎而陳三鼎其數亦奇也云如初者如廟門之外東方北面北上者上篇正祭時陳鼎于廟門之外東方北面北上此亦如之經言初者皆謂正祭時也扃鼏詳見士冠禮

乃議侑于賓以異姓議猶擇也擇賓之賢者可以侑尸必用異姓廣敬也

疏正義曰：是時主人及賓有司已復內位古文侑皆作宥 義疏云上篇正祭以神道事尸於室故用祝與佐食皆室事也此篇儐尸以賓禮接尸於堂故不用祝與佐食而別立侑輔尸皆堂事也自此至俟于廟門之外言選侑之事說文姷耦也或从人作侑今經典通用侑此立侑以耦尸也侑又有勸義見前亦有輔義禮運卜筮瞽侑鄭注侑四輔也儐尸以尸爲賓故立侑以勸之輔之盛氏云尸之有侑猶賓之有介也 注云議猶擇也擇賓之賢者可以侑尸必用異姓廣敬也者鄭意以經云議侑于賓是於賓之中選其賢可爲侑者因釋議爲擇但議不直訓擇故云猶擇也說文議語也段氏云許說未盡議者誼也誼者人所宜也言

得其宜之謂謂議案得其宜必須擇則議有擇義矣敖氏云議侑于賓謂謂與賓長謀議可以爲侑者與鄉飲酒就先生而謀賓介相類今案鄭注不訓議爲謀者以立侑自須由主人選擇所謂賓有禮主則擇之也且鄉飲酒就先生謀先生不在賓介之列者也此侑卽於賓中選之何爲與賓謀敖說非矣敖氏又云以異姓謂於衆賓中擇之也必異姓者以尸旣同姓故侑須用異姓此說是經云以異姓者恐人以尸是同姓侑亦用同姓也劉氏台拱云賓中亦有同姓如季孫飲大夫酒臧孫爲客王氏士讓云尸雖同姓子行然此時則以賓道待之矣若侑以同姓是類於族人燕私故用異姓所以敬尸也云是時主人及賓有司已復內位者以徹室埽堂時主人及賓當暫出至議侑時復入也下云侑出又云主人出是已入復出故知已復內位有司亦指賓黨助祭者言之古文侑皆作宥詳聘禮

宗人戒侑　戒猶告也南面告於其位戒曰請子爲侑　疏　正義曰注云戒猶告也者詳士冠禮云南面告於其位者賈疏云以賓位在門東北面請以爲侑明面鄉其位可知知賓位云門東北面者下文將獻賓時云主人降南面拜衆賓門東三拜衆賓門東北面皆荅一拜是也云戒曰請子爲侑者是鄭言戒之之辭如是也

侑出俟

于廟門之外俟待也待於次當與尸更入主人興禮事尸極敬心也疏正義曰注云俟待也者俟與竢同爾雅釋詁竢待也云待於次當與尸更入者周禮掌次凡祭祀張尸次是尸有次也此侑之出亦即待事於尸次以當與尸復入也上篇尸出廟門敖氏以為俟於門外次中蓋亦據此注言之云主人興禮事尸極敬心也者以立侑輔尸使出俟於門外俟主人迎尸乃更入皆極敬尸之心也

右將儐尸以選侑

司宮筵于戶西南面為尸席也疏正義曰自此至侑荅拜言迎尸飲侑之事○戶西室戶西即戶牖間堂正中之位也席尸於此尊之又筵于西序東面為侑席也疏正義曰李氏云尸侑席位與鄉飲酒賓介之位同今案鄉飲酒乃席賓主人介注云賓席牖前南面介席西階上東面此筵于西序則視介席為稍北其東面同也尸與侑北面于廟門之外西上言與姝尊卑北面者賓尸而尸益卑西上統於賓客疏正義曰蔡氏云尸在廟門外不敢以尊禮自居故與侑同北面注云言與姝尊卑

者賓尸以尸爲主侑卑於尸故言與也云北面者賓尸而尸益卑者案尸而以賓客待之已卑但賓禮當在門西東面今尸北面若不敢爲賓客然是益卑也任氏啟運云尸者神之所憑也憑之則神離之則人也大夫賓尸尸出廟而復入則疑於神旣離也云西上統於賓客者門東主位門西賓位今西上尸在西是統於賓客也

主人出迎尸宗人擯賓客尸而迎之主人益尊擯贊

疏正義曰經義述聞云主人出迎尸家大人曰尸下當有侑字上文尸與侑北面于廟門之外故主人出而並迎之下文主人拜尸尸荅拜主人又拜侑侑荅拜即承此文迎尸侑言之後人以鄭注賓客尸而迎之云云但言尸而不及侑故删去侑字不知鄭君之意自以上篇正祭時主人不迎尸以伸尸之尊者迎尸則待尸同於賓客故但言尸而不及侑非謂主人迎尸而不迎侑也上文議侑于賓賈疏云論選侑并迎尸及侑之事引此文云主人出迎尸侑則有侑字明矣自唐石經始删侑字而各本皆沿其誤李氏云鄉者祝擯尸神象今宗人擯賓尸也敖氏云迎之而使宗人擯待賓之禮也　注云賓客尸而迎之主人益尊者上篇主人不出迎以伸尸之尊是主人本尊也今以尸同賓客而主人迎之是主人益尊也云擯贊者擯接賓也說文

擯導也國語注贊導也擯贊皆有導引之義故云擯贊也

主人拜尸，尸荅拜。主人又拜侑，侑荅拜。主人揖，先入門右。道尸。【疏】正義曰：主人先入，是道尸也。道與導同。敖氏云：凡主人與客揖而先入，皆入門右也。經獨於此見之。

尸入門左，侑從，亦左。揖，乃讓。沒霤相揖，至階又讓。【疏】正義曰：李氏云：沒霤，至門內霤。餘詳鄉飲酒禮。敖氏云：亦三揖至于階，乃三讓也。惟云揖乃讓，省文耳。亦以其可知故也。

主人先升自阼階，尸、侑升自西階，西楹西，北面東上。東上，統於其席。【疏】正義曰：東上，尸在東。云統於其席，賈疏云：賓席以東為上故也。李氏云：異於門外西上也。戶西之席東上，侑席亦西於尸席。今案：李云侑席西於尸席者，蓋以賓席於戶西，侑席於西序，賓席在侑席東，故西楹西之位，賓亦在侑東，是統於其席也。似勝賈疏賓席以東為上之說。

主人東楹東，北面拜至。尸荅拜。主人又拜侑，侑荅拜。拜至，喜之。【疏】正義曰：郝氏云：自主人出迎及拜至，皆用賓禮。今案：此尸、侑同升，主人同時拜至，與鄉飲酒亦略異。

右迎尸及侑

乃舉舉舉鼎也舉者不盥殺也疏正義曰自此至西枋言陳鼎階下設俎俟載之事○上篇正祭時士盥訖舉鼎此不盥是儐尸禮殺也**司馬舉羊鼎司士舉豕鼎舉魚鼎以入陳鼎如初**如初如阼階下西面北上疏正義曰舉鼎每鼎二人敖氏云司馬二人司士四人也魚鼎重言舉明其與豕鼎異也○上篇正祭時舉鼎入陳于東方當序南于洗西皆西面北上此亦如之注云阼階下即東方也

雍正執一匕以從雍府執二匕以從司士合執二俎以從司士贊者亦合執二俎以從匕皆加于鼎東枋二俎設于羊鼎西西縮二俎皆設于二鼎西亦西縮雍正羣吏掌辨體名肉物者府其屬凡三匕鼎一匕四俎爲尸侑主人主婦其二俎設於豕鼎魚鼎之西陳之宜具也古文縮皆爲蹙疏正義曰敖氏云一匕羊匕也二匕豕魚匕也俎設之亦北上如鼎之序然其載之亦先北而後南也姜氏云縮之言直猶

順也凡全經言南陳南肆及南順之屬皆異名而同實也肆亦陳也謂其陳之皆直而順也今案姜說是檀弓古者冠縮縫今也衡縫衡卽橫也檀弓以縮對衡言是縮爲直也上篇云西肆與此同但西縮西肆是向西直陳之俎設鼎西自鼎視之爲直也其南陳南肆南順則向南直陳之凡經言陳言肆言順雖與言縮同而或言南北或言東西則有異也東枋詳上篇　注云掌辨體名肉物者周禮內饔職文彼注云體名脊脅肩臂臑之屬肉物胾燔之屬言羣吏者謂大夫之雍正所掌亦同也餘詳上篇云凡三匕鼎一匕者以儐尸止羊豕魚三鼎每鼎一匕故三匕上篇雍府執四匕則五匕以有膚腊鼎也云四俎爲尸侑主人主婦者尸羊俎一侑羊俎一主人羊俎一主婦羊俎一四者皆正俎與下二俎異也云其二俎設於豕鼎魚鼎之西陳之宓具也者此四俎皆羊俎今乃以二俎陳於羊鼎西復分二俎陳於豕鼎魚鼎之西者賈疏云欲使三鼎之西竝有俎故云陳之宓具也敖氏云羊鼎西特有二俎尊之也云古文縮皆爲蹙詳鄉飲酒禮惠氏棟云通部儀禮縮皆作蹙是古縮皆讀爲蹙

雍人合執二俎陳于羊俎西竝皆西縮覆二疏匕于其上皆縮俎西枋竝併

也其南俎司馬以羞羊匕湆羊肉湆其北俎司士以羞豕匕湆豕肉湆豕脀湆魚疏匕匕柄有刻飾者古文並皆作併

【疏】正義曰雍人亦雍府也對文雍正與雍府異散文亦得通稱雍人也此二俎益送之俎也敖氏云羊俎指在羊鼎西者也疏匕二者羊豕之湆空異器也覆者爲塵也吳氏廷華云曰覆曰縮則葉向下而直設於俎也未用故覆之今案西縮義與上同此覆二疏匕於俎上則每俎一匕俎皆西縮則匕加於俎亦隨俎直陳之而枋在西故云縮俎也

注云並併也者詳士昏禮云其南俎司馬以羞羊匕湆羊肉湆其北俎司士以羞豕匕湆豕肉湆豕脀湆魚者盧氏詳校云注豕肉湆三字李云衍吳氏云案下司士匕豕卽豕脀也絕無豕肉湆之名今刪疏文並同蔡氏云四羊俎設於鼎西自北而南爲一列饔人又執二俎設於其西別爲一列並者南北並列也南俎以羞羊匕湆羊肉湆北俎以羞豕匕湆豕脀湆魚蒸羊陽類豕魚陰類故二俎不相通也前四羊俎爲正俎皆奠於席上後二俎爲益送之俎則旣羞之後卽以其實併於羊俎而執虗俎以降焉又云六俎之用鄭注確不可易郝仲輿等從而紛更之謬甚今案盧氏蔡氏之說是也賈疏述注亦有豕肉湆三字則其誤已久經於此言並皆西縮上不言並者以

上二俎設於羊鼎西又二俎設於二鼎西則其爲南北竝
列自見故不言也郝氏以六俎皆爲尸俎其說固謬敖氏
謂北俎羞羊匕湆豕匕湆南俎羞羊肉湆豕脀湆魚其說
亦非據其釋疏匕二云羊豕之湆宜異器旣不同匕曷爲
同俎江氏筠云據經司馬羞羊湆司士羞豕湆魚豕魚得
同使司士者豕水畜魚水物二者同類故也則得同用一
俎可知羊火畜與豕不類故專使司馬火官則其與豕俎
不得相通可知今案江氏此說是也褚氏申敖謂羞羊肉
湆與羞羊匕湆同俎恐羞之也褚說亦非辨見主人獻尸
司馬羞羊肉湆節下盛氏云湆魚以上諸物皆非正俎別
用此二俎盛之往來迭用而不設於席前故所羞之物雖
多只用二俎而已足也其羞羊匕湆豕匕湆於尸與主人
也尸與主人受其匕祭而嚌之還以授次賓次賓縮匕於
俎上以降其羊肉湆豕脀湆魚則皆載於羊俎而以其虛
俎降是益送之俎側不設於席前矣案盛說與蔡說畧同
唯以羊匕湆豕匕湆不載於羊俎爲異盛說較密賈疏云
案下文次賓羞羊匕湆司馬羞羊肉湆次賓羞豕匕湆司
士羞豕脀此竝云司馬司士者據上經司馬封羊司士擊
豕而言褚氏云羞羊匕湆豕匕湆者皆次賓注偶失檢以
爲司馬司士故賈辨之是也又賈疏謂匕湆無肉直湆肉

湆是肉從湆中來，賓無汁方氏苞云經以匕湆肉湆相對則匕湆中無肉肉湆有湆所以得名者顯然其說是矣禮經釋例云凡儐尸羊俎爲正俎其餘皆以二俎益送之有司徹儐尸之禮尸羊俎尸羊肉湆俎尸豕俎侑羊俎侑豕俎主人羊俎主人羊肉湆俎主人豕俎主婦羊俎尸侑主人三魚俎其十二俎而匕湆燔俎不與焉然惟尸侑主人主婦四羊俎爲正俎其餘八俎及尸主人羊匕湆豕匕湆四俎皆以雍人所執二俎益送之匕湆有湆無肉故載俎時不列之注所謂南俎北俎者即益送之二俎也主人獻尸賓長設羊俎於豆南此尸正俎也又云雍人授次賓疏匕與俎受於鼎西左手執俎左廉縮之卻右手執匕枋縮於俎上以東面受於羊鼎之西司馬在羊鼎之東二手執挑匕枋以挹湆注於疏匕若是者三尸祭肺祭酒後次賓縮執匕俎以升若是以授尸尸卻手受匕枋坐祭嚌之興覆手以授賓賓亦覆手以受縮匕於俎上以降此羞羊匕湆也又云司馬羞羊肉湆縮執俎尸祭肺嚌之興反加於俎司馬縮奠俎於羊湆俎南乃載於羊俎卒載縮執俎以降此羞羊肉湆也主婦獻尸次賓羞豕匕湆如羊匕湆之禮此羞豕匕湆也又云司士羞豕脀尸受如羊肉湆之禮此羞豕脀也上賓獻尸司士羞湆魚縮執俎以升尸取膴祭祭之卒爵後司士縮奠俎於羊俎南橫載於羊俎卒乃縮執俎以降此羞湆魚也皆益送之俎也主人獻侑司馬橫執羊俎以升設於豆東此侑正俎主婦獻侑司士縮執豕脅以升侑祭肺後司士縮奠豕脅於羊俎之東載於羊俎卒乃縮執俎以降此羞豕脅也上賓獻侑司馬羞湆魚一如尸禮此羞湆魚也皆益送之俎也主人受尸酢長賓設羊俎於豆西此主人正俎也又云次賓羞匕湆如尸禮此羞羊匕湆也又云司馬羞羊肉湆縮執俎主人祭肺嚌之興反加於湆俎司馬縮奠湆俎於羊俎西乃載之卒載縮執虛俎以降注言虛俎者羊湆俎訖於此虛不復用此羞羊肉湆也主婦致爵於主人受豕匕湆受豕脅一皆如尸禮此羞豕匕湆豕脅也上賓致爵於主人司士羞一湆魚如尸禮此羞湆魚也皆益送之俎也又主婦受尸酢司馬設羊俎於豆南是爲主婦正俎主婦不備三獻故無益送之俎也至於主人獻尸次賓羞羊燔縮執俎縮一燔於俎上鹽在右尸受祭嚌後興加於羊俎賓縮執俎以降主婦獻尸次賓羞豕燔如羊燔之禮主人獻侑次賓羞羊燔主婦獻侑次賓羞豕燔皆如尸禮主人受尸酢次賓羞羊燔主婦致爵於主人受豕燔亦皆如尸禮主婦受尸酢次賓羞羊燔如主人之禮張儀禮圖云空有燔俎在西塾注於

侑湇俎降云羊湇俎訖於此不復用疏以爲下羞羊燔用豕俎非也正祭自有燔俎不在十一俎之內李氏如圭曰羞燔亦當以羊肉湇之俎考士虞禮羞燔俎在內西塾上南順注南順於南面取縮執之便也肝俎在燔東然則羞燔別有俎以載之不用雍人所執之俎李氏之說非也今案鄭以羞燔別有俎見士虞禮故此注不及之江氏乃疑鄭不言羞燔用何俎疏矣云疏匕匕柄有刻飾者詳下云古文竝皆作併者案昏禮聘禮公食禮士喪禮少牢禮皆云今文竝作併此古文疑今文之誤餘詳士昏禮

右陳鼎階下設俎俟載

主人降受宰几尸侑降主人辭尸對几所以坐安體周禮大宰掌贊玉几玉爵

疏正義曰張氏爾岐云自此盡主人及尸侑皆升就筵言主人初獻之儀獻尸獻侑受酢凡三大節此獻尸一節內授几獻爵主婦薦豆籩司馬載羊俎賓長設羊俎次賓進匕湇司馬羞肉湇次賓羞燔又自有八細節主人拜送爵而主婦薦賓長設正俎而尸祭薦司馬挹匕湇而尸祭俎次賓授匕湇而尸啐酒告旨司馬羞肉湇而尸嚌肺次

賓羞燔而尸卒爵此其相承相應之次有不容稍紊者若司馬載羊俎之下並列十一俎則欲以類從著諸俎之差等耳不以其次也○吳氏廷華云主人降受宰几者言爲受几降也下乃受之敖氏云爲尸受几故尸從降侑亦降者從尸也凡尸爲禮之類此者侑則從之此所以謂之侑也歟今案主人辭者辭尸之降也　注云几所以坐安體者案設几爲坐時憑之故云所以坐安體餘詳士昏禮賈疏云引大宰者證宰授主人几之義儀禮釋官云大夫之宰相家事亦如天子之有大宰詳見上篇

宰授几主人受二手橫執几揖尸獨揖尸几禮主於尸【疏】正義曰注云獨揖尸几禮主於尸者以尸有几侑無几是几禮主於尸也

主人升尸侑升復位位阼階賓階上位【疏】正義曰張氏爾岐云即上文東楹東西楹西之位也

主人西面左手執几縮之以右袂推拂几三二手橫執几進授尸于筵前衣袖謂之袂推拂去塵示新【疏】正義曰上主人二手橫執几此獨用左手執几而縮之者便其以右袂推拂也三者謂推拂之三也拂訖仍以二手橫執而授尸於尸之筵前也王氏士讓云拂几則縮授几則橫

從便也○注盧氏詳校於注衣袖謂之袂下增拂者外拂者外拂之也六字云官本據士昏禮賈疏引補今案士昏禮單疏本引此注訖復云推拂者外拂之也則是賈氏申釋語非鄭注本文也 云推拂去塵示新者詩雲漢則不可推毛傳推去也廣雅釋詁拂去也推拂皆有去義故鄭以去塵釋之士昏禮注云拂拭也者爾雅釋詁云拭清也去塵有清義故鄭又以拭解之公羊傳注云一往一來曰推彼言拂此言推拂詳略異耳其實一也示新者敬尸之意

尸進二手受于手閒 受從手閒謙也 疏 正義曰手閒主人二手之閒也郝氏敬云主人二手執几兩端尸併二手執几中閒授者極慎受者極恭是亦注言謙之意也

主人退尸還几縮之右手執外廉北面奠于筵上左之南縮不坐 左之者異於鬼神生人陽長左鬼神陰長右不坐奠之者几輕 疏 正義曰主人退復東楹東之位也還旋也上尸受几亦橫執之此復旋轉使縱者以將北面縱設於筵上也廉邊也右手執外廉則左手執內廉可知亦二手執之也尸北面右在東以東爲外者几設於筵上以其近人者爲內稍遠於人者爲外也左之謂設於筵東上右手據設者北面而言此左之

據筵南向而言也南牖猶南順謂向南直陳之也不坐謂立奠之也　注云左之者異於鬼神者上篇正祭是以鬼神之禮事尸故祝設於筵上右之此儐尸以賓客之禮事尸故奠几於筵上左之與彼異也云生人陽長左鬼神陰長右者是申言左之之義賓客是生人生人陽故尙左鬼神陰故尙右也云不坐奠之者几輕者賈疏云決下文啐酒坐奠之言也敖氏云几稍高故設之不坐少儀曰取俎進俎不坐其意類此江氏筠云注以爲几輕言其義敖以爲几高言其體蓋奠几不坐者原以其物較高之故坐有危坐有安坐以危爲義則坐爲敬如几輕不坐之類是也以安爲義則不坐爲敬如俎徹乃坐之類是也

主人東楹東北面拜拜送几也

尸復位

尸與侑皆北面荅拜侑拜者從於尸

（疏）正義曰几爲尸設今尸荅拜而侑亦荅拜是從於尸也方氏苞云立侑以侑尸也使尸降而侑不降尸升而侑不升尸拜而侑不拜則似與尸抗行以待主人之特禮惟正獻時尸拜侑不與之俱拜以當特受主人之獻耳○禮經釋例云授几之儀有司徹最詳今案爲神設几無授禮爲人設几乃有授几之儀然亦有設而不授者公食禮宰夫設筵加席几覲禮天子設左右几是也士昏禮禮賓主

人迎賓升堂拜至後主人拂几授校拜送賓以几避北面設于坐左之西階上荅拜注拂拭也拭几者尊賓新之也校几足聘禮賓公升側受几于序端宰夫內拂几三奉兩端以進注內拂不欲塵坋尊者以進自東箱來授君又云公東南鄉外拂几三卒振袂中攝之進西鄉擯者告注告賓以公授几又云賓進訝受几于筵前東面俟公壹拜送賓以几避北面設几不降階上荅再拜稽首注凡左几覲禮侯氏儐郊勞使者侯氏與之讓升侯氏先升授几侯氏拜送几使者設几荅拜及此篇皆言授几之事然其中有異有同此篇言宰授主人几聘禮言宰夫授公几昏禮覲禮不言授主人几爲何人文略此篇及聘禮言拂几三覲禮不言拂几昏禮但言拂不言三其實授几皆當拂之三不言者文不具也此篇言以右袂拂聘禮言外拂几拂几皆當以右袂外拂之不言者亦同惟聘禮宰夫授公几內拂注謂不欲塵坋尊者是也此篇言主人二手橫執几授尸尸二手受于手閒是主人執几兩端以授昏禮授校校爲几足在几之兩端是亦執兩端以授也故謂校爲左廉非矣聘禮宰夫奉兩端以進公中攝之蓋取相變之義非謂卑者宜執兩端尊者宜執中閒也據經言外拂几三卒振袂中攝之則亦當先以左手執几以右手拂几

拂訖乃振右袂以二手執几中間授賓賈氏士昏禮疏謂聘禮公尊中執几以一手非也惟昏禮聘禮皆云賓以几辟此篇及覲禮不云以几辟賈氏謂尊尸尊王使是矣又其授之皆對面訝授受聘禮言賓訝受几他篇不言者亦同其設之皆北面皆左之聘禮不言左之覲禮不言北面及左之文略鄭注聘禮云几賓左几是賓客之禮皆左几與鬼神異也至昏聘覲諸篇皆主人先拜送几而後賓設几此篇尸奠几後主人乃拜送又諸篇皆主人升堂乃執几授几此篇則主人自階下執几以升似事尸禮與賓禮有微異矣○以上授尸几

主人降洗尸侑降尸辭洗主人對卒洗揖主人升尸侑升尸西楹西北面拜洗主人東楹東北面奠爵答拜降盥尸侑降主人辭尸對卒盥主人揖升尸侑升主人坐取爵酌獻尸尸北面拜受爵主人東楹東北面拜送爵降盥者爲士汚手不可酌疏正義曰解者皆謂此節主人獻尸之儀與鄉飲主人獻賓同然亦有異者鄉飲主人降洗賓降而介不降此則尸侑同降同升侑與介微

別也又卒洗揖主人揖也鄉飲卒洗主人壹揖壹讓升卒盥揖讓升此卒洗揖卒盥主人揖皆言揖不言讓殺於飲酒禮也至鄉飲主人降洗賓降有主人辭降及賓對之文此無之據下降盥尸侑降主人辭尸對則此降洗尸侑降下亦當有主人辭尸對之文或傳寫脫也盛氏云凡尸侑降皆東面於西階西北上辭洗則進亦約鄉飲言之姜氏云同降而尸辭同升而尸拜亦正從之意也今案侑不辭洗不拜爵以此禮不主於己下別有獻侑之禮也方氏說得之矣見上至降盥尸侑同降主人辭降尸對則從尸之義也餘詳鄉飲禮釋例云凡禮盛者必先盥鄉飲獻賓拜洗後復降盥者爲拜時手坋污禮尤盛也 注詳鄉飲禮○以上獻爵○禮經釋例云凡儐尸之禮唯尸侑及主人備三獻自主婦以下皆一獻禮成案有司徹主人獻尸此初獻也云云至末

主婦自東房薦韭菹醢坐奠于筵前菹在西方婦贊者執昌菹醢以授主婦主婦不興受陪設于南昌在東方興取籩于房麷蕡坐設于豆西當外列麷在東方婦贊者執白黑以授主婦主婦

不興受設于初籩之南白在西方興退昌昌本也韭菹醓醢昌本麋臡麷熬麥也蕡熬枲實也白熬稻黑熬黍此皆朝事之豆籩大夫無朝事而用之儐尸亦豐大夫之禮主婦取籩興者以饋異親之當外列辟鉶也退退入房也【疏】正義曰此主婦薦尸四豆四籩也賈疏云正祭先薦後獻繹祭則先獻後薦故祭義云君獻尸夫人薦豆鄭注云謂繹日也則此儐尸禮與天子諸侯繹祭同故亦先獻後薦也今案韭菹醓醢奠于筵前韭菹在西則醓醢在東也昌菹麋臡設于韭菹醓醢之南昌菹在東則麋臡在西昌菹在醓醢之南麋臡在韭菹之南此四豆綪設之也麷蕡設于豆西當外列麷在麋臡之西與昌菹麋臡竝列也麷在東則蕡在西初籩即麷蕡以其先設者為初也白黑設于初籩之南白在西則黑在東黑在麷之南白在蕡之南也此四籩亦綪設也李氏云陪設重列之也吳氏紱云大夫儐尸不更殺降於繹其他籩豆則皆新之故用昌菹麋臡以見韭菹醓醢亦不仍正祭之用也　注云昌昌本也韭菹醓醢昌本麋臡者周禮醢人朝事之豆其實韭菹醓醢昌本麋臡菁菹鹿臡茆菹麋臡鄭注醢肉汁也昌本昌蒲根切之四寸為菹三臡亦醢也或曰有骨為臡無骨為醢此經但云韭菹醓

昌菹醓鄭知爲醓醢麋臡者以醓人豆實醓醢配非菹麋臡配昌本故知之也又醢人五齊七菹鄭注以昌本爲齊者齊菹對文異散亦通也餘詳聘禮云麷熬麥也蕡熬枲實也白熬稻黑熬黍者周禮籩人朝事之籩其實麷蕡白黑形鹽膴鮑魚鱐鄭注蕡枲實也形鹽鹽之似虎者膴牒生魚爲大臠鮑者於楅室中糗乾之出於江淮也鱐者析乾之出於東海鄭司農云熬麥曰麷麻曰蕡稻曰白黍曰黑鄭此注卽用司農之說惟蕡係麻子故以枲實易之案喪服斬衰苴經傳云苴經者麻之有蕡者也是蕡爲麻子也又齊衰牡麻經傳云牡麻者枲麻也枲麻雄麻無實而注云枲實者賈疏謂鄭舉類言之若竹器圓曰簞方曰笥鄭注論語云簞笥亦是舉其類是也籩人又云饋食之籩其實棗栗桃乾橑榛實鄭注乾橑乾梅也有桃諸梅諸是其乾者榛似栗而小賈疏饋食八籩其三蓋乾桃溼梅乾棗今案㮚與栗同又云加籩之實蔆芡㮚脯蔆芡㮚脯鄭注重言之者以四物爲八籩蔆芰也芡雞頭也又云羞籩之實糗餌粉餈鄭注此二物皆粉稻米黍米所爲也合蒸曰餌餅之曰餈糗者擣粉熬大豆爲餌餈之黏著以粉之耳餌言糗餈言粉互相足禮經釋例云凡實乾物之器曰籩鄉射記脯用籩注籩宜乾物周禮籩實皆乾物也士冠

儀禮正義

禮兩籩栗脯旣夕禮大遣奠四籩棗糗栗脯士虞記籩棗烝栗擇特牲禮主婦亞獻設兩籩注兩籩棗栗有司徹主人獻尸主婦設䴵蕡白黑主人獻侑主人受尸酢主婦受尸酢皆二籩䴵蕡主婦獻尸設糗與腶脩主婦獻侑羞糗脩主婦致爵于主人設糗脩如尸禮不儐尸之禮主婦亞獻設籩棗糗栗脯注棗饋食之籩糗羞籩之實襍用之下賓尸也栗脯加籩之實也主婦獻祝主婦致爵于主人賓致爵于主婦籩皆棗糗禮經所載祇有䴵蕡白黑棗栗脯糗腶脩無形鹽膴鮑魚鱐桃乾䕩榛實蔆芡之屬少於周禮籩人者蓋士冠旣夕特牲有司徹皆士大夫之禮故不能備物也又周禮無腶脩而禮經有腶脩者考莊二十四年公羊傳腶脩云乎何注腶脩者脯也故周禮不重出也今案腶亦作段又作鍛段鍛皆取搥治之意鄭注周禮腊人乾肉有脯注云薄析曰脯搥之而施薑桂曰腶脩下主婦獻尸取糗與腶脩注亦云腶脩擣肉之脯是析言之脯與腶脩微有異統言之則皆脯也故膳夫注又引鄭司農云脩脯也說文同云此皆朝事之豆籩大夫無朝事而用之儐尸亦豐大夫之禮者上篇正祭用韭菹醓醢注云朝事之豆也而饋食用之豐大夫禮今以朝事之豆籩而用之儐尸亦是豐大夫禮故云亦也天子諸侯正祭坐尸於

堂北面而事之謂之朝事大夫士無之詳特牲饋食之禮不諏日下褚氏云正祭用韭菹醓醢葵菹蝸醢至儐尸去葵菹蝸醢易以昌菹麋臡則全用朝事之豆籩矣以非正祭且祇用其四故不嫌也云主婦取籩興者以饌異親之者謂主婦不使婦贊者執以授而自取籩麷蕡於房以豆易爲籩所饌異故特興取以示親之也云當外列辟鉶也者盛氏云外辟謂豆之南一列也昌菹醢在韭菹醢之南故曰外列麷蕡之位必當外列者以韭菹之西當空之以待鉶也今案盛說極明鉶設於韭菹之西見下主婦亞獻節○以上主婦薦豆籩

乃升升牲體於俎也疏正義曰上卒鉶乃升羊豕魚三鼎是自鑊升於鼎謂之升此升於俎亦謂之升鄭以經但云乃升故特明之

司馬朼羊亦司馬載載右體肩臂肫骼臑正脊一脡脊一橫脊一短脅一正脅一代脅一腸一胃一祭肺一載于一俎言燅尸俎復序體者明所舉肩骼存焉亦著脊脅皆一骨也臑在下者折分之以爲肉湆胑也一俎謂司士所設羊鼎西第一俎疏正義曰張氏爾岐云此尸正俎載已郎當設之豆南者吳氏廷華云此正俎不他用他俎之實以次

竝載於此司馬兩也一匕一載下司士同今案凡升羊皆司馬升豕皆司士下不言者可知也敖氏云賓尸主於飲酒此俎乃有祭肺者盛之　注云言𧴗尸俎復序體者明所舉肩骼存焉亦著脊脅皆一骨也者上篇正祭肩臂臑膊骼正脊一脡脊一橫脊一短脅一正脅一代脅一皆二骨以竝此篇但言𧴗尸俎恐人疑尸所舉加於肵俎者不在焉又恐人疑脊脅皆二骨以竝故復序之如此明正祭時尸所舉脊脅肩骼之屬皆存焉是神俎肵俎竝用也不云皆二骨以竝則脊脅皆一骨亦見也脊脅皆一骨者分其一以爲羊肉湇俎也注但云所舉肩骼存焉不及脊脅者以肩骼無所分全存於是故據肩骼言之也云臑在下者折分之以爲肉湇貶也者正祭序臑在肫骼上此在下者敖氏云臑後於骼者以其折也折之則不爲全體而在全體之下矣臑必折者見其貶於神俎且以所折爲肉湇俎也其脊脅皆一骨及腸胃各一者義亦如之今案注折分之以爲肉湇俎也俎字李氏集釋本作貶戴氏震云注作俎誤據敖云見其貶於神俎似注本作貶此俎與正祭俎異者脊脅腸胃祭肺皆一又無舉肺且折分其臑也臑折見下云一俎謂司士所設羊鼎西第一俎者卽羊鼎西之北俎也陳鼎北上四俎設於三鼎鼎之西亦當以北爲上則

尸俎最在北侑俎在尸俎之南主人俎在侑俎之南主婦俎在主人俎之南也羊鼎西有二俎故特言第一以別之謂自北而南此爲第一俎也賈說兩岐辨見下

羊肉湆臑折正脊一正脅一腸一胃一嚌肺一載于南俎肉湆肉在汁中者以增俎實爲尸加也必爲臑折上所折分者嚌肺離肺也南俎雍人所設在南者此以下十一俎侑時而載於此歷說之爾今文湆爲汁

疏 正義曰注云肉湆肉在汁中者以增俎實爲尸加也者上羊俎爲正俎增羊肉湆爲加俎也敖氏云羊俎之外又分其體以爲此俎貴多儀也是也據注云肉在汁中則有肉有汁可知吳氏廷華云俎不可以盛湆故賈疏謂在俎無汁非也據聶氏崇義云宋初俎有舟禮圖酒尊舟如槃俎之舟亦然愚嘗從邢拉監丞家見之剅本爲槃淺可五寸加於俎上大小如俎仍存舟名則肉湆匕湆皆當以舟盛之以經無明文古制遂失傳爾今案匕湆別有匕盛之加於俎上故下云次賓縮執匕俎以升是也肉湆則肉在湆中肉多湆少俎之四邊當微高或亦可盛之吳氏之說恐未然附存備考云必爲臑折上所折分者上以臑是折分用之故退臑在骼下此云臑折卽所折分者也但左右體皆有臑今不用左體

之腸而用右體折分之賈氏謂重神俎是也其脊脅腸胃亦從正俎分之云齊肺離肺也者詳特牲記云南俎雍人所設在南者案鼎西四俎司士所設者即尸侑主人主婦之羊正俎也羊俎西二俎雍人所設者即益送之俎也經以羊肉湆載于南俎則豕俎爲北俎矣故下豕俎注云謂雍人所設在北者上雍人合執二俎注云其南俎司馬以羞羊匕湆羊肉湆其北俎司士以羞豕匕湆豕脀湆魚亦據此經言也云此以下十一司士俟時而載於此歷說之爾者賈疏云十一俎者即尸之羊肉湆一也豕脀俎二也侑之羊俎三也豕俎四也主人羊俎五也羊肉湆俎六也豕脀七也主婦羊俎八也尸侑主人皆有魚俎是其十一通尸羊正俎爲十二俎其四俎尸侑主人主婦載羊體俎皆爲正俎其餘八俎以雍人所執二俎益送往還故有八其實止二俎也今案此八俎外尸主人又各有羊匕湆豕匕湆凡四俎皆用益送之俎經不別之者以匕湆有湆無肉故不在體載之列又羞燔別有俎不用益送之俎俱詳雍人合執二俎陳于羊俎西下俟時而載謂自羊肉湆俎以下十一俎此時皆未載俟進時乃載因上正俎歷陳之耳楊氏復云主人獻尸羞羊俎及主婦獻尸始羞豕脀及賓作三獻之爵始羞湆魚俎今並述於主人獻尸之時

者以載俎事同一類故以類相從庶使易見也不惟此也主人獻侑羞羊俎主婦獻侑羞豕脀又尸酢主人羞胙羊俎主婦致爵于主人始羞豕脀又主婦羊俎亦尸酢主婦始用之今竝述於主人獻尸之下者亦欲以類相從也鄭注云此以下十一俎俟時而載於此歷說之爾葢謂此也姜氏兆錫云據本章十二俎似同時自鼎升載注謂先載一俎而十一俎乃俟時而載者以下經定之也今案楊氏姜氏之說是也或謂正俎四可預載不必俟時非矣今文湆爲汁詳士昏禮

司士杝豕亦司士載亦右體肩臂肫骼臑正脊一脡脊一橫脊一短脅一正脅一代脅一膚五嚌肺一載于一俎

臑在下者順羊也俎謂雍人所設在北者

疏 正義曰張氏爾岐云此與上羊肉湆竝事尸加俎用雍人所設二俎傳迭之者 注云臑在下者順羊也者疏云以其豕脀不折臑臑亦在下順上文羊臑在下故亦賈在也敖氏謂豕俎之體骨皆放於羊俎是矣而又云豕臑亦折誤褚氏云羊臑之折以分用於羊正俎羊肉湆俎也豕止一俎折此臑體將安用之云俎謂雍人所設在北者雍人所設止二俎上載羊肉湆爲南俎則此爲北俎明矣

經不言北可知也敖氏謂此俎亦南俎非辨見前

侑俎羊左肩左肫正脊一脅一腸一胃一切肺一載于一俎侑俎豕左肩折正脊一脅一膚三切肺一載于一俎侑俎用左體侑賤其羊俎過三體有肫尊之加也豕左肩折折分爲長兄弟俎也切肺亦祭肺互言之爾無羊湆下尸也豕又祭肺不嚌肺不備禮俎司士所設羊鼎西之北俎也豕俎與尸同

〔疏〕正義曰載于一俎下復出侑俎二字方氏苞云再見衍文膚三楊作膚一據下注當從楊本盧氏詳校云吳云案下作階注云降於侑羊體一而增豕膚三謂膚三爲增於侑俎似侑俎無膚三也盛氏亦疑衍楊本三作一案李氏如圭下注云膚三增一於主婦俎二則李本與各本同宜考張氏爾岐云羊左肩一俎是侑正俎豕俎則加俎亦用雍人所設俎加之也 注云侑俎用左體侑賤者褚氏云右體畢載尸俎侑以下止得用左矣獨言侑賤者蓋賤則不妨明言左體若主人尊雖用左體亦空其文不言左注蓋對下阼俎而言云其羊俎過三體有肫尊之加也者李氏云體奇而侑羊俎四體尊侑而加肫也云豕左肩折折分爲長兄弟俎也者據下主人獻兄弟設薦俎

衆儀唯先生之胥折故鄭知先生即長兄弟以此折謂折分爲長兄弟俎也彼注亦云先生長兄弟折豕左肩之折與此注義同云無羊湆羊湆下尸也者賈疏云直云無羊湆不云肉者以匕湆肉湆皆無故直云無羊湆以包二者尸皆有侑皆無故云下尸也云豕又祭肺不嚌肺不備禮者祭肺即切肺也賈疏云尸上尸羊俎有祭肺豕俎有嚌肺是備禮侑羊俎豕俎皆切肺故曰不備禮也云俎司士所設羊鼎西之北俎也者此俎謂侑羊俎也盧氏詳校引吳云案上司馬朼羊注云一俎謂司士所設羊鼎西第一俎彼第一則此當第二不應反在其北疑北字是次字之譌然疏巳作北俎釋之矣今案次與北形略似故易譌吳氏以北爲次是也據下注以阼俎爲司士所設豕鼎西俎主婦俎爲司士所設魚鼎西俎如謂侑俎在北尸俎在南則尸俎之南尚有主人主婦俎亦不得爲第一且陳鼎北上羊鼎最在北豕鼎在羊鼎之南魚鼎又在豕鼎之南俎順鼎之序亦以北爲上羊鼎西有二俎故尸俎在北爲第一侑俎在南次之主人俎在豕鼎西又次之主婦俎在魚鼎西又次之如以南爲上則當以魚鼎西之俎爲第一若侑俎在北尸俎在侑俎之南既非北上又非南上矣所取之故知此注北字定當爲次之譌也賈疏云鄭君見羊肉湆俎

在豕俎之南羊尊豕卑明尸俎在侑俎之南又引或解云言第一者最在北故侑俎下注云司士所設羊鼎西之北俎也明北俎在俎之南是賈亦有疑於北字故爲此兩解而不能斷北字爲譌又以羊肉湆俎在豕俎南爲倒致後人駁注者多不知羊肉湆俎在豕俎南乃益送之俎與正俎異此尸侑主人主婦之正俎是司士設在三鼎西者益送之俎是雍人設在羊俎西者正俎以北爲上取與鼎相順之義益送之俎以南爲上則取相變之例不得執彼例此江氏筠云羊肉湆之所以在豕南者此禮用少牢一牲不得牢稱實因羊豕具而名之也陳牲門外時羊東豕西正祭設俎時羊南豕北俱二者並列至此儐尸時堂上所設唯四羊俎而無豕俎鼎西正俎亦唯四羊俎而無豕俎故以此益送豕俎設之羊肉湆俎之北俎列自北爲首使二列之首東列見羊西列見豕以示二者具在則尸侑二俎曷爲放此設之此當以賈疏後說爲正也案江氏雖不能辨注北字爲誤而訂賈疏甚精云豕俎與尸同者謂與尸豕俎同用雍人所設羊俎西之俎北也

阼俎羊肺一祭肺一載于一俎羊肉湆臂一脊一脅一腸一胃一嚌肺一載于一俎豕脅臂一

脊一脅一膚三嚌肺一載于一俎阼俎主人俎無體遠下尸也以肺代之肺尊也

加羊肉湆而有體崇尸惠亦尊主人臂左臂也侑用肩主人用臂下之也不言左臂者大夫尊空其文也降於侑羊體一而增豕膚三有所屈有所申亦所謂順而摭也阼俎司士所設豕鼎西俎也其湆俎與尸俎同豕俎又與尸豕俎同

疏 正義曰張氏爾岐云羊肺一俎主人正俎其下二俎皆加俎亦皆用雍人所設俎益送之 注云阼俎主人俎無體遠下尸也者侑以正俎用左體四是下尸此主人正俎無體是遠下尸也云以肺代之肺尊也者主人俎無體而僅有二肺以肺代體肺為氣主故云尊也云加羊肉湆而有體崇尸惠亦尊主人者以主人有羊肉湆加俎與尸同正俎無體而加俎有體於尸酢主人時設之是崇尸惠也侑俎無羊肉湆俎而主人有之是亦尊主人也云臂左臂也侑用肩主人用臂下之也者右體已用於尸俎故知此臂為左臂周人貴肩則肩貴於臂用臂是下侑也云不言左臂者大夫尊空其文也者賈疏云牲右體貴左體賤侑用左體皆言左肩左肫今主人用左臂直云臂不云左者大夫尊故空其文似若得用右體然今案鄭見上侑俎及下主婦俎俱言左獨主人俎不言左故為此說然其實

右體尸俎已盡用之，則自侑以下皆用左體可知，經不言左者，以文已見於上，下故省之耳。鄭賈之說未免迂曲。云降於侑羊體一而增豕膚三，有所屈有所申，亦所謂順而摭也者，李氏云：羊肉湆三體降於侑羊俎一爲屈，膚三增於主婦俎二則申，摭猶拾也，拾取上禮用之。敖氏云：正俎太貶，故加俎宜用尊體，其脊脅之屬亦不嫌與尸同也。豕脅猶言豕俎也，豕脅體數乃放羊肉湆者，亦以羊俎太簡故爾。今案李氏以增豕膚三爲對主婦俎言，則無疑於侑俎膚三二字，然案注文義似對侑俎言也。敖氏說足補注義，故錄之。順而摭，禮器文，彼注云：謂若君沐粱，大夫沐稷，士沐粱。賈疏云：大夫不沐粱，屈於君；士則申，與君同，是亦屈申之義，故引爲證也。云阼俎司士所設豕鼎西俎也，其湆俎與尸俎同，豕俎又與尸豕俎同者，設豕鼎西俎謂羊正俎也，其羊肉湆俎用雍人所設之南俎益送，豕俎用雍人所設之北俎益送，皆與尸同也。

主婦俎，羊左臑，脊一，脅一，腸一，胃一，膚一，嚌羊肺一，載于一俎。無豕體而有膚，以主人無羊體，不敢備也。無祭肺，有嚌肺，亦下侑也。祭肺尊，言嚌羊肺者，文承膚下，嫌也。膚在羊肺上，則羊豕之體名同相亞也。其俎，司士所設在魚鼎西者。[疏]正義曰張氏爾岐云主婦有正俎無加俎今案主婦俎用臑又下於主人也 注云無豕體而有膚以主人無羊體不敢備也者賈疏云以主人俎無羊體故主婦俎亦無豕體故氏云必用膚者明其可用豕脅而不用也亦與阼俎惟用羊肺之意相近云無祭肺有嚌肺亦下侑也祭肺尊者嚌肺即舉肺也祭肺尊於舉肺褚氏云祭肺舉肺兼有爲備禮尸俎阼俎是也缺其一即爲不備侑無舉肺主婦無祭肺是也同一不備而有祭肺者爲隆以其事神之禮也有舉肺者爲殺以其生人之禮也今侑有祭肺主婦有舉肺故注云下於侑云言嚌羊肺者文承膚下嫌也者賈疏云肺文承膚下有豕肺之嫌故須辨之云膚在羊肺上則羊豕之體名同相亞也者李氏云豕之膚猶羊之腸胃故膚次腸胃下羊肺上今案羊肺與豕肺同名肺故豕肺次膚下羊肺亦次膚下故云名同相亞也賈疏云下文主人獻賓之時司士設俎羊骼一腸一胃一切肺一膚一所以膚又在肺下者欲取用之先後故退膚在下

司士杝魚亦司士載尸俎五魚橫載之侑主人皆一魚亦橫載之皆加膴祭于其上橫載之者異於牲體彌變於神膴讀如殷冔之冔刳魚時割其腹以爲大臠也

可用祭也其俎又與尸豕俎同【疏】正義曰此尸及侑主人湆魚之俎也張氏爾岐云魚三俎皆用尸豕俎益送之亦若侑主人之豕脅吳氏紱云尸之魚俎不與前併序之而在此者欲使魚俎三爲類也吳氏廷華云上篇十五魚此唯七魚者餘以爲膴也　注云橫載之者異於牲體彌變於神者李氏云尊生薦神魚俎縮俎右首此橫於俎則進其尾也少儀曰羞濡魚者進尾冬右腴夏右鰭祭膴濡魚此所謂魚湆褚氏云凡羞魚之法皆縮載于俎橫設席前魚於俎爲縮於席爲橫矣祭祀與生人禮同也其異者祭祀寢左而進腴生人寢右而進鬐耳若橫載于俎於俎橫則於席縮矣故得進尾而冬夏又有右腴右鬐之別儐尸既異正祭又異食生人進腴則疑於神之進鬐又疑於人之故橫載于俎以示變正祭牲體橫今亦橫先後同魚則正祭縮而今橫先後異矣是以注云異於牲體彌變於神也今案羞魚之法互詳上篇司士三人升魚腊膚下云膴讀如殷冔之冔刳魚時割其腹以爲大臠也可用祭也者案少儀祭膴注云膴大臠謂刳魚腹也膴讀如冔孔疏膴謂刳魚腹下爲大臠此處肥美故食魚則刳取以祭先也今案食時取膴以祭故名膴祭經云皆加膴祭於其上謂尸侑主人之魚俎皆加膴於其上以備祭注所云可用

祭是也賈疏云膴讀如殷冔之冔者讀從士冠禮郊特牲周弁殷冔冔覆也可以覆首此亦取魚腹反覆於上以擬祭胡氏承珙云案士冠禮注云冔名出於膴膴覆也爾雅膴大也冔本兼大覆二義此注云割其腹以爲大臠周禮腊人注云公食大夫禮曰庶羞皆有大有司曰主人亦一魚加膴祭於其上大者截之大臠膴者魚之反覆膴又詁曰大二者同矣是鄭云膴讀如冔者葢兼取大覆二意云其俎又與尸豕俎同者謂此三魚俎亦用雍人所設之北俎益送與尸豕俎同也○以上司馬載羊俎張氏爾岐云以上言司馬載尸正俎遂歷數十一俎體物皆俟事至乃載非此時遽已載也**卒升**卒已也已載尸羊俎疏正義曰注云已載尸羊俎者上因司馬朼羊載俎歷說十一俎之事其實此時已升者唯尸羊俎故注以經卒升爲指尸羊俎言也敖氏以卒升謂已升四羊俎姜氏兆錫云此下獻尸侑及主人主婦所言設俎言羞湆又言羞胥凡皆各言載與加載於羊俎而羊豕匕湆俎乃次賓羞於尸前而因縮執以退者則注止以卒升爲升尸羊俎固自得之今案姜說是也○賈疏云從上文獻尸下盡乃卒爵有五節從主人獻酒於尸并主婦設籩豆是其一也賓長設俎二也次賓羞羊匕湆三也司馬羞肉湆四也次賓羞羊

燔尸乃卒爵五也　賓長設羊俎于豆南賓降尸升筵自西方坐左執爵右取韭菹擩于三豆祭于豆閒尸取𩚍蕡宰夫贊者取白黑以授尸尸受兼祭于豆祭賓長上賓〔疏〕正義曰此賓長設正俎而尸祭薦也敖氏云賓長設俎尊尸之正俎也胙俎亦然云賓降見尸升之節也吳氏紱云上經尸拜受爵未實也主婦設薦賓長設俎於是尸乃升筵斯須之閒耳以堂上薦豆籩堂下杝載事可竝行也褚氏寅亮云設俎之節即踵於設豆籩後不相隔𩚍蕡在北近故自取白黑在南遠故須贊授儀禮釋官云宰夫贊者宰夫之屬義與上篇有司贊者同今案豆南昌菹醓之南也尸升筵自西方與鄉飲酒賓升席自西方同又凡執爵皆左手祭薦皆右手禮經釋例詳言之俱見鄉飲酒禮　注云賓長上賓者詳下三獻節內上賓洗爵以升下○以上賓長設羊俎　雍人授次賓疏匕與俎受于鼎西左手執俎左廉縮之卻右手執匕枋縮于俎上以東面受于羊鼎之西司馬在羊鼎之東

二手執桃匕枋以挹湆注于疏匕若是者三桃謂之歃讀如或舂或抗之抗字或作桃者秦人語也此二匕者皆有淺斗狀如飯槮桃長枋可以抒物於器中者注猶寫也今文桃作抗挹皆爲扱【疏】正義曰校勘記云桃匕唐石經徐陳通解要義楊氏俱作桃釋文集釋敖氏俱作挑當以桃爲正今從石經作桃校勘記又云諸本經文作桃者注中四桃字亦俱作桃宋本釋文于或作桃句作桃集釋敖氏俱作挑今從嚴本俱作桃抗各本作抗毛本誤作杭嚴本或抗之抗二抗字俱作杭亦誤據周禮說文當作抗楊氏作揄葢據今毛詩本改也惠氏棟云今毛詩生民云或舂或揄毛傳云揄抒臼也不作抗者周禮地官舂人女舂抗二人注云女奴能舂與抗者抗抒臼也詩云或舂或抗董氏引韓詩揄作抗鄭先通韓詩故讀從之說文舀抒臼从爪臼詩曰或簸或舀舀或作抗从手宂或作𦥷从臼宂案釋文云揄說文作舀舀舀訓又與揄同明簸當作舂今案說文引詩或簸或舀簸係舂字之誤舀即抗字與鄭禮注引詩同是其字當作抗也斗各本皆作升今據段氏說文注王氏廣雅疏證所引改正橾嚴本作槮校勘記云集釋敖氏俱作操要義作橾宋本釋文作橾今本釋文作操楊氏誤作

糝魏氏曰橾當如此㯙七消反周學健云操摻經史互譌懆慘等字亦然葢曹魏時避諱所改其實音義迥别案方言卷五云臿燕之東北朝鮮洌水之閒謂之廚趙魏之閒謂之喿然則歃桃橾猶臿廚喿也此橾字當从喿之證也操摻俱从手橾㯙俱从木今本作㯙从木此橾字當从木之證也今案飯橾字作橾爲是說文操把持也㯙長木皃皆與匕義不合橾車轂中空也从木喿聲讀若藪差爲近之盛氏謂當作摻據詩疏引說文云摻斂也義亦未協抒校勘記云徐本釋文集釋通解俱作抒楊氏作杼今案說文抒挹挹抒皆互訓嚴本亦作抒今從之寫毛本作瀉校勘記云徐本聶氏集釋通解楊氏俱作寫今從嚴本作寫

○此及下三節乃司馬挹匕湆而尸祭俎次賓授匕湆而尸啐酒告旨也疏匕與俎四雍人所執以陳者故雍人授之此俎卽益送之南俎也執匕枋以受湆是身當俎下端也左手執俎左廉乃縮之是授受時皆橫執俎也縮執俎以受于鼎西者惟此與豕匕湆耳二手執桃匕枋敬其事不游手也姜氏兆錫云受于鼎西次賓受也又言以東面受于羊鼎之西者申明之耳左廉俎之左邊也卻仰也匕枋疏匕枋也盛氏世佐云受于鼎西次賓受疏匕與俎於雍人也此俎鄉陳于羊俎西是時羊俎已設於尸席前其

地空故直云鼎西也俎西縮以南爲左次賓以左手執俎左廉而縮之則是西面受而身當俎之上端矣陳俎時疏匕覆於其上西枋賓旣西面受俎乃仰右手執匕轉其枋使近身而於俎仍爲縮也手云卻則匕亦卻可知必卻之者以將受湆也云以東面受于羊鼎之西者謂次賓受匕俎訖乃轉而東面以受湆於司馬也此與上受于鼎西之文雖同而所受則異雖同在羊鼎之西而所面亦不同今案受于鼎西是受疏匕與俎受于羊鼎之西是受湆經特云以東面則上受于鼎西爲西面可知盛氏分別甚精但受時雖有西面東面之異而其在羊鼎之西則同上僅言鼎西省文下特言羊鼎之西明此所受者爲羊湆當就羊鼎取之與下司馬在羊鼎之東相對爲文也次賓執疏匕枋以受湆司馬執桃匕枋以挹湆于鼎而注之若是者三三挹三注也敖氏云二手執桃匕枋敬其事不游手也王氏士讓云昏禮大羹湆在爨尚熱也此湆雖已在鼎遠於爨然其挹之亦臨當食方取之挹之三者禮以三爲成也

注云桃謂之歃者胡氏承珙云爾雅斛謂之疀郭注云皆古鍬鍤字斛亦作銚周頌庤乃錢鎛傳云錢銚也疀亦作臿方言臿燕之東北朝鮮洌水之閒謂之斛鄭此注云桃謂之歃猶斛謂之疀矣郝氏懿行爾雅義疏亦云有司

徹注桃謂之歃疑斛鏟之異文云讀如或舂或抗之抗者此讀從其音亦從其義抗爲抒臼出米桃以抒鼎出湆義亦同也云字或作桃者秦人語也者此鄭以方音釋古文之爲桃也胡氏則以此句桃字當作挑謂或本作挑如今人猶有名小勺爲挑者音土貂反云此二匕者皆有淺斗狀如飯橾者賈疏云言淺斗對尋常勺斗深此淺耳廣雅枭甬也王氏疏證以此注與甬謂之枭義亦相近云桃長枋可以抒物於器中者案上注云疏匕匕柄有刻飾者此云桃長枋皆以明爲匕之器其制之異見與匕牲體者姝也桃匕以抒湆而注於鼎西次賓所執之疏匕故枋宜長疏匕則盛湆而進於尸故枋須刻飾以致其華疏是刻鏤之名明堂位疏屏疏勺皆是有刻飾者王氏士讓云以桃匕注於疏匕則桃匕小疏匕大可知云注猶寫也者寫與曲禮器之溉者不寫其餘皆寫之寫義同作瀉非矣云今文桃作抗者鄭雖讀桃爲抗而其字仍從古文作桃故疊今文不從也云挹皆爲扱者皆下挹羊鉶等文也說文挹抒也扱收也鄭以作挹義切故亦從古文不從今文也

尸興左執爵右取肺坐祭之祭酒興左執爵肺羊祭肺【疏】正義曰張氏爾岐云尸興承上文尸坐祭豆籩之節今案尸興左執

爵以右手祭肺祭酒也下復言左執爵以右手將受匕也賈疏云上載尸羊正俎云祭肺一故知是羊俎上祭肺其羊肉湇雖有嚌肺一此時未升

次賓縮執匕俎以升若是以授尸尸卻手受匕枋坐祭嚌之興覆手以授賓賓亦覆手以受縮匕于俎上以降嚌湇者明湇肉加耳嘗之以其汁尚味

疏正義曰李氏云此匕湇也匕湇無肉肉湇無汁匕湇肉湇羊豕皆有之豕不曰肉湇而曰豕脀曰肉湇者言肉初在湇中曰脀者明在俎時無汁羊豕互文也魚無匕湇言湇魚者明魚在湇耳俎降以俟羞羊肉湇敖氏云若是者謂執匕俎之儀無變也卻手受匕枋則匕內鄉而便於用覆手以授賓明其變於有事之時次賓亦覆手以受統於尊者也祭湇如祭酒然亦注於地他時湇不祭此祭者重其在俎也湇與肉湇相將之物故以此先肉湇而進之張氏爾岐云以降者以此匕俎而降今案若是以授謂亦縮執匕俎以授也但云尸卻手受匕枋則受匕不受俎矣下覆手授賓亦是以匕授之賓受匕亦縮於俎上執之以降蓋儐尸唯羊俎爲正俎設於堂上其羊肉湇豕脀湇魚俎皆以其實併載于羊俎而以虛俎降不與羊俎同

設此匕湆俎但有湆無體可載故祭嚌後卽以匕俎降也注云嚌湆者明湆肉加耳嘗之以其汁尙味者以匕湆肉湆皆是加俎而進匕湆先於肉湆故嚌之以示尙味張氏爾岐云湆在鼎已調故云尙味若大羹則不在鼎不調也姜氏兆錫云次賓進匕湆尸嚌之而後司馬羞羊肉湆於尸前葢以汁先肉如乘韋先牛之義此注所以云無肉直汁也或疑酒曰啐羹曰嘗牲體殽胾肝燔之屬皆曰嚌汁無肉應如鉶羹言嘗大羹不嚌之例此言嚌葢亦有肉也今案姜氏謂以汁先肉是矣而又引或說疑湆言嚌亦有肉不知此注以嘗釋嚌二字亦通吳氏廷華疑義云說文嚌嘗也據顧命大保受同祭嚌是酒言嚌也故汁亦言嚌

尸席末坐啐酒興坐奠爵拜告旨執爵以興主人北面于東楹東荅拜旨美也拜告酒美荅主人意古文曰東楹之東【疏】正義曰王氏士讓云上篇正祭尸不啐奠不告旨大夫之禮尸彌尊也此儐尸則賓道矣故啐奠告旨也又云特牲尸告旨主人拜尸荅拜此尸先拜主人荅拜者彼正祭尸尊此儐尸卑同於賓禮也鄉飲鄉射皆先拜而後告旨敖氏云拜告旨不降筵以有後事也云主人北面于東楹東明其復位下放此　注云古文

日東楹之東者古文東楹下有之字今文無鄭以前後多云東楹東與西楹西相對爲文故從今文不從古文也○以上𡗜賓授匕湆

司馬羞羊肉湆縮執俎尸坐奠爵興取肺坐絕祭嚌之興反加于俎司馬縮奠俎于羊湆俎南乃載于羊俎卒載俎縮執俎以降絕祭絕肺末以祭周禮曰絕祭湆使𡗜賓肉使司馬大夫禮多崇敬也

疏 正義曰司馬縮奠俎于羊湆俎南唐石經及各本皆如此李氏楊氏敖氏皆云湆字衍方氏苞云上𡗜賓所進匕湆俎既執以降此時堂上唯有羊俎傳寫誤衍湆李氏又引下尸酢主人司馬縮奠湆俎于羊俎西爲證張氏爾岐云觀下受酢羞肉湆節當是縮奠湆俎于羊俎南以湆爲在奠字下其說是也今仍石經之文而附辨於此卒載縮執俎以降各本多作卒載俎縮執俎以降集釋作卒載俎縮執以降校勘記云周學健云石經載下無俎字案今本石經載縮二字已壞補缺誤補俎字遂脫縮字周所據猶未壞本也又戴校集釋謂唐石經執下無俎字亦不然今案下羞羊燔節云賓縮執俎以降尸酢主人節云卒載縮執虛俎以降主婦獻侑及尸作三獻之爵節皆云

卒乃縮執俎以降據此則載下無俎字執下有俎字明矣

○此司馬羞肉湆而尸嚌肺也楊氏復云執正俎皆橫執橫奠加俎皆縮執縮奠張氏爾岐云司馬縮執縮奠之俎羊肉湆俎也即雍人所設益送之南俎也盛氏世佐云羊肉湆即上司馬所匕載于南俎者其實自臑折至嚌之肺凡六物與取肺即此俎所盛之嚌肺也反加于俎者反之於羊肉湆俎也必奠于羊俎南者便載也乃載于羊俎者謂以羞俎所實六物悉載于正俎也卒載縮執俎以降者加俎不與正俎同設也○案注以羞羊匕湆羊肉湆皆用雍人所設之南俎敖氏以羞羊匕湆爲用北俎羞羊肉湆爲用南俎褚氏寅亮申敖說謂方羞羊匕湆時羊肉湆俎即當載而俟故可踵進若仍俟羊匕湆之俎則羞之也遲非敬尸之道今案次賓執匕俎降後尸尙有坐啐酒與坐奠爵拜告旨執爵興及主人荅拜諸儀節司馬於斯時載羊肉湆於俎而進之未遲也褚說非　注云絕祭絕肺末以祭周禮曰絕祭者案周禮大祝職辨九祭七曰絕祭鄭司農云絕祭絕末以祭是也劉氏台拱云案祭肺一手祭之嚌肺則兩手祭之故祭祭肺者左執爵而祭嚌肺者必奠爵也今案嚌肺即離肺割而未斷故須用兩手絕以祭也祭肺則割之已斷故可一手取以祭也云湆使次賓肉使司

馬大夫禮多崇敬也者大夫祭執事者衆故分使之見其禮多亦以廣敬對士助祭人少儀簡言也○以上司馬羞肉湆

尸坐執爵以興次賓羞羊燔縮執俎縮一燔于俎上鹽在右尸左執爵受燔揳于鹽坐振祭嚌之興加于羊俎賓縮執俎以降燔炙

疏正義曰此及下節乃次賓羞燔而尸卒爵也尸坐執爵亦承上興言之敖氏云室中之事無燔俎故此與亞獻皆用之受燔取於俎也吳氏廷華云受燔右受方氏苞云湆中羊肉宜載于羊俎故司馬奠湆俎于羊俎南而載之縮俎之燔則一而已尸祭嚌即以加于羊俎故羞燔者執俎以降別無事也今案羞燔別有俎陳於塾不用益送之俎詳前雍人合執二俎陳于羊俎西下賈疏詩云載燔載烈注云傅火曰燔貫之加于火曰烈烈即炙也燔燔肉也注以炙釋燔者燔炙對文異散亦通詳特牲兄弟長以燔從下

尸降筵北面于西楹西坐卒爵執爵以興坐奠爵拜執爵以興主人北面于東楹東荅拜主人受爵尸升筵立于筵末疏正義曰下

侑主人升筵降筵皆云自北方此尸升筵經云自西方降筵不云自何方者據禮經釋例云鄉飲鄉射主人獻賓賓降席注皆云降席席西也是賓升降皆自西方然則此尸降筵亦自西方歟○以上次賓羞燔○李氏云主人獻尸之從獻五籩豆一羊正俎二羊匕湆三羊肉湆四羊燔五主侑降於尸無羊匕湆羊肉湆主人受酢從獻與尸同五主婦與侑同二尊卑之差也禮經釋例云凡儐尸主人獻其從獻皆用羊主婦獻其從獻皆用豕上賓獻其從獻皆用魚有司徹主人初獻尸賓長設羊俎次賓羞羊匕湆司馬羞羊肉湆次賓羞羊燔主人獻侑司馬設羊俎次賓羞羊燔是主人獻尸獻侑其從獻皆用羊也主人受尸酢長賓設羊俎次賓羞羊匕湆司馬羞羊肉湆次賓羞羊燔皆如尸禮主婦受尸酢司馬設羊俎次賓羞羊燔皆於房中是主人主婦受尸酢其從獻亦皆用羊也主婦亞獻尸次賓羞豕匕湆司士羞豕胥次賓羞豕燔主婦獻侑司士羞豕胥次賓羞豕燔主婦致爵于主人其受豕匕湆受豕胥受豕燔皆如尸禮是主婦獻尸獻侑及致爵于主人其從獻皆用豕也上賓三獻尸尸奠爵于薦左至主人長賓以及獻私人畢尸作三獻之爵司士羞湆魚上賓獻侑司馬羞湆魚一上賓致爵于主人司士羞一湆魚皆如尸禮是

上賓獻尸獻侑及致爵于主人其從獻皆用魚也此上大夫祭畢儐尸之禮故初獻專用羊亞獻獻專用豕三獻專用魚禮盛則威儀多也若不儐尸之禮賓三獻時主婦致爵于主人賓致爵于主婦其俎皆羊豕魚腊竝設且無從俎葢下大夫之禮殺也又有司徹卒燅乃升羊豕魚三鼎無腊與膚注腊爲庶羞膚從豕儐尸俎不用腊者下正祭也

右主人獻尸

主人酌獻侑侑西楹西北面拜受爵主人在其右北面答拜不洗者俱獻閒無事也主人就右者賤不專階疏正義曰張氏爾岐云此下主人獻侑節獻爵薦豆籩設羊俎設羊燔有四細節　注云不洗者俱獻閒無事也者賈疏云以其獻尸訖卽獻侑中閒無別酬酢之事凡爵行爵從尊者來向卑者俱獻閒無事則不洗爵從卑者來向尊雖獻閒無事亦洗云主人就右者賤不專階者上主人獻尸主人于東楹東拜尸于西楹西拜東楹東卽阼階上也西楹西卽西階上也是專階也今獻侑主人在侑右拜是同拜西階上侑不專階也鄉飲主人獻介亦同拜于西階上詳鄉飲酒禮○獻侑爵

主婦薦韭菹醢

坐奠于筵前醢在南方婦贊者執二籩麷蕡以授主婦主婦不興受之奠麷于醢南蕡在麷東主婦入于房醢在南方者立侑為尸使正餕統焉疏正義曰主婦不親取籩者以薦豆而贊者卽執籩以授同時並設也凡設菹常在右便其擩侑席東面以南為右今醢在南則菹在北使之統於尸也敖氏則謂豆北上席南上是席豆相變之法褚氏寅亮云當遵注正餕統於尸之說無席豆相變義下主人豆則循右菹左醢之常矣○薦侑豆籩侑升筵自北方司馬橫執羊俎以升設于豆東侑坐左執爵右取菹擩于醢祭于豆閒又取麷蕡同祭于豆祭興左執爵右取肺坐祭之祭酒興左執爵疏正義曰羊俎卽前所云侑俎羊左肩以下七物至是始載以進李氏云侑與主婦無羊肉湆故羊俎皆司馬設之敖氏云凡正俎皆橫執此乃明言之者以司馬進之嫌亦縮執也今案侑不晬酒告旨者以不敢同於尸也○設侑羊俎次賓羞羊

燔如尸禮侑降筵自北方北面于西楹西坐卒爵執爵以興坐奠爵拜主人荅拜荅拜拜於侑之右【疏】正義曰此篇尸升筵自西方與鄉飲酒賓升席自西方同又鄉飲酒記云主人介凡升席自北方降自南方此篇侑主人升筵自北方亦與鄉飲同惟侑主人降筵自北方與鄉飲異者禮經釋例云少變於飲酒正禮也又鄉飲賓降筵釋例以爲亦自西方詳鄉飲記上侑拜受爵主人在侑右荅拜故知此亦在侑右○羞侑羊燔○賈疏云此節從獻有三事主婦薦豆籩一也司馬羞羊俎二也次賓羞羊燔三也侑降於尸二等無羊匕湆又無肉湆

右主人獻侑

尸受侑爵降洗侑降立于西階西東面主人降自阼階辭洗尸坐奠爵于篚興對卒洗主人升尸升自西階主人拜洗尸北面于西楹西坐奠爵荅拜降盥主人降尸辭主人

尸卒盥主人升尸升坐取爵酌酌者將酢主人疏正義曰張氏爾岐云此下尸酢主人節主人受爵主婦薦豆籩長賓設俎次賓羞匕湆司馬羞肉湆次賓羞燔主人拜崇酒凡七細節　注云酌者將酢主人者言尸升坐取爵酌爲將酢主人也特牲少牢尸酢主人祝酌以授尸此儐尸則尸受侑爵降洗降盥自酌者賓主之禮然也特牲少牢主人獻尸尸卽酢主人此尸待獻侑乃酢主人者正祭酢主人兼致嘏故先酢而後主人獻祝與佐食此無致嘏之事且立侑輔尸位卽次于尸與祝佐食亦殊故不待酢而先獻也鄉飲賓先酢主人而後獻介者彼介亦酢主人此無侑酢故不同也敖氏云侑不升辟酢禮也若與尸同升則又嫌於若同酢主人者然

司宮設席于東序西面主人東楹東北面拜受爵尸西楹西北面荅拜疏正義曰此爲主人設席也褚氏云祭時受酢則有子道故不設席儐尸受酢則有主道故卽設席然不與尸侑之席同時設者猶尊尸也疑義云特牲及下不儐尸尸酢皆無俎故不設席致爵乃設之此尸酢主人有俎故卽設席與彼不同○主人受酢爵

主婦薦韭菹醢坐奠于筵

前菹在北方婦贊者執二籩麷蕡主婦不興受設麷于菹西北蕡在麷西主人升筵自北方主婦入于房設籩於俎西北亦辟鉶今文無二籩疏正義曰菹在北方則醢亦在南方矣侑席東面主人席西面而菹皆北方足見注統於尸之說信也王氏士讓云侑升筵在主婦入房後主人不待入而升賓主之異也注云設籩於菹西北亦辟鉶者賈疏云上設侑籩正當豆此在西北明避鉶云亦亦尸籩當豆西外列以避鉶故也今案主婦致爵主人設二鉶於菹北是其辟鉶之事云今文無二籩者上獻侑節婦贊者執二籩麷蕡以授主婦鄭以彼有二籩字此當與同故從古文○主婦薦主人豆籩

長賓設羊俎于豆西主人坐左執爵祭豆籩如侑之祭興左執爵右取肺坐祭之祭酒興疏正義曰長賓即賓長也羊俎即前所云阼俎羊肺一祭肺一者至是始載而設之右取肺羊正俎之祭肺也方氏苞云主人之牲俎特牲設于主婦致爵時此則豆籩羊俎薦于尸酢時故二鉶及豕俎內羞薦于主婦致爵時○設主人羊俎

次賓羞

匕湆如尸禮席末坐啐酒執爵以興【疏】正義曰匕湆羊匕湆也敖氏云祭酒興亦左執爵乃受匕湆姜氏云如尸禮如其縮執卻受覆手縮匕之屬盛氏云啐酒不告旨酒己物也○羞主人匕湆

司馬羞羊肉湆縮執俎主人坐奠爵于左興受肺坐絕祭嚌之興反加于湆俎司馬縮奠湆俎于羊俎西乃載之卒載縮執虛俎以降奠爵于左者神惠變於常也言受肺者明有授言虛俎者羊湆俎訖於此

虛不復用【疏】正義曰羊肉湆俎卽前所云羊肉湆臂以下六物爲一俎也興受肺卽羊肉湆俎之嚌肺也此肺本在湆俎祭嚌後仍加于湆俎故云反上羞尸節云反加于俎省文耳郝氏敬謂坊本多一湆字當刪非也盛氏云此與羞尸肉湆之儀同但文加詳耳　注云奠爵于左者神惠變於常也者褚氏云奠而卽舉當在右此在左故注云神惠變於常敖謂避肉湆俎葢陰破注意實非也云言受肺明有授者吳氏廷華云授其設俎者䟽云言虛俎者羊湆俎訖於此虛不復用者案此俎卽雍人所設之南俎也此上羞尸匕湆羞尸羊肉湆及此節羞主人匕湆同用此俎

其降也皆是虛俎經於上不言虛獨此言虛者蓋此後羞豕匕湆豕脅湆魚皆用雍人所設之北俎不用此俎故注云虛不復用也敖氏謂言虛俎者見其盡載于羊俎而無所釋今案上羞尸羊肉湆亦是盡載何獨於此言虛俎敖說非矣○羞主人肉湆

主人坐取爵以興次賓羞燔主人受如尸禮

【疏】正義曰燔羊燔也下主婦致爵羞豕燔則此爲羊燔可知盛氏云如尸禮者如其縮執俎縮一燔於俎上以下之儀也高氏愈云此節主婦薦于主人二籩二豆與侑同而賓所薦羊俎匕湆肉湆羊燔四禮則與尸同婦人所以事尸之禮隆於事大夫而賓所以事大夫之禮當與尸同也方氏苞云主人之俎實一與尸同何也祖考或士庶人而得用少牢皆由君賜故主人之俎不可加損而薦俎之用亦不可異同也○羞主人燔

主人降筵自北方北面于阼階上坐卒爵執爵以興坐奠爵拜執爵以興尸西楹西荅拜主人坐奠爵于東序南不降奠爵於篚爲崇酒

【疏】正義曰爲崇酒於尸及侑也

侑升尸侑皆北面于西楹西見主人不反位知將與己

爲禮【疏】正義曰侑升者尸酢已終主人將拜崇酒侑乃升陪尸荅拜也**主人北面于東楹東再拜崇酒**崇充也拜謝尸侑以酒薄充滿【疏】正義曰注崇充義詳鄉飲酒方氏苞云侑前此降立于西階西俾尸專與主人爲禮也而此時乃升正爲主人之拜崇酒非專爲尸而己賓同之鄉飲之禮賓與介皆酢主人主人皆拜崇酒葢專習飲酒之儀其時寬也祭而儐則時迫而儀不能備故侑不復酢主人而主人唯於受尸酢時一拜崇酒**尸侑皆荅再拜主人及尸侑皆升就筵**【疏】正義曰敖氏云主人及尸侑先後之辭也後文放此吳氏廷華云不降而曰升者升席也○拜崇酒○案尸酢主人從設亦五豆籩也羊正俎也羊匕湆也羊肉湆也羊燔也賈疏云尊主人故與尸同

右主人受尸酢初獻禮竟

司宮取爵于篚以授婦贊者于房東以授主婦房東房戶外之東【疏】正義曰張氏爾岐云自此至尸主人及侑皆就筵凡四節皆主婦亞獻之事獻尸一也獻侑二也致爵于主人

三也受尸酢四也○敖氏云以授主婦婦贊者以授主婦于房中也王氏士讓云男女唯喪祭可相授器而大夫之主婦尊也故其爵司宮先取以授婦贊者因以授主婦也然婦贊之受亦以篚無篚則奠而後取之文不具　注云房東房戶外之東者此司宮以爵授婦贊者當在房外授之故知房東爲房戶外之東耳　**主婦洗爵于房中出實爵尊南西面拜獻尸尸拜于筵上受**尊南西面拜由便也

疏正義曰吳氏疑義云男女不親授受主婦當奠于筵前乃拜獻也尸亦就筵前取之故不降筵今授尸拜于筵上受敖氏以爲殺于主人蓋男與女不得正行賓主之禮也尊南近席斯時尸南面主婦酌訖轉而西面獻之以須夾拜故卽於獻位先拜然後退至拜位又拜故云由便也　**主婦西面于主人之席北拜送爵入于房取一羊鉶坐奠于韭菹西主婦贊者執豕鉶以從主婦不興受設于羊鉶之西興入于房取糗與腶脩執以出坐設之糗在蕡西脩在白西興立于主人席北西**

面飲酒而有鉶者祭之餘鉶無黍稷殺也糗糗餌也腶脩擣肉之脯今文腶爲斷疏正義曰主婦西面于主人之席北拜送爵者婦人與男子爲禮當依其夫與上篇亞獻尸于主人之北西面拜送爵同但上篇所謂北在室中此所謂席北則在堂上也敖氏云設二籩而主婦親取之以其與鉶異類不可相因也盛氏世佐云二鉶皆繼韭菹而西在麷蕡之北也鉶之爲器大於籩二鉶當二籩而有餘故於其南又設二籩焉而饌方矣糗在蕡西脩在白西糗北而脩南也今案主婦止執羊鉶婦贊者執豕鉶而主婦又興入房取糗脩二籩者二鉶重故主婦與贊者分執之二籩輕故主婦可竝執也前主人初獻尸主婦已薦四豆四籩矣此亞獻之設二籩者敬尸無已也注云飲酒而有鉶者祭之餘鉶者謂正祭之餘鉶也方氏苞云加羊豕二鉶備物以致敬其義與正祭已薦豆薦籩而儐尸復設之同云無黍稷殺也者正祭有黍稷此無之是殺於正祭也或云儐尸主於飲故無黍稷也云糗糗餌也腶脩擣肉之脯者詳前主人獻尸主婦自東房薦韭菹醢下敖氏云糗與脩糗用饋食之籩也今案周禮籩人糗爲羞籩脯爲加籩敖說未確云今文腶爲斷者公羊莊公二十有四年傳腶脩云乎釋文腶作斷何注亦云取其斷斷自脩正

與今文合鄭以作腶爲正字故仍從古文餘亦詳見於前尸坐左執爵祭糗脩同祭于豆祭以羊鉶之柶挹羊鉶遂以挹豕鉶祭于豆祭祭酒次賓羞豕匕湆如羊匕湆之禮尸坐啐酒左執爵嘗上鉶執爵以興坐奠爵拜主婦答拜執爵以興司士羞豕脀尸坐奠爵興受如羊肉湆之禮坐取爵興次賓羞豕燔尸左執爵受燔如羊燔之禮坐卒爵拜主婦答拜主婦易位拜於阼階上辟併敬

疏正義曰祭糗脩之祭敖謂當作取非也又挹羊鉶挹豕鉶之挹敖謂當作扱案二字經典亦通用今從石經各本○敖氏云於此乃云尸坐是受爵時立也今案尸坐啐酒亦是受匕湆時興也羞豕匕湆豕脀皆用雍人所設之北俎羞豕燔別有俎敖氏云如羊匕湆之禮如其左手執俎左廉以下之儀其異者雍人不復授之也褚氏寅亮云經言如則初亦雍人授疏匕與俎可知敖謂不復授之與經違矣司士羞豕脀尸坐奠爵興受及上受羊肉湆條敖

皆云尸奠爵于左其實尸奠于右照生人飲酒禮若於左經亦明著之今案褚說是也嘗上鉶羊鉶也以右手抯嘗之豕脀卽前司士杙載豕右肩以下爲一俎者也受如羊肉湆之禮亦奠而載于羊俎執俎以降也○張氏爾岐云主婦獻尸從獻亦五主婦旣獻爵設兩鉶又設糗脩次賓羞豕匕湆司士羞豕脀次賓羞豕燔儀節與主人獻尸竝相當

右主婦獻尸

受爵酌獻侑侑拜受爵主婦主人之北西面荅拜酌獻者主婦今文無疏正義曰此主婦受爵酌以獻侑也北亦席北注西面云今文無西面者上主婦獻尸尊南西面拜又西面于主人之席北拜送爵則此亦西面可知故鄭從古文此不俠拜下於尸主婦羞糗脩坐奠糗于蘧南脩在蕡南侑坐左執爵取糗脩兼祭于豆祭司士縮執豕脀以升侑興取肺坐祭之司士縮奠豕脀于羊

俎之東載于羊俎卒乃縮執俎以降侑興豕脀無湆於侑禮殺疏正義曰上主人獻侑主婦薦籩奠籩于醢南蕡在籩東則籩在西蕡在東此奠糗于籩南脩在蕡南亦糗西而脩東也肺切肺不祭酒亦殺于尸豕脀即前所云侑俎豕左肩折以下也次賓羞豕燔侑受如尸禮坐卒爵拜主婦荅拜疏正義曰如尸禮如尸受羊燔之禮○張氏爾岐云主婦獻侑從獻同于尸者亦三主婦旣獻爵羞糗脩司士羞豕脀次賓羞豕燔降于尸者二無鉶羹與豕匕湆

右主婦獻侑

受爵酌以致于主人主人筵上拜受爵主婦北面于阼階上荅拜主婦易位拜於阼階上辟并敬疏正義曰特牲三獻爵止乃致爵此未三獻而致爵者方氏苞云特牲賓獻尸畢主婦即致爵于主人而退祝佐食之獻於後少牢則正祭時祝佐食已受獻主人主婦已受尸酢至儐尸則賓獻尸尸酢主婦皆可緩故主婦先致爵于主人而退二節於後也又於主人省酢主婦及致爵之節於賓

省致爵于主婦之節不惟儐尸禮殺亦事增而時弗逮耳又云儐尸主人不致爵于主婦不儐尸亦然大夫之祭儀節繁多惟夫之於妻可無報禮耳注云主婦易位拜於阼階上辟併敬者前此主婦獻尸侑皆西面于主人之席北拜今北面于阼階上拜是易位矣蓋辟獻尸侑之位而北面併以致敬於主人也主人筵上拜受敖氏云因尸禮也盛氏云主婦若亦於主人之席北西面答拜則是與主人同面矣故之阼階上北面于主人之南向主人也王氏士讓云阼階主人位主婦亦荅拜於此者夫婦一體也昏禮舅姑饗婦時婦降自西階薦已授以代姑任事之義矣則荅拜於阼也固宜

主婦設二鉶與糗脩如尸禮

疏 正義曰敖氏云有鉶者阼俎如尸故鉶亦因之設二鉶羊在葅北豕在羊北設糗脩糗在籩北脩在蕡北姜氏云如尸禮如獻尸之授受具設也

主人其祭糗脩祭鉶祭酒受豕匕湆拜啐酒皆如尸禮嘗鉶不拜

主人如尸禮尊也其異者不告旨

疏 正義曰啐酒上唐石經有拜字賈疏兩解亦謂衍字敖氏去拜字云從疏之所謂或本者校勘記云案賈疏云或此經啐酒之上無拜文有者衍字也或者疑而不定之辭敖

氏以爲或本非也經文拜疑當作坐○盛氏世佐云經云嘗鉶不拜著其異於尸者耳其他則皆如尸受主婦獻之禮也今以上文考之彼於主婦設二鉶二籩之下即云尸坐左執爵祭糗脩同祭於豆祭即此所謂共祭糗脩也又云以羊鉶之柶挹羊鉶遂以挹豕鉶祭于豆祭祭酒即此所謂祭鉶祭酒也又云次賓羞豕匕湆如羊匕湆之禮尸坐啐酒即此所謂受豕匕湆啐酒也受豕匕湆與啐酒之間絕無所謂拜者則此經拜字之爲衍文信矣彼又云左執爵嘗上鉶執爵以興即此所謂嘗鉶也但彼於執爵興之後復坐奠爵拜而此則否是其異也嘗鉶而拜重其禮也主人之不拜下尸也正祭時尸嘗鉶啐酒皆不拜尸尊也至是以賓禮待尸尸于主人之獻啐酒則拜于主婦之獻嘗鉶則又拜尸益卑也其於主婦之獻拜鉶而不拜酒者以鉶是主婦所親設而酒則與主人之所獻同出一尊已告旨訖故於是略之也至於主人之獻啐酒不告旨則受尸酢時已然而此所云皆如尸禮者亦足以蔽之矣不必別言也注乃以不告旨釋不拜尸失經意矣今案盛氏經甚詳明啐酒上拜字定爲衍字校勘記謂疑當作坐說亦可從特牲尸嘗鉶告旨拜少牢尸嘗鉶不拜此篇主婦獻尸尸嘗鉶拜經雖不言告旨拜亦告旨之意故鄭以不

告旨釋經嘗鉶不拜非指啐酒言也盛氏駁注似非又以經其字爲當作其亦沿張說之誤

其受豕脀受豕燔亦如尸禮坐卒爵拜主婦北面荅拜受爵疏正義曰主婦致爵主人從設亦有五鉶也膴脩也豕匕湆也豕脀也豕燔也皆與獻尸同紃解引三禮館議云特牲主人主婦交致爵皆酢賓又致爵于主人主婦皆自酢此直有主婦致爵于主人又不酢何也凡獻酢之節有主有從主獻者酢而從獻者不酢此主婦獻尸而因以致爵于主人則主人固在從獻之列無由而酢主婦矣特牲主人主婦交致交酢在三獻爵止之後自相酬荅此在主婦獻尸爵內以主婦爲之終始則主人更不得而致爵于主婦矣主人旣不致爵于主婦則賓亦不得而致爵于主婦矣故主婦唯受尸酢而其餘則否

右主婦致爵於主人

尸降筵受主婦爵以降將酢主婦疏正義曰吳氏廷華云受者尸當受於司宮司宮又受于婦贊者方氏苞云此主婦致主人之爵也而尸受之又不用以酢主婦何也雖承獻侑以致主人而本獻尸之爵

故尸受之以終前禮而後易爵以彰其別所以別嫌而明微也**主人降侑降主婦入于房主人立于洗東北西面侑東面于西階西南**俟尸洗 疏 正義曰主人降代主婦以禮於尸也侑降從尸也王氏士讓云尸之降爲洗爵以酢主婦也主婦若辭洗則宜降階婦人祭祀止于堂階故入于房以辟之敖氏疑洗東北西階西南文誤衍劉氏台拱云案凡西階西未有不少南于階者然則或言西階西或言西階西南文有繁省無他義也唯主人立于洗東北西面嫌太東宜詳其意盛氏世佐云凡主人於賓之爲已洗也降立于阼階東西面當東序辭則進而南面其禮見鄉飲酒鄉射今乃東于洗者以其不爲己而洗故也夫婦一體尸爲婦洗主人雖不代爲辭而亦違其故位焉示不敢當也今案主人辭洗則進而南面此不辭洗而仍立于阼階東西面則與尸背矣故立于洗東北西面以向之也**尸易爵于篚盥洗爵**易爵者男女不相襲爵**主人揖尸侑**將升 疏 正義曰方氏苞云辭洗禮宜親之主人不得代辭故待洗畢揖尸侑以升今案鄉尸酢主人時侑不升此升者敖氏云尸酢之意已見於前今則無嫌也**主人升**

尸升自西階侑從主人北面立于東楹東侑西楹西北面立侯尸酌尸酌主婦出于房西面拜受爵尸北面于侑東荅拜主婦入于房疏正義曰敖氏云西面亦于主人席北方氏苞云會尸之酢則自出男女相爲禮不親相與言亦不使人致辭案節以赴而已即不辭洗而入於房以辭之義也王氏士讓云主婦出者會尸之酌而出爲節也主婦入者席在房中室成禮於內也司宮設席于房中南面主婦立于席西設席者主婦尊今文曰南面立于席西疏正義曰注云設席者主婦尊者賈疏云賓長以下皆無設席之文唯主婦與主人同設席故云尊敖氏云旣受爵乃設席之降於主人也立于席西者亦西爲下今案房中南面主婦之正位也云今文曰南面立于席西者古文南面下有主婦二字今文無則文義不明故鄭從古文敖謂鄭本無南面字蓋誤婦贊者薦韭菹醢坐奠于筵前菹在西方婦人贊者執麷蕡以授婦贊者婦贊者不興受設麷于菹西蕡在

籩南婦人贊者宗婦之少者疏正義曰上尸酢主人主婦薦此酢主婦故婦贊者薦也高氏愈云主婦受爵亦薦豆籩者婦人敵耦於夫室備禮也注云婦人贊者蓋宗婦之贊主婦者即上篇所云主婦贊者一人也婦人贊者則佐宗婦以贊主婦者故注以爲宗婦之少者也主婦升筵司馬設羊俎于豆南主婦坐左執爵右取菹擩于醢祭于豆閒又取籩蕡兼祭于豆祭主婦奠爵興取肺坐絶祭嚌之興加于俎坐挩手祭酒啐酒挩手者於帨帨佩巾內則曰婦人亦左佩紛帨古文挩作說疏正義曰羊俎即前所云主婦俎羊左臑以下者至是始載而設之豆南當菹醢南蕡東也肺羊嚌肺也凡祭嚌肺者必絶祭絶祭故須挩手敖氏云經不盡見之也注云內則曰婦人亦左佩紛帨者內則子事父母婦事舅姑皆左佩紛帨亦者亦男子也云古文帨作說者帨字唯集釋作挩各本皆作帨詳鄉飲酒禮次賓羞羊燔主婦興受燔如主人之禮主婦執爵以出于房西面于主人席北立

卒爵，執爵拜，尸西楹西北面荅拜。主婦入，立于房。尸、主人及侑皆就筵。出房立卒爵，宊鄉尊，不坐者，變於主人也。執爵拜，變於男子也。疏 正義曰：如主人之禮，如主人受尸酢之禮也。敖氏云：立于房，見其不就席。方氏苞云：主房執爵以出，于房立卒爵，執爵拜，則復執以入于房可知，其爵亦贊者受之，反于篚。注云出房立卒爵宊鄉尊者，張氏爾岐云：鄉尊，謂對尸而卒爵，卽敖氏所謂出房卒爵宊成禮於所酢者之前是也。云不坐者變於主人也者，褚氏寅亮云：特牲禮尸酢主婦，入卒爵如主人儀，主人固坐而卒角矣，則主婦亦坐明矣。今尸酢主人，主人坐卒爵；尸酢主婦，主婦立卒爵，故注云不坐者變於主人也。敖氏謂立卒爵乃婦人常禮，豈特牲主婦受酢如主人儀者亦立卒爵乎？云執爵拜變於男子也者，賈疏云：上下經凡男子拜卒爵，皆奠爵乃拜，故云變於男子也。○案：尸酢主婦從設亦三：婦贊者設豆籩，一也；司馬設羊俎，二也；次賓羞羊燔，三也。皆與主人獻侑同。

右主婦受尸酢亞獻禮竟

上賓洗爵以升酌獻尸尸拜受爵賓西楹西北面拜送爵尸奠爵于薦左賓降上賓賓長也謂之上賓以將獻異之或謂之長賓奠爵爵止也

疏正義曰此上賓獻尸之事○敖氏云拜受爵亦於筵上也尸于三獻而奠爵亦欲助祭者皆受獻也薦左醢東也褚氏寅亮云賓之獻爵將行神惠故奠于左舉者于左也下主人之酬爵同飲酒禮則不舉者於左矣故亦奠于左奠左雖同其義則異今案上主人受尸酢奠爵于左注云神惠變於常是將舉者奠于左也故此賓獻尸將舉者亦奠于左

注云上賓賓長也者上主人獻尸賓長設羊俎注云賓長上賓此注又云上賓賓長二者互相曉是上賓即賓長也云謂之上賓以將獻異之者案上賓謂之賓長次於上賓之一人亦謂之賓長下加爵節賓長獻于尸如初注云賓長者賓之長次上賓者非即上賓也是次於上賓之一人亦稱爲賓長即特牲所謂衆賓長也但備三獻之賓爲賓中之最上者故於其將獻特言上賓以別之云或謂之長賓者上尸酢主人節長賓設羊俎是也上賓稱賓長亦稱長賓猶次於上賓者稱賓長亦稱次賓上文次賓羞羊匕湆羊燔是也然上賓雖亦稱賓長而次於上賓之賓長

不得稱上賓故注云謂之上賓異之云賓爵爵止也者案特牲賓三獻如初燔從如初爵止注云尸止爵者欲神惠之均於室中是以賓而待之又衆賓長爲加爵如初爵止注云尸爵止者欲神惠之均於在庭此尸賓爵亦是欲均神惠故注以爵止釋之禮經釋例云此爵至主人酬尸獻長賓獻衆賓獻兄弟獻內賓獻私人畢尸乃作三獻之爵卒爵後賓獻侑致爵于主人及受尸酢於是三獻禮成而神惠均於堂上及房中矣儐尸無室中之事故致爵于獻尸侑時行之也案儐尸于堂固無室中之事此未旅酬亦不得言均神惠於庭詳特牲賓三獻如初燔從如初爵止下

右上賓三獻尸尸奠爵不舉

主人降洗觶尸侑降主人奠爵于篚辭尸對卒洗揖尸升侑不升侑不升尸禮益殺不從【疏】正義曰自主人降至坐奠爵于薦左言主人酬尸之事○盛氏世佐云洗觶爲酬尸也主人體尸止爵之意將獻長賓以下乃先酬尸者獻之禮成於酬成尊者之禮而後及其餘禮之序也辭辭降也尸侑皆降而對者唯尸統於尊也不辭洗者以其將自飲也　注云尸禮益殺不從者對上主人獻

尸之時侑從升而言也儐尸之禮本殺今侑不升是益殺也敖氏謂酬禮不及侑故不升義亦可通

主人實觶酬尸東楹東北面坐奠爵拜尸西楹西北面荅拜坐祭遂飲卒爵拜尸荅拜降洗尸降辭主人奠爵于篚對卒洗主人升尸升主人實觶尸拜受爵主人反位荅拜尸北面坐奠爵于薦左降洗者主人

疏 正義曰敖氏云卒洗亦揖乃升主人實觶亦北面於尸之席前尸階上拜乃進受之而反位主人旣荅拜尸乃進北面奠爵盛氏世佐云反位反東楹東北面之位王氏士讓云上尸奠賓所獻爵于薦左此又奠主人所酬者于薦左此則當在少南而先奠者在北又凡酬爵皆酬者自奠于薦右受酬者重奠于薦左而無授受之節此經言受爵大夫禮異也李氏云奠于薦左者奠酬不舉也神惠右不舉而此左不舉者儐尸而酬之同於賓客異於神惠楊氏云下經二人舉觶于尸侑侑奠觶于右注云奠于右者神惠右不舉變於飲酒此賓尸如與賓客飲酒然故有酬異於神惠是以奠於左上云尸荅拜下云降洗鄭恐人疑降洗是尸

故特明之○賈疏云特牲及下不儐尸皆無酬尸之事此特有之今案正祭以神事尸故無酬儐尸以賓事尸故有酬禮器周旅酬六尸是尸與尸酬此則主人酬尸也

右主人酬尸

尸侑主人皆升筵乃羞宰夫羞房中之羞于尸侑主人主婦皆右之司士羞庶羞于尸侑主人主婦皆左之二羞所以盡歡心房中之羞其籩則糗餌粉餈其豆則酏食糝食庶羞羊臐豕膮皆有胾醢房中之羞內羞也內羞在右陰也庶羞在左陽也【疏】正義曰此言設羞之事○敖氏云侑升堂之節其在尸賓爵之時乎姜氏兆錫云升筵不言主婦者統於主人省文也方氏苞云特牲自尸以下至私人羞同時何也士禮至祭胥獻酢酬加爵舉賓之禮俱畢矣則同時而羞空也大夫之禮至尸賓酬賓兄弟之獻酢及酬未舉內兄弟私人未獻薦俎未陳無先庶羞之理　注云二羞所以盡歡心者羞羞爲飲酒而設上尸侑主人主婦俱已設薦俎此復進二羞故云所以盡歡心也云房中之羞其

籩則糗餌粉餈其豆則酏食糝食者周禮籩人羞籩之實糗餌粉餈醢人云羞豆之實酏食糝食是也糗餌粉餈注詳前主人獻尸節酏食糝食注詳聘禮云庶羞羊臐豕膮皆有胾醢者有案公食禮有牛臐羊臐豕膮又有炙胾醢此不言牛胾者以庶羞不踰牲大夫祭止得用羊故也不言炙者以從獻已用燔炙故也褚氏云庶羞羞中有臐膮胾醢而無胾當以此注爲正云房中之羞內羞也者下不賓尸云宰夫羞房中之羞司士羞庶羞于尸祝主人主婦內羞在右庶羞在左故知房中之羞卽內羞也周禮籩人醢人云爲王及后世子共其內羞鄭注亦以房中之羞釋之敖氏云房中之羞饌於房者也言房中以別于庶羞明庶羞不自房來也郝氏敬云房中之羞婦工所脩也云內羞在右陰也庶羞在左陽也者賈疏謂內羞是穀物故云陰庶羞是牲物故云陽引大宗伯天產作陰德地產作陽德鄭注天產六牲之屬地產九穀之屬以證之吳氏紱云上篇胾醢在左故此庶羞亦在豆左此經卜文糗脩在右故此內羞亦在籩右說亦可通

右羞於尸侑主人主婦

儀禮正義卷三十九終

儀禮正義卷四十　　鄭氏注

績溪胡培翬學

主人降南面拜衆賓于門東三拜衆賓門東北面皆荅壹拜

拜於門東明少南就之也言三拜者衆賓賤旅之也衆賓一拜賤也卿大夫尊賓賤純臣也位在門東古文壹爲一

疏 正義曰自此至主人就筵皆均神惠之事凡七節獻長賓一也獻衆賓二也主人自酢於長賓三也酬長賓四也獻兄弟五也獻內賓六也獻私人七也主人拜衆賓將獻之也○此衆賓亦兼長賓在內　注云拜於門東明少南就之也者以衆賓位在門東今云拜於門東明是少南就拜之也云言三拜者衆賓賤旅之也者對上尸侑皆獨拜之此總拜衆賓以三拜是旅之故云賤也云衆賓一拜賤也者上主人以衆賓賤而旅拜之此衆賓亦以賤而荅一拜對特牲衆賓荅再拜言也云卿大夫尊賓賤純臣也者此申言賓賤之義以此主人是卿大夫其位尊也云位在門東者敖氏云未獻之前衆賓位在門東亦大夫之禮異於士者褚氏寅亮云尸侑在西居賓位故助祭者

雖名賓亦統於主人而在門東云古文壹爲一者詳見士冠禮

主人洗爵長賓辭主人奠爵于篚興對卒洗升酌獻賓于西階上長賓升拜受爵主人在其右北面荅拜宰夫自東房薦脯醢醢在西司士設俎于豆北羊骼一腸一胃一切肺一膚一

羊骼羊左骼上賓一體賤也薦與設俎者旣則俟於西序端古文骼爲胳

疏 正義曰敖氏云長賓辭亦北面盖於門東少進也主人已酌長賓乃升遠下尸也獻賓當西南面用切肺者賓俎設于堂故亦因尸禮肺繼胃言之羊肺可知郝氏云醢在西則脯在東一豆一籩羊骼以下五物爲一俎前敍尸侑主人主婦俎不及賓於此詳之褚氏寅亮云主人在其右北面荅拜賓亦北面也脯東醢西仍依右手取脯之便今案儀禮釋官云周禮宰夫職曰以式灋掌祭祀之戒具與其薦羞注薦脯醢也羞庶羞內羞故上設羞此又薦也 注云上賓一體賤也者對尸侑爲賤也下注云成祭於上尊賓也者對衆賓以下爲尊也云薦與設俎者旣則俟於西序端者以下文賓取祭以降宰夫執薦以從司士執俎以從無升文

明此時薦與設俎者不降退立於西序端可知李氏云侯侯執薦俎從賓降鄉飲酒司正升相旅退立于序端云古文骼爲胳者詳鄉飲酒禮

賓坐左執爵右取脯擩于醢祭之執爵興取肺坐祭之祭酒遂飲卒爵執爵以興坐奠爵拜執爵以興主人荅拜受爵賓坐取祭以降西面坐委于西階西南成祭於上尊賓也取祭以降反下位也反下位而在西階西南已獻尊之祭脯肺也

疏 正義曰賓長賓注云成祭於上尊賓也者謂祭脯祭肺祭酒皆成祭於西階上也尊賓義詳上云取祭以降反下位也反下位而在西階西南已獻尊之者案賓位本在下因獻而升已獻而降故注云反下位賓初位在門東今得獻在西階西南與主人相對故云已獻尊之李氏云賓自門東而位西階西南猶燕禮士立于西方已獻而位於東方也衆賓以下則已獻而設薦俎於其位云祭脯肺者言賓所取祭祭是脯肺也

宰夫執薦以從設于祭東司士執俎以從設于薦東

疏 正義曰言賓取脯肺降坐委于西階西南而宰夫代爲執豆籩從降

設于脯胏之東司士代爲執俎從降設于豆籩之東也

右主人獻長賓

眾賓長升拜受爵主人荅拜坐祭立飲卒爵不拜既爵既盡也長賓升者以次第升受獻言眾賓長拜則其餘不拜疏正義曰注云既盡也者公羊傳文謂飲盡也上獻賓卒爵坐奠爵拜此不拜既爵謂卒爵不拜也云長賓升者以次第升受獻者案經言眾賓謂長賓以下之眾賓也注言長賓升即釋經長升二字謂眾賓中之長先升受爵而其餘各以序升知非謂次於上賓之一人爲眾賓長者以下若是以辯則是一一獻之故知眾賓中以長幼次第升受也云言眾賓長拜則其餘不拜者謂經唯言眾賓之長升拜受爵則其餘受爵不拜也張氏惠言讀儀禮記云眾賓長升拜受爵主人荅拜坐祭立飲卒爵不拜既爵宰夫贊主人酌若是以辯獻兄弟云兄弟之長升拜受爵主人在其右荅拜坐祭立飲不拜既爵皆若是以辯案此文是眾賓眾兄弟皆拜受爵坐祭立飲不拜既爵也注云言眾賓長拜則其餘不拜恐非劉氏台拱云案私人猶皆拜受

爵則衆賓衆兄弟皆拜受可知也此神惠當一一拜受與飲射不同特牲賓兄弟亦皆拜今案下獻私人節云主人于其羣私人不荅拜云主人不荅拜則羣私人之拜明也羣私人皆拜則不獨其長拜也劉氏據此駁注尤確

宰夫贊主人酌若是以辯主人每獻一人奠空爵於棜宰夫酌授於尊南今文若爲如辯皆爲徧

疏 正義曰敖氏云宰夫贊酌大夫尊也贊酌者主人以虛爵授宰夫宰夫爲酌之於此乃言之者見獻賓一以人乃贊酌也若是以辯謂皆如衆賓長升拜受爵以下之儀 注云主人每獻一人奠空爵於棜宰夫酌授於尊南者褚氏寅亮云凡酌酒必就尊所注以經無授受之文故明之棜庪尊四周有餘地可以執爵獻衆賓而主人代酌以示尊卑之義非憚煩也義疏云上篇司宮尊兩甒于房戶之間同棜棜以庪尊非奠爵之具也且棜在北主人獻於西階上若一一奠於棜而受於尊南則其勞彌甚何用贊酌矣蓋主人立于西階上宰夫旣酌於尊乃就而授之今案義疏說似可從云今文若爲如者案下主人獻兄弟獻內賓獻私人皆云若是以辯經皆作若不作如故鄭從古文云辯皆爲徧者皆下辯受爵及若是以辯諸文也義詳鄉飲酒禮

辯受爵其薦脯醢與

胥設于其位其位繼上賓而南皆東面其胥體儀也偏獻乃薦略之亦宰夫薦司士胥用儀者尊體盡儀度餘骨可用而用之尊者用尊體卑者用卑體而已亦有切肺膚今文儀皆作騰或爲議【疏】正義曰敖氏云言辯受爵嫌或有不與者也特牲禮曰衆賓升拜受爵坐祭立飲薦俎設于其位辯今案上賓即經上下所云長賓也其位繼上賓而南則在西階之下矣吳氏紱云衆賓所以改位位於西相繼而南者與兄弟各爲班乃可旅酬也注云偏獻乃薦略之者謂俟獻畢乃設薦胥于其位是略之燕禮三卿以上得獻即薦大夫偏獻乃薦亦其類也褚氏寅亮云經於辯受爵下然後言薦胥設于其位敖氏乃謂薦胥每獻即設違經不可從云亦宰夫薦司士胥者上獻長賓宰夫薦脯醢司士設俎故注推之以爲此亦與彼同也云用儀者尊體盡儀度餘骨可用而用之尊者用尊體卑者用卑體而已者既云尊體盡又云用尊體用卑體者謂就餘骨中度其尊卑也盛氏云升于俎曰胥體者言其不折儀者言其無定不折者隆於兄弟無定者殺于上賓若羊若豕則未聞擇膚曰倫度體曰儀此經之字法也經義述聞云家大人曰賈疏謂度尊卑之儀而用之非也儀亦度也言尊體既

盡就餘骨之中儀度其可用者而用之也說文儀度也周語曰儀之于民而度之于羣生又曰不度民神之義不儀生物之則繫辭傳擬之而後言議之而後動陸績姚信本議竝作儀儀之亦謂度之也儀議古字通故今文儀或爲議也云亦有切肺膚者亦由上賓推之也盛氏云經惟云體儀則自腸胃以下皆如上賓可知云今文儀皆作膱者皆下其衆儀也集釋膱作胯毛本作曦校勘記云徐本釋文敖氏俱作曦通解作爲膱五經文字九經字樣俱無膱字案葉鈔釋文作膱集韻膱會羈反度牲體骨也曦字非今案古文作儀今文作膱或作議鄭俱不從之也

右辯獻衆賓

乃升長賓主人酌酢于長賓西階上北面賓在左 主人酌自酢序賓意賓卑不敢酢 疏 正義曰自此至賓降言主人自酢之事○此長賓卽上賓也敖氏云後長長賓二字衍盛氏世佐云主人自酢而云酢于長賓見其所以達長賓之意也敖以爲衍非吳氏紱云特牲承室事故獻賓長卽自酢乃獻衆賓此皆堂事故獻辯乃酢與主人獻尸侑而後尸酢主人一也 注云主人酌自酢序賓意賓卑不敢酢者

汪氏中改序爲遂遂云據疏云達其意則賈所見本是遂字古訓遂爲達禮記慶賜遂行鄭以達釋遂廣韻遂達也賓卑不敢酢故主人自酢以遂其意今案序聲之誤下經尸降筵受三獻爵酌以酢之注亦有遂賓意之文可證作遂爲是褚氏寅亮云特牲注云主人酌自酢者賓不敢敵主人主人達其意與此注立言雖有輕重義實一也蓋助祭之賓本卑於飲射之賓也敖氏謂賓辟尸故主人自酢以達其意夫此日之賓與尸尊卑懸絶何所嫌而避之注義爲長

主人坐奠爵拜執爵以興賓荅拜坐祭遂飲卒爵執爵以興坐奠爵拜賓荅拜賓降降反位疏正義曰反位反西階西南之位也方氏苞云凡自酢義非一端有尊其人不敢使酢己者主婦致爵于主人而自酢是也有與衆人同得獻一人不敢專酢獻者揆其意而自酢特牲賓獻祝佐食致爵于主人主婦而自酢此經主人徧獻衆賓升長賓而自酢是也

右主人自酢於長賓

宰夫洗觶以升主人受酌降酬長賓于西階南北面賓在

左主人坐奠爵拜賓荅拜坐祭遂飲卒爵拜賓荅拜宰夫授主人觶則受其虛爵奠于篚古文酌爲爵疏正義曰自此至于薦左言主人酬長賓之事○酌要義作爵非郝氏敬云觶在堂下酒在堂上賓位堂下故宰夫洗觶升堂授主人主人受酌酒以降酬長賓于其位主人先自飲導之方氏苞云特牲尊兩壺于阼階東少牢則皆升酌何也天子之禮獻尊外別有罍爲諸臣之所酢諸侯亦然故大夫不敢與之同士則無嫌○注授主人觶授字集釋作受非云宰夫授主人觶則受其虛爵奠于篚者張氏爾岐云受其虛爵指上文酢爵也盍上主人自酢于賓賓降而主人未降故知此宰夫洗觶以升授主人主人時郎受主人所執之酢爵降奠于篚也云古文酌爲爵者主人受酌之酌古文作爵但主人受時必酌酒于觶而後降以酬賓若無酌文則似以虛爵降矣故鄭不從古文主人洗賓辭主人坐奠爵于篚對卒洗升酌降復位賓拜受爵主人拜送爵賓西面坐奠爵于薦左疏正義曰盛氏世佐云位西階南北面之位也此酬爵主人親授而不奠亦與特牲禮異李氏云奠于左者

後舉之與不儐尸之禮奠酬同神惠右不舉楊氏云賓奠爵左以爲無算爵

右主人酬長賓

主人洗升酌獻兄弟于阼階上兄弟之長升拜受爵主人在其右荅拜坐祭立飲不拜既爵皆若是以辯兄弟長幼立飲賤不別大夫之賓尊於兄弟宰夫不贊酌者兄弟以親昵來不以官待之疏正義曰自此至其衆儀也言主人獻兄弟之事○蔡氏德晉云在其右荅拜在東階之東也盛氏世佐云皆皆衆兄弟也若是亦指升拜受爵以下也主人惟爲長兄弟一洗耳其次以下皆不洗特牲洗獻衆兄弟以其承主人自酢于長兄弟之後也此於長兄弟無酢故不復洗 注云兄弟長幼立飲賤不別者上獻長賓坐飲衆賓立飲此兄弟之長亦立飲與兄弟之幼者同故云賤不別也云大夫之賓尊於兄弟者特牲士禮獻賓坐飲獻衆賓立飲獻長兄弟如賓儀亦坐飲獻衆兄弟如衆賓儀亦立飲是賓與兄弟皆姝其長也此大夫禮賓姝其長而兄弟不姝其長故注以爲賓尊於兄弟也云宰夫不贊酌者

兄弟以親昵來不以官待之者褚氏寅亮云上獻衆賓則曰宰夫贊主人酌下獻私人又曰宰夫贊主人酌獨此獻兄弟不言贊酌則主人親酌明矣注云兄弟以親昵來不以官待之最得制禮微意敖謂此亦贊酌蓮經駁鄭非也盛氏云獻兄弟不姝其長卑於賓也不使宰夫贊酌親辯於衆賓也一獻之閒而尊卑之殺親疏之等胥得之矣辯

受爵其位在洗東西面北上升受爵其薦脅設于其位亦辯獻乃薦旣云辯矣復言升受爵者爲衆兄弟言也衆兄弟升不拜受爵先著其位於上乃後云薦脅設于其位明位初在是也位不繼於主人而云洗東卑不統於尊此薦脅皆使私人

【疏】正義曰此節與上經獻衆賓云辯受爵其薦脯醢與脅設于其位其位繼上賓而南皆東面意略同亦是明辯獻乃設薦脅竝明其位所在耳但彼於辯受爵下郎云設薦脅此先言其位者上衆賓初位在門東經已著之上賓得獻後位西階西南經亦著之故先言薦脅設于其位乃言其位繼上賓而南而衆賓之初由門東升受爵旣乃位于西階下上賓之南昭然可見此兄弟經初未著其位故先言其位在洗東西面北上升受爵乃言一薦脅設于其位一以明兄弟初位在洗東由此而升受爵一以

明得獻之後仍位於此不變也若先言設薦脀而後言其位在洗東則似得獻後位乃在此而兄弟之初位不見故注云先著其位於上乃後云薦脀設于其位明位初在是也至經言升受爵固以明其由洗東而升且亦見其受爵則皆于阼階上設薦脀則仍在階下洗東耳鄭以兄弟之長升拜受爵衆兄弟升不拜受爵遂謂經升受爵三字爲衆兄弟言之其說恐非吳氏廷華疑義云衆兄弟拜受之禮已盡於若是二字中今案上經云皆若是以辯皆字卽指衆兄弟言且若是以辯言於不拜旣爵之下則以上儀節皆與長兄弟同可知是衆兄弟受爵亦拜也鄭此注與前注云言衆賓長拜則其餘不拜誤正同矣辯並詳前又云位不繼於主人而云洗東卑不統於尊者案士冠禮主人立于阼階下直東序西面兄弟立于洗東西面北上注云位在洗東退于主人此經主人位在堂上東序而兄弟位在洗東亦是退于主人故注以爲不繼於主人也但卑不統於尊之說恐亦未的吳氏紱云兄弟位本應繼主人而南與特牲同以賓位在門東北故不可直繼主人而退于洗東也至注云此薦脀皆使私人與所云亦辯獻乃薦者均確後儒以爲毋獻卽設薦脀非矣辯見前獻衆賓節下○盛氏世佐云據經上賓拜受爵又拜旣爵衆賓長以

下皆拜受爵不拜既爵長兄弟以下亦然此隆殺之差也注意謂衆賓長拜受爵不拜既爵衆賓又不拜受爵長兄弟與衆賓長同衆兄弟與衆賓同失經意矣賈疏謂衆賓拜受爵不拜既爵長兄弟得與衆賓同衆兄弟又不拜受爵則更非注意矣

其先生之脀折脅一膚一先生長兄弟折豕左肩之折疏正義曰注云先生長兄弟者以經云其其是承上之辭一先生又是長稱此云其先生下云其衆明是一謂長兄弟一謂衆兄弟也云折豕左肩之折者案上侑俎豕左肩折注云折分爲長兄弟俎故此云折折豕左肩之折也盛氏云折脅者折分脅骨以爲俎實也舊說以折與脅爲二非上賓之俎止用羊骼一體長兄弟安得有二體乎今案折者不全之名賓用羊骼一體而全此用豕肩而折且賓俎又有腸胃肺膚共五長兄弟俎止有三仍當從注爲是**其衆儀也**疏正義曰儀詳前

右主人獻兄弟

主人洗獻內賓于房中南面拜受爵主人南面于其右荅

拜內賓姑姊妹及宗婦獻於主婦之席東主人不西面尊不與爲賓主禮也南面於其右主人之位恆左人疏正義曰自此至亦有薦脀言主人獻內賓之事○敖氏云洗不言降是洗於房也受送之拜皆南面猶堂上之皆北面也郝氏敬云賓主皆南面統於堂也案特牲云洗獻內兄弟于房中注云內兄弟內賓宗婦也又特牲記注云內賓姑姊妹也宗婦族人之婦是內賓與宗婦別此注云內賓姑姊妹及宗婦者以經言獻內賓當兼有宗婦在內經不言者省文故注補之云獻於主婦之席東者上尸酢主婦設席于房中南面此亦南面故知在主婦席東也云主人不西面尊不與爲賓主禮也者對特牲獻內兄弟主人西面荅拜言也云南面於其右主人之位恆左人者謂主人在人之右則人在主人之左也上獻侑獻長賓皆云主人在其右北面荅拜獻兄弟亦云主人在其右荅拜下尸酬主人主人亦在右彼北面云在其右荅拜此南面亦云於其右荅拜是恆左人也

坐祭立飲不拜旣爵若是以辯亦有薦脀亦設薦脀於其位特牲饋食禮記曰內賓立于房中西墉下東面南上宗婦北堂東面北上疏正義曰敖氏云若是以辯亦謂長幼拜受以下之儀同也不言辯受爵已於眾

賓獻兄弟見之此可知也　注云亦設薦脀於其位者上獻衆賓獻兄弟皆云薦脀設于其位故知此經云亦有薦脀亦設於其位也引特牲記者證設薦脀之位所在也

右主人獻內賓

主人降洗升獻私人于阼階上拜于下升受主人荅其長拜乃降坐祭立飲不拜旣爵若是以辯宰夫贊主人酌主人于其羣私人不荅拜其位繼兄弟之南亦北上亦有薦脀私人家臣已所自謁除也大夫言私人明不純臣也士言私臣明有君之道北上不敢專其位亦有薦脀初亦北面在衆賓之後爾言繼者以爵旣獻爲文凡獻位定　疏　正義曰自此至就筵言主人獻私人之事○敖氏云獻私人而降洗重獻禮也拜于下而降飲賤也私人賤故但荅其長拜以姝之盛氏世佐云主人聽其拜下而不命之升拜于上避人君禮也俟其升乃荅拜是亦在其右北面也若是指拜下升受諸儀也蔡氏德晉云亦有薦脀享

神之惠不可不徧也今案上旣云主人荅其長拜下復云主人於其羣私人不荅拜者嫌羣如其長故特明之又案敖氏謂上獻衆賓是獻其長一人後宰夫始贊酌此宰夫贊主人酌言於若是以辯之後見獻私人之長卽贊之其說是至謂獻兄弟獻內賓亦宰夫贊酌則非獻兄弟之贊酌褚氏已辨之若內賓更無使宰夫代酌之義也唯衆賓數多私人分卑主人終日拜獻不能一一自酌故使宰夫代耳內賓私人之俎實經不言者當亦如衆兄弟之儀以已見於上故略之也　注云私人家臣已所自謁除也者賈疏云此對公士得君所命者此乃大夫自謁請於君除其課役以補任爲之云大夫言私人明不純臣也者儀禮釋官云郊特牲大夫之臣不稽首非尊家臣以辟君也亦不純臣之義玉藻大夫私事使私人擯則稱名注臣於大夫曰私人是也云士言私臣明有君之道者士卑無嫌不辟君也義疏云此注言士有君道可見他注謂士無臣者謬矣褚氏寅亮云言私人所以別嫌也言私臣所以定分也注闡禮經稱名之旨微矣私人之長所謂貴臣歟無公有司之獻者有無未定也盛氏云案特牲有公有司及私臣此唯見私人則賓卽公有司可知士卑僚友有來助祭者故以僚友爲賓大夫尊其僚友無來助祭者故卽以公

有司爲賓也今案此篇不言公有司敖氏謂或在衆賓中
不必別見盛卽本其說似亦可通云北上不敢專其位者
李氏云特牲私臣門東北面此亦然旣獻乃位兄弟之南
北上繼於兄弟不敢別自爲列凡專其位者雖其方皆別
自爲上士喪禮朝夕哭大夫卽位于門外西面北上兄弟
在南南上賓繼之北上是也今案兄弟門北上此私人在其
南亦北上是不敢專其位此注正解經亦字之義也今本
注文北上上之上無亦字蓋脫云亦有薦脀初亦北面在衆
賓之後爾言繼者以脀旣獻爲文者謂其初亦在門東衆
賓之後旣獻乃位於此經所云繼兄弟之南據旣獻言之
也云凡獻位定者言凡獻賓兄弟私人之等皆以**主人就**
得獻位乃定鄭言此者蓋以明薦脀所設之處也
筵古文曰〔疏〕正義曰郝氏敬云主人獻畢由階上就東序
升就筵之筵高氏愈云主人自酬尸之後獻長賓獻
衆賓酢長賓酬長賓獻兄弟獻內賓獻私人其爲禮也備
矣故此就筵而少息也　注云古文曰升就筵者古文多
升字胡氏承珙云單言升或單言就或升就連言
之義竝可通但旣云就則升字可省故鄭從今文

右主人獻私人均神惠徧

尸作三獻之爵上賓所獻爵不言三獻作之者賓尸而尸益卑可以自舉疏正義曰張氏爾岐云自此至降實于篚尸舉所奠上賓之爵以成三獻之禮凡有四節尸作爵一也獻侑二也致爵于主人三也受尸酢四也今案此云三獻之爵三獻卽上賓也因上賓備三獻之禮遂目爲三獻特牲注云以事命之是也注云上賓所獻爵者此時尸席前有兩奠爵一爲上賓所獻爵一爲主人所酬爵故注明之謂所作者爲上賓所獻爵也此爵前上賓獻尸時尸奠于薦左不舉者欲助祭者徧得獻今自主人獻賓至獻私人畢而獻徧故尸自舉爵也云不言三獻作之者賓尸而尸益卑可以自舉者案特牲三獻作止爵是賓請尸舉之此尸自舉之故注以爲儐尸而尸益卑以賓道自處也姜氏兆錫云下大夫不儐尸尸亦自作爵也此但大夫禮與士異耳今案姜說似亦可通

司士羞湆魚縮執俎以升尸取膴祭祭之祭酒卒爵不羞魚匕湆略小味也羊有正俎羞匕湆肉湆豕無正俎魚無匕湆隆汙之殺疏正義曰蔡氏德晉云湆魚魚在湆中者也今案此卽前所云司士匕魚尸俎五魚橫載者也膴祭卽前所云加膴祭於其上者也至是始用雍人所設之北俎載而

升之尸乃祭膴遂祭酒卒爵也敖氏云不言左執爵與興坐者如上禮可知　注云不羞魚匕湆略小味也者對羊豕皆羞匕湆言也上主人獻尸羞羊匕湆主婦獻尸羞豕匕湆豕無正俎而有匕湆魚俎無匕湆是三者之羞也

司士縮奠俎于羊俎南橫載于羊俎卒乃縮執俎以降尸奠爵拜三獻北面荅拜受爵疏正義曰敖氏云尸旣卒爵乃執虛爵以待執俎者降而後奠爵拜行禮之序於此可見褚氏云羞時橫載故載于羊俎亦橫之可見儐尸之禮魚橫載矣王氏士讓云此終上文尸奠未舉一節禮也○以上尸作賓爵

酌獻侑侑拜受三獻北面荅拜司馬羞湆魚一如尸禮卒爵拜三獻荅拜受爵司馬羞湆魚變於尸疏正義曰此上賓獻侑也前獻尸尸奠爵未舉故待均神惠尸舉爵乃獻侑也此湆魚卽前所云司士朼魚侑主人皆一魚者亦至是始用雍人所設北俎載而升之敖氏云卒爵與拜其節宜與尸同此略言之耳下文主人亦然上司士羞魚于尸此使司馬故注云變於尸敖氏云司馬當作司士字之誤也上下皆司士爲之此不宜使司馬且司馬

惟主羊俎耳羞湆魚非其事也與注異秦氏蕙田以敖爲是謂經明言羞湆魚如尸禮竝無相變之義褚氏寅亮云不敢妄改經姑闕其疑今仍之○賓獻侑**酌致主人主人拜受爵三獻東楹東北面荅拜**賓拜於東楹東以主人拜受於席就之【疏】正義曰賓不拜于西階上而拜于東楹東是就之也褚氏寅亮云主人獻賓則就西階賓致爵主人則就其席而拜於東楹東皆賓主不敵之意於尸無與敖氏必曰辟尸何也與主人自酢條同誤**司士羞一湆魚如尸禮卒爵拜三獻荅拜受爵**【疏】正義曰羞湆魚詳上敖氏云此與侑如尸禮皆兼祭酒而言不致爵于主婦變於不儐尸之禮

○賓致爵主人**尸降筵受三獻爵酌以酢之**旣致主人尸乃酢之遂賓意【疏】正義曰上尸作止爵後即亞酢賓緣賓意欲致禮于主人故俟獻侑致爵主人訖乃酢之是遂賓意也方氏苞云特牲賓獻祝佐食致爵于主人主婦自酢此不自酢何也特牲尸已酢賓故祝佐食主人主婦不敢專酢而賓因自酢以達其意此則尸卒爵後尚未酢賓故俟賓獻侑致爵于主人而後酢焉尸酢則足以統主人與侑矣**三獻西**

楹西北面拜受爵尸在其右以授之尸升筵南面荅拜坐祭遂飲卒爵拜尸荅拜執爵以降實于篚 疏 正義曰敖氏云尸在其右竝授也竝授而不同面拜遠辟主人獻賓之禮也云執爵以降則是既卒爵亦奠之而拜矣姜氏兆錫云執降者三獻也褚氏云尸升筵南面荅拜因前賓獻受爵時面位義疏云尸酢主人主人拜于東楹東尸拜于西楹西尸酢主婦主婦拜于主人席北尸亦拜于西楹西此酢賓異者賓與尸爲禮則皆不可以東賓受爵于西楹西則尸又不得拜于其右若拜于其右則嫌同於主人也故惟有筵上南面荅拜而已也○賓受酢

右上賓三獻禮成

二人洗觶升實爵西楹西北面東上坐奠爵拜執爵以興尸侑荅拜坐祭遂飲卒爵執爵以興坐奠爵拜尸侑荅拜皆降 三獻而禮小成使二人舉爵序殷勤於尸侑 疏 正義曰張氏爾岐云自此以下言旅酬及無算爵二

人舉觶爲旅酬兄弟後生舉觶于其長賓長加獻尸次賓舉爵又旅酬兄弟舉止爵賓舉奠觶交錯爲無筭爵又凡五節而賓尸之禮畢矣今案二人舉觶一以爲尸一以爲侑也盛氏世佐云東上舉觶于尸者爲上尸侑荅拜亦各於其席褚氏寅亮云皆降者舉觶二人也或以爲尸侑降非盛氏世佐云此經爵字當作觶下注云古文觶皆爲爵延熹中詔校書定作觶此始改之未盡者歟下文爵觶襍者當以意求之　注云三獻而禮小成者三獻謂主人初獻尸主婦亞獻尸賓長三獻尸也每獻中閒雖有酢酬致爵等事然總以三獻爲綱儐尸之禮至是而小成也獻時禮儀嚴肅至旅酬無筭爵乃盡歡心故使二人舉觶所以序殷勤於尸侑也楊氏復云鄉飲鄉射特牲皆一人舉觶爲旅酬始二人舉觶爲無筭爵始今以二人爲旅酬始者此儐尸別一禮與彼不同其初時主人酬尸尸奠之侑未得酬故使二人舉觶侑乃奠而不舉尸則執觶以酬主人主人酬侑侑酬長賓如是以辯

尸侑皆拜受爵舉觶者皆拜送侑奠觶于右奠於右者不舉也神惠右不舉變於飲酒　**洗升酌反位**

【疏】正義曰洗升酌反位者言舉觶者旣洗乃升酌於尊所而反西楹西北面東上之位也盛氏世

佐云尸侑皆拜受爵則舉觶者各授於席前而不奠矣此亦與鄉飲等禮異　注云奠於右者不舉也者謂侑觶不舉也王氏士讓云主人雖併徹侑而侑不敢併於尸緣是止用尸一爵酬於下云神惠右不舉變於飲酒者鄭意以旅酬無算爵係行神惠於庭故與飲酒將舉者於右之禮異也褚氏寅亮云上主人酬尸尸亦不舉而奠於左者酬是酬賓之義不可行於獻尸故循飲酒不舉之常說已見上禮經釋例云有司徹主人酬尸尸北面坐奠爵于薦左此不舉者奠於左儐尸如飲酒之例也主人酬長賓于堂下賓西面坐奠爵于薦左此觶至旅酬後與兄弟之長交酬爲無算爵發端是將舉之觶而奠於薦左者相變也又二人舉觶于尸侑爲旅酬發端侑奠觶于右蓋雖舉尸侑二觶賓止用尸一觶酬於下故侑此觶雖不舉亦奠於右示猶舉也注以爲神惠右不舉恐非唯有司徹主人受尸酢將祭俎先奠之於薦左注神惠變於常是也今案褚氏前後俱依注義釋例稍變其說義更精矣

尸遂執觶以興北面于阼階上酬主人主人在右　尸拜於阼階上酬禮殺　疏

正義曰褚氏云尸侑同受二人之觶侑則奠之尸則執之爲旅酬始今案言遂者謂受卽執之以酬主人明不奠也

○賈疏云上尸酢主人主人東楹東北面拜受爵尸西楹西北面荅拜是各於其階今尸酬主人同於阼階故云禮殺也方氏苞云獻酢皆畢而尸酬主人益自卑牧也**坐奠爵拜主人荅拜不祭立飲卒爵不拜旣爵酌就于阼階上酬主人**言就者主人立待之疏正義曰不祭者禮略也此尸酬主人先導飲因酌以就主人也上言阼階上酬主人主人在右是知主人位不移尸酌後乃自尊所就之也**主人拜受爵尸拜送**酬不奠者急酬侑也疏正義曰前主人酬尸尸奠于薦左此不奠者急於酬侑也**尸就筵主人以酬侑于西楹西侑在左坐奠爵拜執爵興侑荅拜不祭立飲卒爵不拜旣爵酌復位侑拜受主人拜送**言酌復位明授於西階上疏正義曰尸就筵者謂尸酬主人畢就戶西南面之筵也主人以酬侑者謂以尸酬己之爵酬侑也此主人酬侑亦先導飲而酌以授之也西楹西即西階上也此言酌復位明復西階上侑右之位授之**主人復筵乃升長賓侑酬之如主人之禮**

遂旅也言升長賓則有贊呼之疏正義曰主人復筵者謂酬侑畢復東序西面之筵也侑酬之如主人之禮謂侑酬長賓亦如主人酬侑之禮也盛氏世佐云侑酬長賓之觶即其受之於主人者郝氏云舉所奠薦右之觶非今案注云遂旅者謂遂行旅酬也餘詳前

至于衆賓遂及兄弟亦如之皆飲于上

上西階上疏正義曰此賓及兄弟相酬也姜氏兆錫云皆飲于上通承上文之詞尸酬主人主人酬侑侑酬賓賓酬兄弟皆飲于上自此兄弟酬私人飲于下而主婦酬內賓遂及宗婦皆飲于房中矣秦氏蕙田云案尸酬主人飲于阼階上主人酬侑以下飲于西階上雖有通承實有分別

遂及私人拜受者升受下飲

私人之長拜於下升受兄弟之爵下飲之疏正義曰蔡氏德晉云升受下飲謂先拜堂下然後升堂而受爵復下堂而飲也褚氏寅亮云私人之長拜於下則兄弟之長拜於上矣禮無不荅也王氏士讓云衆賓兄弟飲於上私人飲於下酬必遠者惠均也位上下者分殊也劉氏台拱云案下飲者亦以其位與下文五言之耳敖氏云下飲就其位飲以酬其次也疑義云酬爵當對所酬者飲之所謂導飲也敖說爲正賈疏謂飲於西階下非也今案經云

下飲，謂飲於下，非謂西階下也。劉氏之說亦是。

卒爵，升酌，以之其位，相酬辯。其位，兄弟南位。亦拜受拜送，升酌由西階。疏正義曰：此私人辯相酬也。蔡氏德晉云：卒爵升酌，謂既飲又升堂而酌也。以之其位，就所酬者之位也。私人位在兄弟南，其長一人受兄弟之酬者飲於西階下，其餘私人皆飲於其位，亦有拜受拜送之儀，升酌由西階者，以阼階是主人位也。

卒飲者實爵于篚。末受酬者雖無所旅，猶飲。疏正義曰：實爵于篚者，謂酬禮終，卒飲者執爵以實于篚，不用也。注云「末受酬者」，謂私人中之末受者，解經「卒」字之義也。云「雖無所旅猶飲」者，吳氏廷華疑義云：飲酬酒者，一以荅前人之意，一以導後人之飲也。今無人可導，而前人之意不可以不荅，故亦飲也。

乃羞庶羞于賓、兄弟、內賓及私人。無房中之羞，賤也。此羞同時羞，則酌房中亦旅。其始主婦舉酬於內賓，遂及宗婦。疏正義曰：盛氏世佐云：特牲禮，尸之庶羞，佐食羞之於尸九飯之時；至兄弟弟子舉觶於其長之下，云宗人告祭脀，乃羞。注云：此所羞者，自祝、主人至於內賓，無內羞。是篇於主人酬尸後，宰夫及司士羞於主婦以上，內羞、庶羞兼有之；至是乃羞於賓以下，惟庶羞而已。其節又在旅酬之後兄弟之後生者舉觶之前皆與士禮異注云無房中之羞賤也者前三獻畢主人酬尸宰夫司士羞房中之羞及庶羞于尸侑主人主婦無房中之羞賓以下賤故殺於主婦以上也云此羞同時羞則酌房中亦旅者謂羞內賓與賓兄弟私人同時羞則堂上下酌行旅酬時房中亦旅可知云其始主婦舉酬於內賓遂及宗婦者特牲記主婦及內賓宗婦亦旅注云主婦酬內賓之長內賓之長酬宗婦之姒儀節與彼略同王氏士讓云獻內賓宗婦之儀雖統自主人而旅酬於房中主人以主婦亦相助之義也

右二人舉觶爲旅酬

兄弟之後生者舉觶于其長後生者年少也古文觶皆爲爵延熹中詔校書定作觶

疏正義曰自此至爵止言兄弟後生舉觶之事○案兄弟之後生所以必舉觶于其長者以將行無算爵賓長有主人酬賓之眞觶可行長兄弟無眞觶可行故使後生者舉觶於長也　注云後生者年少也者謂兄弟之幼者也云古文觶皆爲爵延熹中詔校書定作觶者校勘記云觶張氏從古文作爵案注旣云古文觶爲爵則鄭本自從今

文作觶張氏識誤務存鄭舊而此條顯與鄭背殊不可解胡氏承珙云案特牲云兄弟之後生舉觶于其長爲旅酬又兄弟弟子舉觶于其長爲無算爵皆作觶不作爵蓋酬之禮皆用觶也鄭以彼決此亦當定從今文又延熹嚴本釋文集釋要義俱作熹通解作景盛氏世佐云後漢書靈帝紀詔諸儒正五經文字刻石立於大學門外事在熹平四年儒林傳蔡邕傳並同漢諸帝年號無稱延景者唯桓帝時有延熹之號而事實又不合當依後漢書作熹平爲是校勘記云案延熹校書熹平刊石似屬兩事今仍從嚴本作延熹○賈疏云兄弟之後生者舉觶于其長爲無算爵者以其賓長所舉奠酬亦爲無算爵以此二觶者皆在堂下故爲無算爵尸不與無算爵故舉堂下觶爲無算爵其爲旅酬皆從上發尸爲首故特牲等使一人舉觶爲旅酬與賓長所舉薦右之觶此賓不舉旅酬皆從尸舉故所奠者爲無算一爵亦是異於特牲

洗升酌降北面立于阼階南長在左坐奠爵拜執爵以興長答拜長在左辟主人【疏】正義曰注云長在左辟主人者案北面而長在左是居後生之西辟主人在東之位也故云辟主人辟指長言**坐祭遂飲卒爵執爵以**

興坐奠爵拜執爵以興長荅拜洗升酌降長拜受于其位

舉爵者東面荅拜爵止

拜受荅拜不北面者儐尸禮殺長賓言奠兄弟言止互相發明相待也【疏】正義曰注云拜受荅拜不北面者盛氏世佐云其位洗東面面位也長面面拜受故舉爵者東面荅之明與鄉之阼階南北面異矣故云不北面也云儐尸禮殺者對特牲兄弟之子舉觶於長兄弟及賓弟子兄弟弟子各舉觶于其長皆北面言也云長賓言奠兄弟言止互相發明相待也者此爵與前主人酬賓之觶後竝行爲無算爵上酬賓云奠于薦左是止爵也此云爵止亦是奠之二者互言其實一也賓之奠觶及此長兄弟之止爵皆是儐賓長獻尸及一人舉爵於尸後舉以爲無算爵始故云相待也

右兄弟後生舉觶

賓長獻于尸如初無湆爵不止

賓長者賓之長次上賓者非即上賓也如初如其獻侑酌致主人受尸酢也無湆爵不止別不如初者不使兄弟不稱加爵大夫尊也不用觚大夫尊者也【疏】正義

曰此賓長卽特牲所謂衆賓長也賓長獻尸亦加爵也詳特牲長兄弟洗觚爲加爵下張氏爾岐云其儀節與上賓獻尸同但無魚湆與旣獻卽飲二者爲異耳注云賓長者賓之長次上賓者非卽上賓也者劉氏台拱云案上篇舊云賓長二人故此次上賓者亦稱賓長餘詳前上賓洗爵酌獻尸下云如初如其獻侑酌致主人受尸酢也者前上賓獻尸尸舉爵後卽獻侑致爵主人受尸酢此賓長獻尸亦如之故經云如初初謂上賓三獻時也云無湆爵不止別不如初者湆謂湆魚前上賓三獻時獻尸獻侑致爵主人皆有湆魚此無之又前上賓獻尸尸奠爵不舉待徧獻乃舉是止爵也此則獻時尸卽舉不止爵以下卽獻侑等是二者皆不如初故經別言之也云不使兄弟不稱加爵大夫尊也者特牲長兄弟衆賓長皆爲加爵此儐尸及下大夫不儐尸之禮皆不使兄弟又不稱加爵而稱獻故注以爲大夫尊也云不用觚大夫尊者謂特牲洗觚爲加爵此用爵爵尊於觚也張氏爾岐云注不使兄弟三句言其與特牲禮異是也敖氏云此獻當用觚上篇實觚于篚其爲此用歟姜氏兆錫云觚爵對文則異散文則通經洗觚亦稱加爵則爲通稱可見非爲大夫尊故用爵也不儐尸禮放此今案大夫士禮止三獻此外皆加爵卽言獻亦

加也至上篇云勺爵觚觶實于篚則加爵用觚明矣敖氏姜氏之説俱是

右賓長加獻於尸

賓一人舉爵于尸如初亦遂之于下一人次賓長者如初如二人洗觶之爲也遂之于下者遂及賓兄弟下至於私人是言亦遂之于下上言無湆爵不止互相發明

疏 正義曰敖氏云舉爵即舉觶也禮經釋例云此爵蓋爲旅酬發端如舉觶之禮非加爵也今案特牲尸不與旅酬此篇儐尸之禮則尸亦與於旅酬而不與於無算爵尸與於旅酬故酬觶必自尸發之上文初行旅酬以二人舉觶于尸侑之尸觶發端此再行旅酬以賓一人舉爵于尸爲發端皆與特牲異儐尸而尸與於旅酬者以賓客之禮待之其不與無算爵者則以酳尸之餘尊也 注云一人次賓長者案上賓是長賓衆賓長是次賓此一人是次於衆賓長者非次賓也云如初如二人洗觶之爲也者敖氏云如二人舉觶于尸侑之儀其異者不及侑耳云遂之于下者遂及賓兄弟下至於私人者張氏爾岐云之適也往也謂行此爵於堂下爲旅酬也今案上二人舉觶爲旅酬時尸酬主人主人酬侑侑

酬長賓遂及衆賓兄弟下至私人是遂之于下也此亦自尸以下至私人無不及故云亦遂之于下亦字承上旅酬言也云是言亦遂之于下上言無湑爵不止互相發明者褚氏寅亮云上衆賓長獻尸是加爵此次一人舉觶爲第二番旅酬各有所爲注云互相發明其義未詳

右賓一人舉爵於尸更爲旅酬

賓及兄弟交錯其酬皆遂及私人爵無算算數也長賓取觶酬兄弟之黨長兄弟取觶酬賓之黨唯己所欲無有次第之數也【疏】正義曰此賓及兄弟行無算爵之事也賓及兄弟交錯其酬者楚茨詩曰獻酬交錯毛傳東西爲交邪行爲錯義詳特牲案彼文初旅旅西階一觶賓取觶酬長兄弟長兄弟酬衆賓長以及衆賓衆兄弟交錯以辯又旅阼階一觶長兄弟酬賓如賓酬兄弟之儀以辯是彼以交錯爲旅酬以此交錯爲無算爵者蓋儐尸之禮與特牲異特牲旅酬時賓所取以酬長兄弟者卽主人酬賓之觶此則以二人舉觶爲旅酬始於是尸酬主人主人酬侑侑酬長賓至於衆賓遂及兄弟私人皆自上直行而下不交不錯至無算爵時

乃交錯故禮經釋例云特牲旅酬之禮同於有司徹無算爵之禮而有司徹旅酬則別使二人舉觶于尸與侑爲之始是士禮殺於大夫也皆遂及私人者盛氏世佐云皆皆二觶也私人位兄弟之南云皆遂及之者嫌其或以賤而不獲與也爵無算者謂此二觶交錯行之無算也注云長賓取觶酬兄弟之黨長兄弟取觶酬賓之黨者案長賓所取觶卽主人酬賓之觶長兄弟之所取觶卽後生舉觶于其長之觶與特牲旅酬賓取主人酬賓之觶以酬兄弟長兄弟取兄弟弟子舉觶于長兄弟之觶以酬賓一也云唯己所欲無有次弟之數也者此釋經無算之義前此旅酬時自尸酬主人以下有一定次第故其爵行一有數此二觶竝行唯己所欲酬者酬之無一定之次亦無一定之數至醉而止故云無算也盛氏世佐云無算爵之異於旅酬者三旅酬依尊卑之次自尸而主而侑而賓以至于兄弟私人秩然不相紊無算爵則賓黨與主黨交錯其酬不俟賓黨酬畢而後及於主黨一也無算爵唯行於堂下在堂上者皆不與二也旅酬單行一觶無算爵二觶竝行三也今案儐尸旅酬無算爵與特牲異者有四特牲尸主人不與于旅酬無算爵儐尸則尸主人不與于無算爵而與于旅酬一也特牲旅酬無算爵皆行於加爵舉奠之後儐尸

無舉奠之禮加爵後復行旅酬及無算爵而初次旅酬則行於加爵之先二也特牲旅酬用主人酬賓之觶發端無算爵用賓弟子兄弟弟子二人所舉之觶發端儐尸旅酬用二人舉觶于尸侑之尸觶發端無算爵用主人酬賓之觶發端三也特牲旅酬無算爵堂下特設東西二尊儐尸則用堂上之尊四也

右二觶交錯爲無算爵

尸出侑從主人送于廟門之外拜尸不顧拜送之疏正義曰自此至有司徹言儐尸禮畢之事。高氏愈云士禮主人不拜送尸此則拜者蓋以賓禮事尸而且有侑從焉則不容於不拜也今案初時主人迎尸侑于廟門外拜故此送于廟門外亦拜云尸不顧者亦如聘禮之賓不顧也**拜侑與長賓亦如之衆賓從**從者不拜送也疏正義曰亦如之如其拜于廟門外而去者不顧也衆賓從從長賓而出也注云從者不拜送也者上特言拜侑與長賓而後言衆賓從故知從者不拜送也**司士歸尸侑之俎**尸侑尊送其家疏正義曰注云尸侑尊送其家者謂司士送之敖氏云賓長而下

則自徹而授其人以歸　**主人退**反於寢也**有司徹**徹堂上下之薦俎也外儐尸雖堂上婦人不徹

疏正義曰注云徹堂上下之薦俎也者賈疏云案上文堂上有尸侑之薦俎堂下有賓及兄弟之薦俎皆徹之也或疑尸侑俎司士歸之賓以下俎亦自授其人以歸安得又有尸侑俎及賓俎今案盛說亦是但堂上雖無尸侑俎而尚有主人主婦俎至薦羞之屬悉存焉鄭云徹堂上下之薦俎係大概言之凡薦俎之在堂上下者至是皆令有司徹之即几筵器物之屬亦兼之矣賈疏分別堂上下薦俎而以尸侑言誤矣云外儐尸雖堂上婦人不徹者正祭在室中儐尸在室外故云外儐尸特牲宗婦徹祝豆籩入于房徹主婦薦俎此篇不儐尸之禮末云婦人乃徹今不使婦人徹者上大夫之禮與下大夫以下異也鄭必知婦人不徹者以篇首云有司徹係徹正祭之薦俎此云有司徹係徹儐尸之薦俎但俱云有司明無婦人正祭在室中儐尸在堂上與正祭有異故云雖堂上婦人不徹之也

右儐尸禮畢

若不儐尸不儐尸謂下大夫也其牲物則同不得備其禮耳舊說云謂大夫有疾病攝昆弟祭曾子問曰

攝主不厭祭不旅不假不綏祭不配布奠於賓賓奠而不舉而此備有似失之矣

疏正義曰校勘記云唐石經作儐石經考文提要云此以下注疏儐賓襍出然經文儐凡十三見皆作儐不應此獨作賓今從石經作儐張氏爾岐云自此至終篇皆言上大夫不賓尸之事今案以下分節悉依張本自此至佐食受加于所言尸八飯後事注云不儐尸謂下大夫也者案特牲士禮儐尸上大夫禮此以下禮節與儐尸及特牲皆異故鄭以爲下大夫之禮也自宋以前無異說敖氏繼公始以儐尸不儐尸爲文質異宜如冠禮之言若不醴者然後人多用其說以駁鄭萬氏斯大云不儐尸之事視特牲士禮爲隆視少儀儐尸爲殺其爲下大夫之禮當不誣也褚氏云上大夫儐尸下大夫不儐尸漢儒舊說相承已久必有所受未可輕議此說是也云其牲物則同不得備其禮耳者如牲亦用羊豕魚亦十五之類與上大夫同惟不得備儐尸之禮爲異耳引舊說云謂大夫有疾病攝昆弟祭者此鄭以前有人解不儐尸爲攝祭之事故鄭據曾子問以破之云攝主不厭祭不旅不假不綏祭不配布奠於賓賓奠而不舉皆曾子問文彼注云皆避正主厭厭飫神也此不厭者不陽厭也不旅不旅酬也假讀爲嘏不嘏不嘏主人也綏周禮作隋不配

者祝辭不言以某妃配某氏布奠謂主人酬賓奠觶于薦北賓奠謂取觶奠于薦南也奠之不舉止旅孔疏止旅謂止旅酬之事云而此備有似失之矣者據曾子問則攝祭無陽厭以下事而此不儐尸之禮具有之則非謂攝祭者可知故鄭以舊說爲失之也○王氏士讓云案經通例凡禮有異同者皆附於篇後讀者惟於少牢篇尸飯七以上見其同而此祝侑尸入飯以下求其同異庶有以得之矣

則祝侑亦如之謂尸七飯時疏正義曰下大夫之不儐尸者自祝侑以前皆與上大夫儐尸者同故云亦如之也下經尸食以下乃言其異者注云謂尸七飯時者謂祝侑爲少牢上篇尸七飯告飽時祝獨侑曰皇尸未實侑是也

尸食八飯疏正義曰尸食者張氏爾岐云祝旣侑而尸又飯也故注云以八飯言之也

乃盛俎臑臂肫脡脊橫脊短脅代脅皆牢盛者盛於肵俎也此七體羊豕其脊脅皆取一骨也與所舉正脊幹骼凡十矣肩未舉旣舉而俎猶有六體焉疏正義曰注云盛者盛於肵俎也者凡尸所食皆加于肵俎此盛以歸尸故知盛於肵俎也但特牲尸九飯畢乃盛此八飯卽盛者下大夫之禮異於士也儐尸則不盛者全以歸尸故也此羊豕之俎本有十

一體肩臂臑肫骼三脊三脅今不言骼及正脅者尸已舉先在肵俎也不言正脊尸已舉奠于菹豆也不言肩尸肩未舉舉敖氏云前體先臑後臂者肩未舉若自下而上然云此七體羊豕者釋經皆牢之義謂所盛七體皆羊豕而非臑也云其脊脅皆取一骨也者上篇載時脊脅皆二骨以並今但取一骨盛于俎其正脊正脅先舉者當亦止一骨也云與所舉正脊幹骼凡十矣者幹正脅也此所取七體合正脊正脅及骼凡十也云肩未舉旣舉而俎猶有六體焉者下卒盛乃舉肩旣舉猶有六體謂三脊三脅各有一骨在俎留之以備陽厭也

魚七盛半也魚十有五而俎其一已舉必盛半者魚無足翼於牲象脊脅而已

疏正義曰注云盛半也者盛亦謂盛于肵俎魚在俎十四今盛七是盛半也云魚十有五而俎其一已舉者上篇云魚用鮒十有五而俎尸四飯時上佐食舉一魚尸受祭嚌後授佐食加于肵是其一已舉唯有十四在也云必盛半者魚無足翼於牲象脊脅而已者鄭意以脊脅十二骨盛六是半今魚盛七亦是半故云於牲象脊脅也魚無足翼春秋緯文敖氏云魚盛七并前所舉者一僅八而已牢之骨體已多此則可以略之特牲牲少故魚盛十有二耳

腊辯無髀亦盛半也所盛者右體也脊屬焉言無髀

者云一純而俎嫌有之古文髀作脾

疏 正義曰：王伯申尚書經義述聞云：釋文及賈疏皆不解辯字，謹案辯當讀爲胖。說文曰：胖，半體肉也。故鄭以盛半解之。上篇曰脀一純而鼎，注曰合升左右胖曰純，純猶全也。又曰脀一純而俎，是腊載全體，今盛所俎但取其半，故別之曰脀胖。上篇司馬升羊右胖，注曰古文胖皆作辯，是辯爲古胖字。敖曰辯者明右體及其脀與脊皆盛也，則是讀辯爲徧矣。盛半而曰徧，何以別於上篇之純乎？失之遠矣。今案述聞之說是也。

注云亦盛半也所盛者右體也脊屬焉者，李氏云：下云摭于魚腊俎，則腊不盡盛，亦盛半焉，與魚同。右脛骨五，與脀骨三而八，前已舉右肩，今盡盛其餘三，脊骨亦盛焉。褚氏云：右體盛于肵俎，而連三脊，其存於正俎者，左體五，脛幷三脀，其八體也。鄭知盛右體者，以其牲用右，則此腊亦盛右也。云言無髀者云一純而俎嫌有之者，純爲全物之稱，云純嫌有髀袥，故特言無髀也。李氏云：上篇云腊一純而俎，其兩髀袥祝俎尸俎無髀，自明不儐尸之禮，髀之所用無文，故云無髀以明之。今案李說亦是。古文髀作脾，詳見士冠禮。

卒盛，乃舉牢肩。尸受，振祭，嚌之。佐食受，加于肵。

卒，已。

疏 正義曰：上篇尸八飯，上佐食舉牢肩，尸受，振祭，嚌之。

此舉牢肩不言佐食亦佐食舉以授尸也盛氏世佐云舉牢肩以下亦與儐尸者同復言之者所以明盛俎之節在尸食之後上佐食舉牢肩之前耳今案先盛俎後舉肩肩爲貴體後舉之加于所居衆體之上也　注云卒已者爾雅釋詁文訓卒爲已謂盛畢也校勘記云徐本集釋通解俱作卒已張氏爾岐本作舉七云前此舉牢肺舉正脊舉牢幹舉魚與胳肩舉牢骼已六舉至此舉牢肩故云舉七也秦氏蕙田云案卒盛謂盛畢注訓卒已是也楊氏本作舉匕張氏爾岐作舉七皆非是盛氏云上篇尸七飯時注云卿大夫之禮不過五舉至是八飯舉牢肩則六舉矣乃云舉七非也坊本或誤作舉匕張氏因改匕爲七而分牢肺正脊爲二舉以足其數謬甚今案盛氏說是禮經釋例亦以舉牢肩爲六舉詳上篇食舉下

右不儐尸者尸八飯後事

佐食取一俎于堂下以入奠于羊俎東不言魚俎東主於尊　疏正義曰自此至佐食受牢舉如儐言尸十一飯時事○此佐食又別取堂下一虛俎以入室也　注云不言魚俎東主於尊者

少牢設俎魚在羊東此俎又奠于魚東今不言魚俎東者俎以羊爲尊故繼羊言之敖以羊字爲魚之誤褚氏云主於尊義已明矣又何必改字邪**乃摭于魚腊俎俎釋三个其餘皆取之實于一俎以出**个猶枚也魚摭四枚腊摭五枚其所釋者腊則短脅正脅代脅魚三枚而已古文摭爲摕

〔疏〕正義曰方言摭取也說文拓拾也拓或作摭拾掇也掇拾取也俎釋三个謂每俎遺三个不取存於俎中以爲陽厭之用也詳特牲禮其餘謂三个之外則盡取之實於一俎以出將分載於祝主人主婦俎也出出室也　注云个猶枚也者詳特牲俎釋三个下云魚摭四枚腊摭五枚者魚俎除盛肵俎外仍餘七釋三而摭四腊俎除盛肵俎外仍餘八釋三而摭五也盛氏云所摭之數當依注說郝氏云魚摭其五敖氏云腊摭八个俱未是云其所釋者腊則短脅正脅代脅魚三枚而已者謂所釋止如是知腊所釋唯有三脅者以牲體所釋是脊脅腊當亦如之今腊右脅及脊俱盛于肵俎故所釋唯左脅三也不言牲俎者牲體已俱盛于肵俎所存以備陽厭無可摭也云古文摭爲摕者毛本作今文摭爲楪校勘記云今徐本集釋通解俱作古楪徐本作摕葛本集釋俱作摕案宋本釋文作摕今

本作揲五經文字手部有揣字云之石反見禮經段氏玉裁云古文摭爲揣儀禮宋本嘉靖本單行疏本釋文宋本皆如是俗本作今文摭爲揲者非也胡氏承珙云說文揣撮取也謂少取之今魚摭四釋三膴摭五釋三於少取之意不合故鄭從今文作摭蓋但解爲拾取也楊氏復云以上舉者先巳舉在俎盛者方盛于俎未舉者卒盛乃舉摭者取爲祝主人主婦之俎釋者備陽厭于西北隅

祝主人之魚膴取于是

祝主人主婦俎之魚膴取於此者大夫之禮文待神餘也三者各取一魚其膴主人贊主婦臑祝則骼也與此皆於鼎側更載焉不言主婦未聞

〔疏〕正義曰云取于是者謂取於所實之一俎也注云祝主人主婦俎之魚膴取於此者大夫之禮文待神餘也者此魚膴皆神俎所釋三个之餘故云待神餘大夫之禮文對特牲士禮祝主人主婦俎皆無魚膴言也云三者各取一魚者謂祝主人主婦三者也云其膴主人贊主婦臑者下經言也云祝則骼也與者鄭以主人用贊主婦用臑推而知之但無正文故云與以疑之也敖氏據上篇謂祝俎膴亦用髀褚氏云髀不升則神俎無髀可摭祝俎安得取於是乎且所摭之骼安所用之故注疑爲祝用骼也今案褚說是云此皆於鼎側更載焉者上摭

時其實于一俎此祝主人主婦俎分取之故須更載凡載俎皆就鼎載之此雖不升於鼎亦當於鼎側更載也云不言主婦未聞者鄭以下經主婦俎有脀臑則主婦用脀可知而經不言故疑其義未聞也賈疏云或傳寫者脫耳蔡氏德晉云不言主婦者統於主人也○禮經釋例云案不儐尸之禮盛脀俎畢此時神俎尙有牢體六魚七脀體半牢體六者羊俎豕俎各釋三个也魚七脀半則不止三个故下文又云佐食取一俎乃摭魚脀俎俎釋三个其餘皆取之實于一俎以出又云祝主人之魚脀取于是則是於脀俎之外又別取一虛俎取魚脀而盛之以爲祝主人之俎唯釋三个於神俎與牢體同備陽厭之用此大夫之禮異於特牲者也今案特牲祝主人俎皆無魚脀少牢正祭則祝俎有脀與魚儐尸減五鼎爲三鼎無脀鼎主人俎亦有魚不儐尸則祝主人之魚脀取於神俎之餘是其較特牲爲隆而較儐尸爲殺者矣

尸不飯告飽主人拜侑不言尸又三飯凡十一飯士九飯大夫十一飯其餘有十一飯十五飯〔疏〕正義曰上篇尸三飯告飽下云祝西面于主人之南此不言者省文餘與彼同 注云凡十一飯者合前八飯言之也餘詳少牢三飯下

佐食受牢舉如儐

舉肺脊【疏】正義曰：上篇尸又三飯下云上佐食受尸牢肺正脊加于肵，此受牢舉如之，故注以舉爲肺脊也。上篇正祭在室，本篇儐尸在堂，此受牢舉是室中事，而經云如儐者，謂如其有儐尸之禮者耳。七飯以前，下大夫不儐尸之禮與上大夫儐尸者皆同，七飯以後有同有異，同者經則以如儐明之，後凡言如儐者放此。秦氏蕙田云：案以上不儐尸尸食之禮，其異於儐者二事：盛肵俎一也，撫魚腊俎二也。禮經釋例云：不儐尸之禮，尸十一飯後，亦主人初獻，主婦亞獻，賓長三獻，詳後。

右不儐尸者尸十一飯時事

主人洗，酌，酳尸，賓羞肝，皆如儐禮。肝，牢肝也。【疏】正義曰：自此至「其薦脊皆如儐」，言主人初獻之事。○案初獻節內有獻尸、受尸酢、獻祝及二佐食，此謂主人獻尸之儀皆如儐也。注云「肝，牢肝也」者，上篇主人酳尸，賓長羞牢肝，牢肝，羊豕肝也。

卒爵，主人拜，祝受尸爵，尸荅拜。【疏】正義曰：敖氏云：自卒爵以下不蒙如儐禮者，欲與後禮相屬也。凡與儐禮同而重見之者，其意皆然。方氏苞云：此亦

與儐禮同上下文皆曰如儐而畫此四語於外何也此節次之最不可畧者故覆舉以爲前後之分界經之通例然也

祝酌授尸尸以醋主人亦如儐其綏祭其脀亦如儐綏皆當作挼挼讀爲藏其隋之隋古文爲挼【疏】正義曰此尸酢主人亦如儐也○注隋毛本誤作惰挼毛本誤作挼校勘記云徐本楊氏竝作隋與單疏述注合陳本釋文集釋竝作隋通解士作隨下作隋案當以釋文爲正又釋云徐陳集釋通解俱作挼今從隋從挼賈疏云經雖有一綏而云皆當作挼者鄭幷下佐食綏祭總破之故云皆也餘詳少牢上佐食以綏祭下挼祭與隋祭義異故鄭不從古文詳士虞祝命佐食隋祭下○惠氏棟云羞肝及綏祭與脀皆儐尸所無而云亦如儐疑誤今案此云如儐者是指其上篇正祭于室之事非儐尸于堂之事也如儐義詳上其

獻祝與二佐食其位其薦脀皆如儐【疏】正義曰此獻祝獻二佐食皆如儐也敖氏云祝之薦脀如儐則牢與脀皆髀明矣祝于儐亦有肝從不言者與佐食連文故畧之耳惟言位與薦脀不及其儀者可知也下文類此者皆然褚氏云敖據此而言祝俎髀然經言如實不盡如即如上經洗爵酳尸無四籩與

儐尸異而亦云如儐可見矣

右不儐尸者主人初獻與儐尸者正祭初獻同

主婦其洗獻于尸亦如儐自尸侑不飯告飽至此與儐同者在上篇〔疏〕正義曰自此至以人于房言主婦亞獻之事○案亞獻節內亦獻尸受尸酢獻祝及二佐食賈疏云獻數與主人同唯不受報爲異敖氏云此如儐謂拜送爵以上之禮今案其洗獻于尸經云其明所謂亦如儐者專指洗獻儀節言之其餘不盡如儐也　注云自尸侑不飯告飽至此與儐同者在上篇者盛氏世佐云注侑字疑衍今案下大夫不儐尸之禮凡與上大夫同者經皆以如儐明之矣但少牢上篇是言上大夫正祭于室之事此篇是言儐尸于堂之事鄭恐人昧其節次不知經所謂如儐者何在故特明之此注云自尸侑不飯告飽至此與儐同者在上篇主婦獻祝節注云自尸卒爵至此亦與儐同者亦在上篇又卒乃羞于賓節注云自乃羞至私人之薦脀此亦與儐同者在此篇賓兄弟交錯其酬節注云此亦與儐同者在此篇是皆分別儐禮所在也

主婦反取籩于房中執棗

糗坐設之棗在稷南糗在棗南婦贊者執栗脯主婦不興受設之栗在糗東脯在棗東主婦興反位棗饋食之籩糗羞籩之實雜用之下儐尸也栗脯加籩之實也反位反主人之北拜送爵位

疏　正義曰主婦自反取籩者以儐尸主婦亞獻自取糗脩于房故不儐尸薦籩亦自取也特牲宗婦授籩此自取特牲兄弟長以燔從下文次賓羞牢燔蓋皆大夫禮變於士也賈疏云案上儐尸主婦亞獻尸直有二籩下大夫之禮主婦亞獻有四籩者儐尸之禮主人獻尸主婦設四籩麷蕡白黑故至主婦獻時直設糗脩二籩通前四籩爲六籩此主人初獻無籩從至主婦亞獻設四籩猶少於儐尸兩籩今案上大夫有儐尸之禮故籩于堂上儐尸設之此及特牲皆設于堂中但特牲止兩籩此有四籩則亦視特牲爲隆而視儐尸爲殺者矣　注云穛用之下儐尸也者前儐尸初獻薦麷蕡白黑皆用朝事之籩此棗糗一用饋食之籩一用羞籩之實是穛用之故云下儐尸也棗糗栗脯俱詳前主人獻尸主婦薦豆籩節內云云反位反主人之北拜送爵位者上篇室中亞獻尸拜受主婦主人之北西面拜送爵故知反位在此也

尸左執爵

取棗糗祝取栗脯以授尸尸兼祭于豆祭祭酒啐酒次賓羞牢燔用俎鹽在右尸兼取燔抰于鹽振祭嚌之祝受加于肵卒爵主婦拜祝受尸爵尸荅拜自主婦反取籩至祝受加于肵此異於儐

疏 正義曰張氏爾岐云儐尸者方其正祭主婦獻尸于室無籩燔從之事此有籩有燔爲異以不儐尸故加厚耳今案上大夫有儐尸之禮故籩燔俟儐尸設之此下大夫不儐尸故設于室中特牲主婦亞獻亦有籩有燔非加厚之謂也　注云自注婦反取籩至祝受加于肵此異於儐者上洗獻于尸如儐下卒爵主婦拜祝受尸爵尸荅拜亦與儐同唯自反取籩至受加于肵與儐異故經詳言之也秦氏蕙田云以上主婦獻尸其異於儐者二事有籩一也燔從二也

祝易爵洗酌授尸尸以醋主婦主婦主人之北拜受爵尸荅拜主婦反位又拜上佐食綏祭如儐卒爵拜尸荅拜主婦夾爵拜爲不儐尸降崇敬今文醋曰酢

疏 正義曰方氏苞云特著上佐食之綏祭如儐者儐尸則主

婦之俎實籩豆皆于尸酢薦之不儐尸則於賓長之致爵薦之皆主婦自取菹醢脯以祭唯正祭主婦獻尸尸酢主婦上佐食挼祭而主婦受之以祭其禮則同故特著之今案綏亦當爲挼詳前其綏祭下　注云主婦夾爵拜爲不儐尸降祟敬者張氏爾岐云儐尸者正祭主婦受酢不俠爵拜此俠拜爲異褚氏云注降字略讀言既不儐尸而降其禮矣故受酢必俠拜以祟其敬也吳氏紱云少牢正祭于室與儐尸于堂主婦獻尸皆夾爵拜其受尸酢則否以有兩番獻故於酢略之此不儐尸受酢與獻尸同亦仍是兩番夾爵拜耳今案經義似吳說得之注義則褚說得之然皆主受酢言之賈疏據獻尸說誤矣今文酳曰酌者毛本酌作酢酢誤校勘記云徐陳通解俱作酢曰酌集釋作酳曰酌閩監葛本俱作酌曰酌單疏標目亦作曰酌案作酳曰酌者是也秦氏蕙田云以上尸酢主婦其異於儐者主婦俠　拜一事

主婦獻祝其酌如儐拜坐受爵主婦主人之北荅拜　自尸卒爵至此亦與儐同者亦在上篇　疏　正義曰注云自尸卒爵至此者即指上加于肵下卒爵言也注恐卒爵之文易混故言尸以別之上注云自主婦反取籩至祝受加于肵此異於儐則卒爵以下與儐同矣然亦有

不盡同者故此注云亦與儐同者亦在上篇是專據其同者言之耳宰夫薦棗糗坐設棗于菹西糗在棗南祝左執爵取棗糗祭于豆祭祭酒啐酒次賓羞燔如尸禮卒爵內子不薦籩祝賤使官可也自宰夫薦至賓羞燔亦異於儐疏正義曰注云內子不薦籩祝賤使官可也者褚氏云內子尊祝卑故與特牲主婦自薦者不同案禮記喪大記注云內子卿之適妻也國語卿之內子爲大帶命婦成祭服韋注卿之適妻曰內子命婦大夫之妻也似下大夫妻不得稱內子賈疏有兩解一謂欲見上大夫妻亦不薦籩故變言內子一謂或可散文下大夫妻亦得爲內子今案下賓致爵于主婦注亦云內子似後說通云自宰夫薦至賓羞燔亦異於儐者上篇正祭主婦獻祝無籩燔從此及特牲主婦獻祝皆有之是異於儐也○秦氏蕙田云以上主婦獻祝其異於儐者二事有籩有燔從主婦受爵酌獻二佐食亦如儐主婦受爵以入于房疏正義曰上篇正祭主婦獻兩佐食無籩燔從此亦無之故云亦如儐也敖氏云祝卒爵而主婦受是亦不拜既如儐也吳氏章句云房無篚以爵入

者當酌致主人○秦氏蕙田云此主婦獻佐食無籩燔如儐

右不儐尸主婦亞獻

賓長洗爵獻于尸尸拜受賓戶西北面荅拜爵止尸止爵者以三獻禮成欲神惠之均於室中是以奠而待之【疏】正義曰自此至庶羞在左言賓長三獻之事○張氏爾岐云此一節之內賓獻尸爵既止主婦致爵于主人主婦自酢尸作止爵尸酢賓賓獻祝及佐食賓致爵主人致爵主婦賓自酢乃設羞亦十小節而禮成郝氏敬云戶西室戶內西設羞似宜於三獻後別為一節○禮經釋例云凡不儐尸之禮賓三獻爵止則均神惠于室加爵者爵止則均神惠於庭詳特牲賓三獻如初下釋例又以此三獻節內主婦致爵于主人及自酢尸作止爵及酢賓賓獻祝獻兩佐食致爵于主人主婦及受主人酢共十爵較特牲三獻節內少一爵詳特牲席于戶內下今案特牲再止爵此惟賓三獻時一止爵者賈疏以為順上大夫之禮蓋上大夫正祭不止爵儐尸亦止一止爵也○敖氏云此三獻爵止之義與特牲禮同受爵而即止亦大夫禮異也秦氏蕙田云自

此以後與儐禮異與特牲禮略同然亦有異者今各注本條之下○賓獻尸止爵

主婦洗于房中酌致于主人主人拜受主婦戶西北面拜送爵司宮設席

拜受乃設席變於士也【疏】正義曰賈疏云祭統祭有十倫七曰見夫婦之別焉又曰夫婦相授受不相襲處酢必易爵彼據夫婦致爵而言又云少牢上大夫受致不酢下大夫受致又酢不致士受致自酢又致今案上大夫受致不酢係在儐尸于堂主婦亞獻時行之其正祭賓三獻無主婦致爵之事此下大夫不儐尸致爵于室中正祭行之與士同但特牲有主人致爵于主婦及自酢之禮此不儐尸較上大夫雖多酢主婦一爵而無主人致爵主婦及自酢二爵與特牲又異耳　注云拜受乃設席變於士也者案特牲未致爵先設席此拜受爵後乃設是變於士也設席當亦在戶內敖氏云設席于主人立處之南也王氏士讓云案特牲主人席于戶內不著所設之人儐尸主人筵上拜受爵其筵之設在受尸酢時司宮設之此主婦拜送爵後司宮設席與儐尸亦異也○周禮司几筵祀先王昨席亦如之鄭注昨讀曰酢謂祭祀及王受酢之席賈彼疏云案特牲少牢正祭主人受酢之時未設席夫婦致爵

乃設席今王於受酢卽設席者優至尊與大夫士禮異較本疏少支離語今錄之

主婦薦韭菹醢坐設于席前菹在北方婦贊者執棗糗以從主婦不興受設棗于菹北糗在棗西佐食設俎臂脊脅肺皆牢膚三魚一腊臂

臂左臂也特牲五體此三者以其牢與腊臂而七牢腊俱臂亦所謂腊如牲體

疏 正義曰儐尸主人之薦俎于堂上尸酢主人時設之此及特牲皆於主婦致爵時設之者以正祭於室尸酢主人有受嘏之事故也盛氏云自臂脊以下諸物共一俎與少牢禮祝俎相似郝氏以爲五俎非　注云臂左臂也者右臂尸所用也云特牲五體此三者以其牢與腊臂而七者以經云臂脊脅皆牢牢謂羊豕也旣羊豕臂脊脅俱有是六也通腊臂而七是以牲體雖有三也云所謂腊如牲體者特牲記文彼云腊如牲骨骨卽體也敖氏云肺離肺也王氏士讓云此魚一腊臂卽上佐食所撫者設之亦佐食

主人左執爵右取菹擩于醢祭于豆閒遂祭籩奠爵興取牢肺坐絕祭嚌之興加于俎坐挩手

祭酒執爵以興坐卒爵拜無從者變於士也亦所謂順而攟也〔疏〕正義曰案特牲主婦致爵于主人肝燔並從此無從是變於士也順而攟禮器文彼注云謂若君沐粱大夫沐稷士沐粱蓋亦士卑不嫌與君同之義也○主婦致爵于主人**主婦荅拜受爵酌以醑戶內北面拜**自酢不更爵殺〔疏〕正義曰賈疏云此決上主婦受酢時祝易爵洗酌授尸尸以酢主婦今自酢又不更爵故云殺也今案吳氏章句云酌以醑更爵與注異詳特牲主婦荅拜受爵酌醑下**主人荅拜卒爵拜主人荅拜主婦以爵入于房**〔疏〕正義曰敖氏云主婦亦坐祭立飲而卒爵此文略也秦氏蕙田云以上主婦致爵于主人自酢與特牲禮異者三事祭籩不贊一也無肝燔從二也主人不致爵于主婦三也今案姜氏兆錫云儐尸者至儐尸時始致且無酢此亦與儐異者郝氏敬云自此以下之禮儐尸皆行於堂不儐尸皆行於室○主婦自酢**尸作止爵祭酒卒爵賓拜祝受爵尸荅拜**作止爵乃祭酒亦變於士自爵止至作止爵亦異於儐〔疏〕正義曰蔡氏德晉云尸向受賓長所獻爵未舉至是乃祭而飲

之也　注云作止爵乃祭酒亦變於士者賈疏云特牲賓三獻如初燔從如初爵止至三獻作止爵尸卒爵無祭酒之文知特牲禮祭酒訖乃止爵者以經云燔從如初乃云爵止鄭注云初亞獻也亞獻時祭酒訖乃始燔從則三獻燔從如初始云爵止明是祭酒旣訖乃始止爵今下大夫作止爵乃祭酒故云變於士今案特牲是賓作止爵此尸自作之亦異於士禮也云自爵止至於止爵亦異於儐者賈疏云儐尸止爵在致爵後其作之在獻私人後欲神惠之均於庭此止爵在主婦致爵前作之在致爵後欲神惠均於室中與特牲同○尸作止爵**祝酌授尸**

賓拜受爵尸拜送坐祭遂飲卒爵拜尸荅拜　疏　正義曰上篇正祭尸酢賓時賓拜受爵尸拜送爵賓坐奠爵遂拜是夾爵拜也此不夾拜與上異秦氏云以上尸作止爵酢賓長與儐禮異者一事賓受酢不夾爵拜也與特牲禮異者三事尸自作止爵一也作止爵乃祭酒二也無燔從三也今案此止爵在主婦致爵前作止爵在致爵後亦其與儐異者○尸酢賓**獻祝及二佐食**　疏　正義曰敖氏云賓獻祝亦北面拜獻佐食亦西面面拜今案上篇賓獻不及佐食將儐尸禮殺也秦氏云此與儐禮異者二事祝不奠

爵一也佐食亦得獻二也與特牲禮異者二事獻祝無燔從一也多一佐食二也○賓獻祝與佐食**洗致爵于主人**洗致爵者以承佐食賤新之【疏】正義曰上獻終於佐食故知受佐食虛爵洗也**主人席上拜受爵賓北面荅拜坐祭遂飲卒爵拜賓荅拜受爵**【疏】正義曰賓受爵者以將致於主婦也秦氏云此與特牲禮異者一事無燔從也盛氏云儐尸者室事終於賓長獻祝賓長既獻祝則三獻禮成尸出遂暮矣故自此以下皆無其禮於堂乃有之但不洗羞湆魚是其異者○賓致爵主**人酌致爵于主婦主婦北堂司宮設席東面**北堂中房以北東面者變於士妻儐尸不變者儐尸禮異矣內子東面則宗婦南面西面上內賓自若東面南上【疏】正義曰此賓致爵主婦亦亦於房中也特牲賓三獻致爵主人主婦儐尸賓三獻酌致主人不致主婦與此異吳氏章句云致爵主婦亦易爵

注云北堂中房以北者詳士昏禮記云東面者變於士妻者案特牲記云尊兩壺于房中西墉下南上內賓立于其北東面南上宗婦北堂東面北上彼注云宗婦宜統於主婦主婦南面此設席東面故云變於士妻也云儐尸不

變者儐尸禮異矣者上儐尸尸酢主婦司宮設席于房中南面是不變也云內子東面則宗婦南面西上者內子易位東面則宗婦宜南面西面上亦統於主婦也敖氏謂宗婦仍東面主婦席東面在宗婦之北今案特牲記云宗婦北堂東面北上是宗婦非一人也今主婦既在北堂設席東面宗婦亦位於此恐不能容故鄭以爲當易位南面故說非也云內賓自若東面南上者言內賓仍特牲東面南上之位不改也內子許前主婦亞獻節宰夫薦棗糗下○吳氏疑義云案特牲尸酢及主人致爵主婦皆南面上儐尸尸酢主婦亦南面此賓致爵乃東面者避尸與主人若以尸變於士言則上賓尸胡獨不變乎而乃以禮異爲說非也今案吳說似亦通特牲賓致爵主婦經不言面位當與此同

主婦席北東面拜受爵賓西面荅拜 席北東面者北爲下 疏 正義曰注云席北東面者北爲下者曲禮曰席東鄉西鄉以南方爲上此席東面南爲上則北爲下矣故拜於席北也敖氏以此爲席北上與曲禮背謬矣盛氏世佐云席北席末也故此席南上當以注說爲正諸氏云注云北爲下三字證明曲禮南上之說復見拜者恆於席末之義何等簡明

婦贊者薦韭菹醢菹在南方婦人

贊者執棗糗授婦贊者婦贊者不興受設棗于菹南糗在棗東婦人贊者宗婦之弟婦也今文曰婦也贊者執棗糗授婦贊者不興受〔疏〕正義曰盛氏云菹在南便其右取之也主婦籩實用棗糗亦異於儐　注云婦人贊者宗婦之弟婦也者與上儐尸主婦受尸酢節注云宗婦之少者義同詳上婦贊者主婦之贊者也婦人贊者則又婦贊者之贊耳云今文曰婦也贊者執棗糗授婦贊者不興受者案此篇多言婦人贊者無言婦也贊者又下授婦贊者婦贊者不興受文義必疊乃明故鄭俱不從今文

佐食設俎于豆東羊臑豕折羊脊脅肺一膚一魚一腊臑豕折豕折骨也不言所折略之特牲主婦觳折豕無脊脅下主人羊豕四體與腨臑而五〔疏〕正義曰肺上各本有祭字唐石經無敖氏云祭字誤衍今案據下文云絕祭則是離肺非祭肺也當從石經○方氏苞云正祭主人主婦雖受尸之酢而其薦俎從獻不於是焉設蓋方致其誠愨以與神明交不可以是間之也不儐尸主婦之薦俎乃於賓致爵設之何也大夫禮主人不致爵于主婦舍賓　致爵無可設也盛氏云羊臑以下亦其一俎鄭云五俎非　注

云豕折骨也者謂所折是骨非全體也云不言所折略之特牲主婦穀折者特牲明言穀折此不言所折何骨是略之故引特牲者蓋以爲主婦用折之證也云豕無脊脅下主人羊豕四體與臑而五者上主人俎豕亦有脊脅合羊豕六體與臑脅而七此豕無脊脅羊豕止四體與臑臑而五是下於主人也王氏士讓云案上文祝主人之魚臑取於是不言主婦今此文云魚一臑臑是主婦俎亦取於所摭者無疑矣

主婦升筵坐左執爵右取菹擩于醢祭之祭籩奠爵興取肺坐絶祭嚌之興加于俎坐挩手祭酒執爵興筵北東面立卒爵拜立飲拜既爵者變於大夫

疏正義曰周氏學健云大夫一本作丈夫此謂主婦故對丈夫而言丈夫則兼尸賓非專指大夫也盧氏詳校亦改作丈夫引吳云丈夫兼尸賓盛氏云案注云變於大夫者大夫謂主人也主人受賓致爵爵坐祭遂飲卒爵拜於此雖亦拜既爵而立飲是其異者今案各本皆作大夫據盛說似作大夫爲是

賓荅拜賓受爵

疏正義曰秦氏云案以上賓長致爵于主婦儐尸者無此禮此與特牲禮異者三事席于北堂東面一也無燔從二也

有薦設三也賓致爵主婦○易爵于篚洗酌醑于主人戶西北面拜主人荅拜卒爵拜主人荅拜賓以爵降奠于篚自賓獻及二佐食至此亦異於儐疏正義曰敖氏云易爵于篚亦下篚也郝氏敬云易爵于篚賓將自酢酢男不承女爵也吳氏紱云儐尸主人獻尸併獻侑而酢者惟尸主人獻賓併獻衆賓而酢者唯賓長葢酢者其主於獻之者也不酢者以次而連獻之者也賓致爵于主人主婦主人酢而主婦不酢又俟併致于主婦而後酢之正此例也少牢室事終於賓長獻祝無獻佐食下事此賓三獻二佐食又致爵主人主婦併自酢故注云自賓獻及二佐食至此亦異於儐也秦氏云案此賓長自酢于主人儐尸者亦無此禮特牲云更爵酢于主人卒復位葢與此同○賓自酢乃羞宰夫羞房中之羞司士羞庶羞于尸祝主人主婦內羞在右庶羞在左疏正義曰內羞卽房中之羞也下注云不儐尸則祝猶侑耳葢釋此經盛氏本遂移此注於本節下褚氏云儐尸者羞於侑不儐尸者羞於祝故注曰祝猶侑也王氏士讓云案羞之各於其筵尸祝主人之筵在室

中主婦之筵在房中北堂又云自三獻爵止至此儀節當與特牲參看自主人降拜衆賓至無算爵儀節當與儐尸參看自利洗爵至禮畢儀節仍當與特牲參看立文雖簡隆殺多寡之分備矣○設羞○秦氏蕙田引敖氏云自賓長洗爵至此爲賓三獻

右不儐尸者賓長三獻

主人降拜衆賓洗獻衆賓其薦脀其位其酬醋皆如儐禮

疏 正義曰自此至及私人辯言主人徧獻堂下幷內賓之事○張氏爾岐云衆賓謂自上賓而下盛氏世佐云案薦脯醢也脀俎也位西階西南東面北上之位酬謂主人酬長賓酢謂主人自酢于長賓先言酬而後酢文便也如儐禮者如其南面拜衆賓于門東至賓西面坐奠爵于薦左之禮也

主人洗獻兄弟與內賓與私人皆如儐禮其位其薦脀皆如儐禮

疏 正義曰盛氏世佐云案其位者兄弟位在洗東西面北上內賓位在房中私人位在兄弟之南如儐禮亦謂儐尸於堂之禮自升酌獻兄弟于

胙階上至亦有薦脀是也今案內賓亦兼宗婦言詳前 卒乃羞于賓兄弟內賓及私人辯自乃羞至私人之薦脀此亦與儐同者在此篇不儐尸則祝猶侑耳卒已也乃羞者羞庶羞 疏 正義曰敖氏云卒謂獻畢也獻畢即羞之亦其節之異於儐者方氏苞云儐尸羞于旅酬後此獻畢即羞何也儐尸之旅酬者再故俟尸與侑舉旅之後薦羞此無尸侑舉旅之節則獻畢即羞可矣盛氏云案主人於獻之卒也入復戶內西面位 注云自乃羞至私人之薦脀此亦與儐同者在此篇者少牢正祭至賓三獻而止乃羞以下四節皆是此篇儐尸於堂之事故云與儐同者在此篇也云不儐尸則祝猶侑耳者詳上乃羞節下云卒已也者爾雅釋詁文云乃羞者羞庶羞者前儐尸設羞云乃羞庶羞于賓兄弟內賓及私人故知此所羞亦庶羞無房中之羞也盛氏云以上四節皆與儐禮同而其節則異

右不儐尸者三獻後主人徧獻堂下幷內賓之事

賓長獻于尸尸酢獻祝致酢賓以爵降實于篚致謂致爵於主人主

婦不言如初者爵不止又不及佐食疏正義曰此節言次賓長爲加爵之事○賓長獻尸尸酢賓長賓長獻祝又致爵于主人致爵于主婦又酢于主人凡六爵敖氏謂此亦用觚不用爵說詳前儐尸者賓長獻于尸如初下王氏士讓云案次賓長雖非尊既同助祭亦欲一獻以伸其敬故於禮將終行之盛氏云案此禮與特牲衆賓長爲加爵同惟爵不止爲異不稱加爵亦以大夫尊故也又云案上經儐尸於堂之禮云賓長獻于尸如初無湆爵不止與此禮相當其異者四事獻尸尸卽酢之不待其獻致之畢一也彼無祝此無侑二也致爵兼及主婦三也又酢於主人四也今案特牲長兄弟衆賓長皆爲加爵此無長兄弟加爵之事與儐尸同注云不言如初者爵不止又不及佐食者此決上儐尸者賓長獻于尸言如初謂與上賓三獻同此不儐尸者賓長獻于尸不言如初明與不儐尸者賓三獻儀節有異故注明之案不儐尸者賓三獻尸爵止又賓獻兼及二佐食此皆與彼異故不言如初也

右不儐尸者次賓長爲加爵

賓兄弟交錯其酬無算爵此亦與儐同者在此篇疏正義曰此節言旅酬無算爵之

事○經云交錯其酬謂旅酬也與上賓尸賓及兄弟交錯其酬指無算爵言者異注云此亦與賓同者在此篇者蓋以上大夫旅酬無算爵皆於此篇堂上賓尸時行之故云與賓同者在此篇係言禮之節限大概如此非謂此經交錯其酬與賓尸同也賈疏泥於注說謂下大夫闕旅酬直行無算爵敖氏疑經不言如賓未詳皆非也上大夫賓尸於堂尸亦與旅以二人舉觶于尸侑爲發端此不賓尸及特牲則但言賓兄弟者以無尸侑主人與酬是不盡如賓也旅酬無算爵之禮特牲及此篇賓尸言之特詳經於此交略者亦以其儀節已詳具於彼讀者可參互以得之耳盛氏云以特牲禮考之其第一番旅酬也賓取主人酬之之觶以酬長兄弟長兄弟酬衆賓長衆賓及衆兄弟交錯以辯卒受者實觶于篚所謂旅酬西階一觶也第二番旅酬則長兄弟取弟子所舉之觶以酬賓其儀亦如之所謂旅阼階一觶也二番酬訖於是賓弟子兄弟之子各舉觶於其長而無算爵始矣此經云賓兄弟交錯其酬是亦謂賓取主人酬觶以酬長兄弟長兄弟取弟子所舉觶以酬賓二觶先後迭舉而爲二番旅酬也云無算爵則謂賓長兄弟長各取其弟子所舉之觶以相酬而二觶竝行也特是賓長獻于尸之上亦當有兄弟弟子舉觶於其長一條無

算爵之上亦當有賓弟子兄弟弟子各舉觶於其長一條而文皆不具故啟後人不旅酬之議耳然詳味經文參觀諸禮其義未始不顯然也若謂不旅酬爲辟人君禮則豈上大夫與士皆無所辟而下大夫獨當辟邪其說固不可通矣秦氏蕙田云儐尸旅酬者再而後行無算爵尸侑在堂上與於旅酬而不與無算爵特牲與不儐尸祝尸主人皆在室中竝旅酬亦不與又無侑故無二人舉觶及賓一人舉爵之事其旅也特賓與兄弟交相酬而已然亦有二番旅酬而後及無算爵特牲先旅西階一觶次旅阼階一觶是也此經云交錯其酬亦謂二番旅酬方氏苞云旅酬之禮自天子達於士祭之大節也無算爵因旅酬而旁推之禮也廢旅酬而行無算爵則無其本矣王氏士讓云由獻而有酢由獻酢而有酬由酬而有旅由旅之爵有算以至於爵之無算若不行旅酬無由驟行無算爵也章氏平云案上下大夫儐尸不儐尸皆有旅酬與特牲同此經文略故總云交錯其酬其異者上大夫儐尸於堂尸亦與酬不儐尸則同特牲唯事尸於室尸不與酬又士不嫌與人君同旅酬得堂下各設尊大夫不敢同於君堂下旅酬亦與神靈共尊耳賈疏謂與神靈共尊故闕旅酬始未必然禮經釋例云上經儐尸之禮賓及兄弟交錯其酬皆遂及

私人爵無算此專爲無算爵也此經云賓兄弟交錯其酬者謂旅酬也云無算爵者謂無算爵也與上經爵無算承上文而言者不同考鄉射詳言無算爵之禮鄉飲酒則但云無算爵不復及其儀節亦此例是不儐尸未嘗無旅酬也今案諸家辨正賈疏無無旅酬之說甚是故詳錄之

右不儐尸旅酬無算爵

利洗爵獻于尸尸酢獻祝祝受祭酒啐酒奠之利獻不及主人殺也此亦異於儐

疏 正義曰此節言佐食爲加爵之事○利獻尸亦及祝與特牲同盛氏云利謂上佐食也此與特牲禮異者祝不卒爵耳褚氏云儐尸則賓獻祝祝奠爵而主人出此不儐尸則利獻祝祝奠爵而主人出是室中之事將竟假以祝之奠爵爲節也注云利獻不及主人殺也者對上文賓長爲加爵及主人言也云此亦異於儐者少牢上篇及此篇儐尸皆無佐食獻故云異於儐也

右不儐尸佐食爲加爵

主人出立于阼階上西面祝出立于西階上東面祝告于主人曰利成祝入主人降立于阼階東西面尸謖祝前尸從遂出于廟門祝反復位于室中祝命佐食徹尸俎佐食乃出尸俎于廟門外有司受歸之徹阼薦俎自主人出至此與賓禘者也先蓍徹主人薦俎者變於士特牲饋食禮曰徹阼俎豆籩設于東序下

疏正義曰注云自主人出至此與賓禘者也者賈疏謂有同有不同故云禘今案自主人出至祝反復位於堂中與賓略同唯少牢言尸謖在主人降之前爲稍異耳又祝反復位於室中少牢有主人入室復位之文特牲亦有之此無者文偶不具耳敖氏以爲脫非也自祝命佐食徹尸俎以下則與賓異少牢上篇云祝命佐食徹肵俎降設于堂下阼階南此篇賓尸畢云司士歸尸侑之俎者少牢以將賓尸故俎不出廟門未歸尸也賓尸禮祝與佐食不與故歸俎皆司士爲之特牲云命佐食徹尸俎俎出于廟門注亦引此經有司受歸之爲證是此禮與賓尸異與特牲同也云先蓍徹主人薦俎者變於士者

案此徹阼薦俎亦與特牲同唯特牲籑畢乃徹此先籑徹之故注以變於士也引特牲禮者賈疏以爲證徹薦俎所置之處敖氏云徹阼薦俎亦佐食爲之旣徹阼俎則堂下俎畢出與特牲禮同也秦氏蕙田云案此祝告利成徹俎歸俎徹阼俎與儐禮異者二事歸尸俎一也徹主人薦俎二也與特牲禮異者二事告利成於階上一也先餕徹主人薦俎二也

右不儐尸者禮終尸出

乃籑如儐謂上篇自司宮設對席至此餕與出也古文籑作餕疏正義曰古文籑作餕詳特牲禮

右籑

卒籑有司官徹饋饌于室中西北隅南面如饋之設右几厞用席官徹饋者司馬司士舉俎宰夫取敦及豆此於尸謖改饌當室之白孝子不知神之所在庶其饗之於此所以爲厭飫不令婦人改徹饌敦豆變於始也尚使官也佐食不舉羊豕俎親餕尊也厞隱也古文右作侑厞

作第〔疏〕正義曰自此至篇末言陽厭之事。○禮經釋例云几尸既出室之後改饌于西北隅謂之陽厭詳特牲篇末郝氏敬云儐尸則禮備而神厭足可無改設不儐尸於是有改設之禮今案經云徹饋饌于室中西北隅者謂徹前所饋改設西北隅饋即饋食饌亦設也南面如饋之設右几者正祭設饋于奧東面此改設西北隅南面則與饋異而云如饋之設亦謂如其陳設左右之次耳少牢正祭授几于筵上右之此亦云右几明與饋同少牢又云改饌豆籩于房中南面如饋之設彼注云如饋之設如其陳之左右也饋設東面是其義也又特牲陽厭云几在南則亦東面矣此南面敖氏云大夫禮異是也　注云官徹者司馬司士舉俎宰夫取敦及豆者以其經云官徹明不使婦人必知司馬司士舉俎宰夫取敦及豆者以司馬刲羊明主羊俎司士擊豕明主豕俎又上主婦獻祝宰夫薦棗糗又宰夫羞房中之羞是主婦之事多宰夫主之明此敦及豆宰夫取之可知云此於尸謖改饌當室之白孝子不知神之所在庶其饗之於此所以爲厭飫者詳特牲陽厭下云不令婦人改徹饌敦豆變於始也尙使官也者以少牢初設饌主婦薦兩豆宗婦一人贊兩豆主婦設一敦宗婦贊三敦是其始時婦人設之今不使婦人而使宰夫是變於始也其變於始者尚使官故也云佐食不舉羊豕俎親餕尊也者褚氏云此解所以佐食不徹而有司官徹之義以其親餕尸餘尊之而不使徹今案特牲佐食徹尸俎改設佐食不與餕故注云然云屝隱也者詳士虞禮屝用席下云古文右作侑屝作茀者胡氏承珙云周禮大祝辨九拜以享右祭祀鄭注謂右爲侑是右與侑通屝作茀者如說文篚車笭也毛詩亦假僻作茀鄭注禮經用其正字故皆從今文今案段氏說文注云屈原賦隱思君兮陫側陫葢同屝然則陫亦屝之異文也

納一尊于室中

陽厭殺無玄酒【疏】正義曰詳特牲禮

司宮埽祭

埽豆閒之祭舊說云埋之西階東【疏】正義曰大射司宮埽所畫物是埽除之事司宮掌之注云埽豆閒之祭者經但云埽祭故注明之謂此祭卽豆閒所祭食也引舊說者明埽後埋之敖氏云舊說謂埋祭於西階東者據聘禮埋幣之處而言也詳聘禮

主人出立于阼階上西面祝執其俎以出立于西階上東面司宮闔牖戶

閉牖與戶爲鬼神或者欲幽闇【疏】正義曰特牲佐食闔牖戶此司宮闔牖戶者亦大夫之禮有異也

祝告利成乃執俎以出

于廟門外有司受歸之【疏】正義曰吴氏章句云兩告利成者先爲事尸禮畢告之以終立尸之意後則改饌室中告之以終尸未入祝饗之意也又先告以爲主人降立之節再告以爲主人送賓之節制禮之義其周密如此今案亦兩告利成與此同士虞改饌後不再告利成詳特牲祝東面告利成下此云祝執俎以出於廟門外是出門也上云祝執其俎以出則出室也衆賓出主人拜送于廟門外乃反拜送賓者亦拜送其長長不言長賓者下大夫無尊賓也【疏】正義曰注云拜送賓者亦拜送其長者上儐尸主人拜送尸于廟門外又云拜侑與長賓亦如之衆賓從彼注云從者不拜送故謂此拜送者亦是拜送其長也云不言長賓者下大夫無尊賓也者賈疏云下大夫賤無尊賓故不別其長也吴氏云注以此經不言長遂謂無尊賓則前所謂賓長獻者誰之賓邪此說未確今案儐尸有尸侑故於其出也拜送尸與侑與長賓皆別拜之此無尸侑故於衆賓之出總一拜送而已又上大夫位崇拜送賓但拜其長不拜衆賓少牢上餕與出主人送不言拜可證也至下大夫則皆拜之故經不別言長非無尊賓之謂也注注說似泥婦人乃徹徹祝之薦及房中薦俎不

使有司者，下上大夫之禮〔疏〕正義曰：前徹薦俎不使婦人者，以祭未畢，有司尚有事於室中也。至是衆賓有司皆退，然後婦人入徹。婦人卽婦贊者之屬也。注云「徹祝之薦及房中薦俎」者，正祭尸俎佐食徹以出，其俎釋三个及敦豆之薦俱改設爲陽厭，阼薦俎亦已徹，祝俎又自執以出，故唯祝之薦在耳。房中薦俎及主婦薦俎，凡羞陳之物皆統之矣。特牲云「宗婦徹祝豆籩入于房，徹主婦薦俎」，是注說所本也。云「不使有司者，下上大夫之禮也」者，謂下於上大夫之禮也。案上大夫祭畢將儐尸，有司徹賓尸禮終亦有司徹，今不使有司而使婦人，與士禮略同，是下於上大夫也。

徹室中之餽有司餽之，婦人徹之，外內相兼，禮殺〔疏〕正義曰：此徹室中之餽，亦婦人徹之。室中之餽，卽上有司官徹饋餽於室中西北隅者也，故注云「有司餽之，婦人徹之」。云「外內相兼，禮殺」者，外謂有司，內謂婦人，二者兼爲之，不使有司終始其事，是禮殺於儐尸也。敖氏謂「婦人乃徹，其事在下，卽指徹室中之餽言之」。褚氏云：「當如注，以上下兩句分言房中、室中之餽。」今案：上注兼云徹祝之薦，則鄭意不以「婦人乃徹」句爲專指房中言矣。蓋經上言「婦人乃徹」者，謂正祭之薦俎凡未徹者皆婦人徹之；下復言「徹室中之餽」者，恐人疑改設之餽不使婦人徹故并言之敖說褚說俱非特牲陽厭改設之饌當亦婦人徹之經不言者以已見於此也○姜氏兆錫云陽厭儐尸禮無今案自卒餕以下與特牲禮略同而小異

右不儐尸者爲陽厭

卷四十終

儀禮正義正誤

胡肇昕 撰
胡宣鐸 輯

儀禮正義正誤

續溪胡肇昕先生撰　受業胡宣鐸輯

【冠】

一之二　「士冠禮」注「以有司終」，當加「徹」字。

一之十八　「乃宿賓」注「以日下事」，「日」當作「目」。

一之卅　「緇布冠」注「縢」，當作「滕」。

一之三十五　「側尊」注「甂」，當作「廡」。　「爵弁」注「周謂弁師」，「謂」當作「禮」。

一之三十八　主人玄端注「袗玄」，「袗」當作「袀」。

一之五六　「母拜受」注「歟經」，「歟」當作「與」。

一之五七　經「實出」，當作「賓出」。

一之五八　經「鄉大夫」，當作「卿大夫」。

一之五九　「乃易服」注「皆尊而不授」，當作「奠而不授」。

二之十五　「賓對」注「王義」，當作「正義」。

【昏】

三之十五　「期初昏」注「古文皆爲幂幎」，當作「今文」。

三之二十六　「菹醢」注「章氏協夢」，「章」當作「韋」。

三之二十八　「卒爵」注「不挾拜」，「挾」當作「俠」。

【相見】

四之二　「士相見禮」注「世云佐云」，上「云」字衍。

四之三　「士相見」注「謂頭謂陽」，「謂」當作「爲」。

四之四　「賓對曰」注「言如固」，「固」當作「故」。

四之八　「賓入」注「王義」，當作「正義」。

【鄉飲】

五之四　「鄉飲酒」注「次國二君」，「君」當作「軍」。

五之五　「至鄭君」，此下當有「時」字。

五之七　「主人退」注「據此論甚正」，「據」當作「案」。「于是來拜」，「是」當作「其」。「乃席」注「氣」「義」，二字倒。

五之十六　「賓厭」注「引之厭」，當作「其引手之厭」。

五之二十一　「卒洗」注「集解」，當作「集釋」。此頁「張氏爾岐云」，按：「爾岐」二字當刪。此張氏謂張淳識誤也，若以爲張氏爾岐，爾岐乃清初人，而下云「通解似即依張氏」，以朱子之通解而謂依張氏爾岐，何忽突若是。

五之二十二　「賓降」注二「仡」字當作「疑」方與正義本例相合，日疏中亦即據「疑」爲釋。

五之二十四　「賓進受爵」注「爵既賓」，「賓」當作「實」。

五之二十八　「奠爵」注「諸家從此經者」，「從」當作「釋」。

五之二十九、三十　「坐帨手」注「捝似説」，「似」當作「作」。「釋文本今文」，「今」當作「經」。「本當作捝手」，「揔」當作「捝」。「不知帨巾」，當作「不知捝非佩巾」。

六之三　「進爵奠觶」注「辭賓」，當作「賓辭」。「賓坐坐授」，下「坐」字衍，「授」當作「受」。

六之四　「設席于堂廉」注「作樂之賓」，「之」當作「樂」。「立在上西」，「上」當作「工」。

六之九　「工歌」注「修改」，當作「修政」。「云我以善道」，「云」當作「示」。

六之十三　「笙入堂下」注「胡氏承珙云」，「云」字衍。

六之二十五　「司正升」注「受酬而受相之」，「酬」下脱「者」字，并「受」字當作「并」。

六之二十七　「辯」注「卒者」，「卒」下脱「受」字。

七之一　「使二人舉觶」注「如賓禮」，「如」上脱「公」字。「是公尊」，「尊」下脱「于賓」二字。

七之二　「皆進」注「經文上下」，「經」當作「今」。

七之三　「司正」注「使子弟」，當作「弟子」。「是命所命」，上「命」字疑有誤，當查集編。「下文取俎」，「文」下脱「主人」二字。

七之四　「賓降」注「尚可率循」，「尚」當作「而」。

七之七　「無筭爵」注「後不悉據」，「據」當作「校」。

七之九　「賓出奏陔」注「至今天子」，「今」當作「令」。

七之十六　「明日賓服」注「作鄉服」，「作」下脱「服」字。

七之二十　「鄉」注「張氏爾岐云」，按：校勘記無「爾岐」二字，此「張氏」乃張淳也，加「爾岐」二字誤甚，當删。「之素志」，「之」上脱「士」字。

七之二十五　「賓俎」注「禮經特體」，「特」當作「牲」。「前是體」，「是」當作「足」，下「後是體」亦誤。「許案十七篇」，「案」當作「據」。

七之二十六　「以爵拜」注「固徧」，當作「偏」。

七之二十八　「凡舉爵」注「不入之上也」，「也」字當衍。「坐奠爵」「執爵興」，二「爵」字當作「觶」。

七之三十　「磬階閒」注「手部亦云縮」，「縮」當作「摍」。「以足蹴」，「蹴」當作「蹙」。

七之三十二　「主人之贊者」注「故引于末」，「引」當作「列」。「亦未説記」，「説」當作「就」。

【鄉射】

八之二　「鄉射禮」注「周禮之禮」，下「禮」字當作「說」。

八之十八　「賓及衆賓」注「瑶田謂」，當作「程氏瑶田曰」方合。

八之三十五　「乃納射器」注「此括」，當作「北括」。

八之三十八　「司射」注「各以其耦」，「以」當作「與」。

九之二　「皆當其物」注「合卒」，「卒」當作「足」。

九之四　「司馬」注「以敖説」，「敖」下脱「氏」字。

九之六　「乃射」注「而后」注當從徐本，此不完全，亟宜增訂。「古文作后」，「后」當作「後」。

十之五　「司射」注「二字」，「字」當作「事」。「獲者坐而獲」注中「師」字當删。

【燕】

十一之二　「燕禮」注「故鄭公」，「公」當作「云」。

十一之三　「膳宰」注「郝氏」，下脱「云」字。

十一之四　「樂人懸」注「張氏惠言云」，當改「惠言按」。

十一之十六　「賓降」注「大埼案」，此上脱「疏」字。

十一之三十三　「司宫」注「實在尊東」，「實」當作「賓」。

十二之三十三　「賓爲苟敬」注「胡氏肇昕曰」，當改作「肇昕按」三字，方與上一氣。

十二之三十五　「羞膳者」注「注云」上不當空一格。

十二之三十七　「升歌」注「輕言下管」，「輕」當作「經」。

【大射】

十三之二　「大射儀」注按：末引蔡氏説當在愚説之中，故末有「是也」二字。今楊君乃以褚説夾于愚説與蔡氏説之中，而末「是也」二字不删，誤甚。

十三之八　「遂命量人」注「釋詁曰」，「曰」當作「梏」。

十三之十四　「鼓」注「肇昕曰」，當作「肇昕按」。

十三之十六　「又尊」注「俟時時」，下「時」字當作「設」。

十三之十九　「官饌」注「故關其饌」，「關」當作「闕」。

十三之二十　「公降立」注「胡氏肇昕曰」五字當置于「誤衍者」下，以自以下云皆愚説也。至此處當云「按卿爲上大夫」云云方合。　又「經既云云」，下「云」字當作「公」。

十四之三　「遂告曰」注「特告之曰」，「曰」字當刪。

十四之五　「工人士」注「案王氏」，「案」當改作「胡氏肇昕曰」，以下乃愚説也。

十四之十二　「司馬」注「自此一譔」，「譔」當作「誤」。

十四之十八　「遂命三耦」注「注云此命」上不宜空一格，皆盛氏言。

十四之二十一　「退者」注「入者一者」，「一者」二字當刪。

十四之二十四　「司射」注「麗而網」，當作「于」。「爲二句」，「句」當作「事」。

十四之二十七八　「公將射」注「其誤賓」，「賓」當作「實」。「自賈説」，「説」當作「疏」。

十五之十一　「司射」注「是又」，「又」當作「文」。「是式」，「式」當作「武」。

十五之十七　「上射揖」注「攷射義云」，「攷」字當改「胡氏肇昕曰」五字，以下是愚斷語。

【聘】

十六之一　「聘禮」注正義于注説從集釋，則「禮」下當有「也」字，「于五禮下」當有「聘」字。

十六之八　「官陳幣」注正義「踪」，「踪」當作「琮」。

十六之二十　經「執筞」，當作「執策」。

十六之二十四　「馬則幕南」注「楊作南」當在「楊本非」之下。

十六之二十五　「及郊」注「侯」下當有「四十里」三字。「子」下當有「二十里」三字。

十六之三十　「夫人」注　經注當作「竹簋方」。

十六之五十五　「裼」注「徵子世家」，「徵」當作「微」。

十七之三　「賓進」注「説文梧屰也」，「梧」當作「啎」。

十七之四　「宰夫」注「互盛醢」，「互」當作「豆」。

十七之三十七　「夕」注「兼及大夫」，「大夫」當作「夫人」。

十八之四七　「各以其爵」注「各其以」，當作「以其」。

【公食】

十九之十　經「粟階」，上當無「賓」字。

十九之三十　「公辭」注「粟階」，「粟」當作「栗」。

【覲】

二十之六　「天子賜舍」注「以爲幂」，「爲」當作「帷」。

二十之十　「諸侯」注「言言舍者」，上「言」字衍。

二十之三十二　「四享」注「先大夫」，當作「大父」。

二十之三十一　「同姓」注「作孔所見」，「作」當作「則」。

【喪】

二十一之二十三　「何以三年」注「則旁觀」，當作「旁親」。

二十二之十三　「世父叔父」注「萬氏之判」，「氏」當作「民」。

二十五之七　「朋友」注「備記」，「備」當作「補」。

【士喪】

二十六之三十四　「稻米」注「何沐云」，「沐」當作「休」。「沐巾一」注「休是沐首」，「休」當作「沐」。

二十七之二十七　「厥明滅燎」注「天夫」，當作「天子」。「東方之饌者」注「盛之也」，當作「神之也」，疑尚有校語。

【既夕】

三十之五　「俎二以成」注「蜡在豕東」，「蜡」當作「腊」。

【士虞】

三十三之十一　「如食閒」注「教氏云」，「教」當作「敖」。

三十三之十六　「哀薦祫事」注「祼享先生」「食享先生」，二「生」字當作「王」。

【特牲】

三十四之三　「特牲」注「先生」，「生」當作「王」。

三十五之十五　「舉肺脊」注徐氏鈴民説前後兩引，當刪其一。

【有司】

四十之十八　「有司徹」注「及實俎」，「實」當作「賓」。「今按盛説」，「盛」當作「或」。

儀禮正義正誤書後

咸豐癸丑，先大父實中公聘江寧汪梅邨師，設館於家。丁巳冬，胡文忠公招致湖北，因薦曉庭師以代。先生講經之暇，嘗即儀禮正義中之所刊誤者，指授同堂，丹墨並下，隻字去取，義例所關。鐸今耄及，睠懷師訓，鍥而不舍。當日沔陽陸君恒惜其原稿已佚，莫由覆校，而有亥豕之訛。則自今以往，疑以傳疑，更無有起而訂正之者。又朋輩從遊，僅鐸獨存，將使所聞先生之言，亦湮歿而不傳于世，是則余之咎也夫。

爰輯録而鋟諸梓，並誌其緣起於後。民國庚申七月，胡宣鐸謹識

喬秀岩案：胡肇昕自咸豐七年（一八五七）館於胡實中家，教胡宣鐸等以儀禮正義譌字。大約六十年後，胡宣鐸排印傳世。

胡肇昕字曉庭，見績溪金紫胡氏所著書目。

咸豐六年汪士鐸序胡肇昕方言補注云：「今年春，胡君曉庭以所譔方言補注問序於蒙，時寇氛孔棘，訛言日數驚，蒙以从拏，故尤怔惶，不暇讀其書即還之。」見汪梅村先生集卷七。是汪士鐸素識胡肇昕，故舉以代己。

校勘記

王文錦 撰

儀禮正義卷一

校勘記

二頁〇三行 陶弘景　「弘」原作「宏」，胡氏避清高宗名諱而改者，今改回。

二頁一〇行 天下無生而貴者　「下」原訛「子」，據本篇士冠記改。（按：吴廷華儀禮疑義不誤。）

五頁〇九行 粗在於是　「粗」原作「具」，據韓昌黎文集讀儀禮改。

九頁〇七行 宿尸　原脱，據禮經釋例卷一三補。

九頁一一行 是卜亦于廟門也　「門」原脱，據禮經釋例卷一三補。

二〇頁一五行 禰廟　「禰」原訛「彌」，下同。今並改正。

二〇頁一七行 若祖廟祧廟是也　按：李如圭儀禮集釋本無此句，乃胡氏據賈疏增添者。又按：儀禮一經無「祧廟」連言者。

二一頁一七行 蓋兩門之東也　吴承仕輯校程瑶田儀禮經注疑直亦同。按：「兩門」提法不妥。「門」疑「扉」字之訛。

二三頁〇四行　釋文作眂　「眂」原訛「眡」，據經典釋文改。

二三頁〇三行　助祭皆攝盛用朝服　「皆」，禮經釋例原作「則」。

二三頁一九行　則有三尺也　「有」，李氏集釋原作「皆」。

二四頁〇二行　而獨存其蔽前者　左傳桓三年疏引同。詩采菽疏引「獨」作「猶」，義長。

二五頁〇四行　士冠有朱紘之文　按：士冠禮無有「朱紘」之文，賈疏誤說，胡氏未加駁正。

二五頁〇八行　故禮家每以緇布衣爲玄端也　原脱「家」，今據賈疏補。

二六頁一五行　公有司私臣　原脱「公」，據褚氏儀禮管見補。

二六頁一五行　但褻冠事所用人少　「事」原訛「者」，據褚氏儀禮管見改。

二六頁一七行　兒寬傳　「兒」原作「倪」，據漢書改。

二七頁〇五行　以其所用名之　原脱「所」，據敖氏儀禮集説補。

二七頁一八行　是室南鄉　「室」原説〔一〕「空」，據李如圭儀禮釋宫改。

二八頁〇八行　特以記爻　「特」原訛「所」，據張惠言讀儀禮記改。

二八頁一〇行　京氏易　原無「氏」，據項安世項氏家説增。

〔一〕編者案：「説」當作「誤」或「訛」。

三〇頁一五行　取其義長者順故爲鄭氏學　按：集解本及點校本後漢書均無「順」。經典序録引范曄後漢書「順」下又有「者」。

三一頁〇九行　穀梁傳置旃以爲槷　按：昭公八年穀梁傳原文是：「置旃以爲轅門，以葛覆質以爲槷。」此苟簡爲「置旃以爲槷」，大失原義。

三一頁一一行　漢人多謂門限爲門切門切即閾也亦謂之戚　段玉裁儀禮漢讀考「門切即閾也」原作「門切即門梱也」。段氏意，門切即門梱。「切」「梱」同音千結切。胡氏易之爲「門切即閾」，改音訓爲義訓，稍失段恉。

三一頁一三行　胡氏承珙則以蹙爲堿引文選西京賦右平左堿薛綜注堿限也爲證　按：胡承珙儀禮古今文疏義引文選西京賦薛綜注證「堿」與「閾」義同。又云：「蓋古音或聲、戚聲相近。堿之爲國猶蹙之爲閾。」固未嘗以「蹙」爲「堿」也。

三二頁〇七行　此時蓍尚在下韇　「蓍」原作「筮」，據張爾岐儀禮句讀改。

三四頁一七行　謂爲君授幣　「授」原訛「受」，據阮元禮記注疏校勘記改。

三五頁一一行　故特著坐文　「著」原訛「蓍」，據南菁本改。

三八頁一〇行　褚氏云上言主人受眡反之則筮者向西行　「上言主人受眡」六字爲胡氏所增。按：褚氏原文乃叙述性者，胡氏增六字則變爲推理文字矣。

四三頁〇四行　則下文辭贄　「下」原訛「上」，「贄」原訛「贊」，據淩氏禮經釋例改。

四六頁〇三行　以目下事　「目」原訛「日」，據朱熹儀禮經傳通解改。

四八頁〇九行　漢書高帝紀注若及也　按：漢書高帝紀注、惠帝紀注、文帝紀注均作「若，豫及之辭」，未有逕訓「若，及也」者。

四九頁二〇行　特使人主其事者　原脱「者」，據胡匡衷儀禮釋官補。

五〇頁〇一行　後凡經内言有司者放此　原無「經内」，據胡匡衷儀禮釋官補。

五一頁〇五行　賓尊　原互倒，今據聘禮記鄭注乙。

五一頁一〇行　如相拜者然也　聘禮鄭注無「者」字，禮經釋例有。

五二頁一一行　審慎重其事　李如圭儀禮集釋「其」本作「冠」，胡氏蓋以意改之。

五三頁一二行　夾道之旁爲都宮之牆　「夾道」原涉上誤脱，據沈彤儀禮小疏補。

五三頁一六行　北至房室之壁　「室」原訛「屋」，據鄉飲酒禮賈疏改。

五四頁〇八行　而碑如堂深　「碑」原訛「俾」，據沈彤儀禮小疏改。

六一頁〇四行　戴弁俅俅　「戴」詩經周頌絲衣作「載」。鄭箋云：「載猶戴也。」按：載與戴通。

六四頁〇八行　爵弁服純衣　原脱「服」，據士喪禮補。

六四頁一九行　蜡也者　原無「也」，據郊特牲增。

六七頁〇四行　次於朝服之服也　原脱上「服」字，依上文例補。

七二頁一二行　續漢書輿服志云未入學小童幘句卷屋者示尚幼少也　「少」原作「小」，據王念孫廣雅疏證卷七下引續漢志改。按：上引釋名、急就篇注、獨斷及此續漢志皆轉引自廣雅疏證。司馬彪續漢志原作「入學小童，幘也句卷屋者，示尚幼少未遠冒也」，殿本考證疑上「也」當作「施」。王氏引文將「入學」上增「未」，「幘」下删「也」，不知何據。

七三頁一三行　内則之縰　「縰」原訛「縱」，據禮記内則改。按：江永鄉黨圖考不誤。

七三頁二〇行　謝靈運詩注簪以玉爲笄也古曰笄今曰簪　按：此與上招隱詩注皆襲自經籍籑詁而略去書據者。謝詩「簪玉出北房」注引魏臺訪議「以玉爲笄」上本無「簪」字。籑詁增「簪」，則誤謂笄之以玉爲體者爲簪矣，顯與下「古曰笄今曰簪」之説不合。

七四頁一七行　鄭注曲禮及論語俱云圓曰簞方曰笥　按：賈疏云：「鄭注曲禮『圓曰簞，方曰笥』，笥與簞方圓有異，而云簞笥共爲一物者，鄭舉其類。注論語亦然。」所謂「注論語亦然」者，賈謂箪也鄭注「簞，笥也」與此士冠禮注同，亦舉類言之耳。胡氏則誤以鄭氏論語注亦有「圓曰簞，方曰笥」之文矣。

七七頁〇五行　許所謂車笭也　「笭」原訛「苓」，據段玉裁説文解字注改。

七七頁〇七行　後世筐匪字多用篚　「筐」原訛「篚」，據上文改正。

七七頁〇八行　方曰筐　「筐」原訛「箱」，據漢書食貨志應劭注改。

七七頁一二行　膳篚者　「膳」上原有「言」，乃涉上文而誤衍者，今據燕禮注删。

七八頁〇二行　三升曰觶　「升」原脱，依上文補。

七八頁一三行　東方之饌兩瓦甒其實醴酒　原脱「兩瓦甒」，廣雅疏證有，與士喪禮合，今據補。

七九頁〇一行　祭醴　「醴」原訛「禮」，據士昏禮記改。

七九頁一五行　士容甒　「甒」上原衍「瓦」，據喪大記删。

八〇頁二〇行　周禮弁師　「禮」原訛「謂」，今改正。

八一頁〇一行　合五采絲爲之繩垂於延　檢弁師鄭注「垂於延」下尚有「之前後」三字。胡氏删之者，蓋意在不取鄭玄延前延後均有旒之誤説也。

八一頁〇六行　會五采玉璂　「玉」原訛「五」，據上鄭注改。

八一頁一六行　自博士以下至小史　「至小史」原作「小吏」，據續漢書輿服志改。

八六頁〇二行　擯者玄端之中　「玄端」原脱，據方苞儀禮析疑補。

九一頁〇四行　側亨于廟門外之右　原脱「外」，據李如圭儀禮釋宫補。

九一頁〇五行　亦自入者言之也　原脱「自」，據李如圭儀禮釋宫補。

九四頁〇四行　至于廟門　原脱「于」，據士昏禮補。

九九頁一〇行　言贊者十有三言主人之贊者一而於始末二節特書曰贊冠者　按：計經文言「贊者」十，言「主人之贊者」一，言「贊冠者」二，合計爲十三。

一〇一頁一五行　朱子云　按：下所云二十二字，見張爾岐儀禮句讀此節經注之下，盛世佐儀禮集編録此文亦謂引自張氏。蓋胡氏寫正義初稿録句讀語時，曾冠以「張氏句讀云」，後又見朱文公文集跪坐拜説「古人之坐者，兩膝著地，因反其蹠而坐於其上，正如今之胡跪者」數語與句讀所云意同，遂改「張氏句讀云」爲「朱子云」，而引文未曾更換，致有張冠李戴之失。

一〇二頁一二行　小斂奠　「斂」原訛「歛」，據淩氏禮經釋例改。

一〇二頁一六行　祝盥于洗　「祝」原訛「視」，據淩氏禮經釋例改。

一〇三頁〇五行　降辭如初　原脱「降」，據淩氏禮經釋例補。

一〇四頁一七行　賓降辭如獻禮　「降辭」原誤倒，據鄉飲酒禮乙正。

一〇五頁一〇行　衆賓之長升拜受者三人　原脱「拜」，據鄉飲酒禮、鄉射禮補。

一〇六頁〇四行　所謂盡等不升堂者　疑「等」當作「階」，士喪、既夕皆有「盡階不升堂」語。

一〇六頁一八行　張氏引中月而禫以釋此注中字　「張」原訛「段」，據上文訂改。按：此一節正文只引程瑶田、張惠言两家説，與不具名之「段氏」無涉。

一〇六頁二〇行　則當如程張所云也　「張」原亦訛「段」，據上文訂改。

一一〇頁〇九行　遂以摯見於卿大夫鄉先生　原脱「摯」，今依本篇經文補。

一一〇頁一二行　納采用鴈　「鴈」原訛「雁」，據淩氏禮經釋例改。下同。

一一二頁〇五行　孤卿之所建　「建」原訛「見」，禮經釋例作「建」，與既夕記鄭注合，今據改。

一一三頁一五行　聘禮經注皆從手作攕　「聘禮」，儀禮漢讀考原作「今儀禮」，此爲胡氏所改者。按：下文引廣韻、集韻論定「禮經古本櫼從木明矣」，則在此無特言「聘禮經注」之理。蓋胡氏以士冠、士昏字皆從葛作擖，惟聘禮作攕，故改。此上胡氏所删省數行，皆論從葛之擖乃從巤之攕之訛。此下則論其字從手者，當以從木爲正。然則此云「從手作攕」者，實兼冠、昏之今本作「擖」者言，而非專指聘禮字作攕者也。

一一五頁一四行　攕是假借字　「攕」原作「櫼」，據段氏儀禮漢讀考改。

一一五頁一九行　吴氏　原訛作「李氏」，今改正。按：下引文見吴廷華儀禮疑義。

一一六頁〇六行　枋木可作車　原脱「可」，據説文補。

一一九頁一一行　明其見禮也　「禮」原作「醴」，今訂正。據李如圭儀禮集釋云：「取脯，明得禮也。」

一二一頁〇七行　與經不相符耳　「與」原訛「歟」，依南菁本改。

一二三頁〇三行　主婦俠爵拜　原脱「主」，據淩氏禮經釋例補。

一二四頁一四行　今案此以若不醴不當作禮是也　下「不」原訛「爲」，今訂正。理據有二：一、上引胡承珙説認爲「若不醴」之「醴」，對醮而言，字固當作「醴」，而不當作「禮」。作者加「今案」同意其説，故云「此以若不醴不當作禮是也」；二、卷二若不醴節下，作者云：「此經醴字不必改禮，説已詳前。」所謂「詳前」，即指詳于此節也。可知此「爲」字必誤無疑。不改則前後齟齬難通。

一二四頁一七行　次自修正之處　「正」原訛「止」，據周禮序官掌次鄭注改。孫詒讓周禮正義卷一云：「正，明注疏本作『止』，誤。」

一二五頁〇二行　聘禮記次以帷　原脱「次」，據聘禮記補。按：李如圭儀禮集釋無「記」有「次」。

一二八頁一一行　皆奠而不授也　「奠」原訛「尊」，據淩氏禮經釋例改。按：南菁本已改正。

一二八頁一五行　欲使以賓客禮見　士昏禮鄭注「見」上有「相」，淩氏禮經釋例有意省略。

一三一頁一六行　敖氏無末清糟二字　謂敖氏本無毛本「飲重醴清糟」語末之「清糟」二字。因校語措辭不明，故易生誤會。按：敖繼公儀禮集説通志堂本、四庫本均「重醴」下無「清糟」而有「稻醴」以下十二字，無衍無脱，與禮記内則文同。

一三二頁一二行　泲之以茅　「泲」原誤作「宋」，據郊特牲鄭注改。

一三三頁一一行　其皆有獻而無酢酬者　「酢酬」原倒，據上下文例乙。

一三五頁〇二行　惟於奠酬之節一行而已　「之節一行」原作「一節行之」，據賈疏改。

一四一頁〇三行　秦氏蕙田　「秦」原訛「奏」，今改正。南菁本已改。

儀禮正義卷二

校勘記

一四五頁二〇行　玄尊亦加勺者　「尊」原作「酒」，據敖繼公儀禮集説改。

一四七頁一六行　東西列尊　按：曲禮孔疏原作「賓主共之」，阮元校勘記於此無説，則此「東西列尊」爲凌氏以意改者，蓋非别有根據。

一五〇頁二〇行　從獻豆兩亞之　「豆兩」原倒作「兩豆」，據士虞禮及禮經釋例乙。

一五五頁〇二行　司馬朼羊　「朼」原訛「牝」，據士虞禮及禮經釋例改。下同。

一五六頁一九行　扃篆作鼏　段氏漢讀考原作「鼏篆作鼏」。胡氏援引而改「鼏」爲「扃」，不甚得當。按：漢讀考此上更有「扃，鄭注時本作鼏，後人以同音之扃代之也」二語。胡氏删省二語，又以儀禮古今文有扃、鉉而無鼏，勢不宜逕論鼏字，遂以扃代鼏，蓋欲便于行文耳。然扃鼏實非一字，焉得遽謂「扃篆作鼏」耶？

一五七頁一三行　鼎玉鉉　「玉」原訛「王」，據易經鼎卦改。

一五九頁一九行　初謂上章之始醮也　「始」原訛「三」，據朱熹儀禮經傳通解改。

一六〇頁二〇行　陸氏亦云嚌讀如字　按：今陸氏釋文從鄭注音祭，未嘗嚌讀如字。朱熹所云，不知何據。

一六一頁〇二行　有加俎而取籩脯者　「加俎」，儀禮析疑作「折俎」。

一六四頁〇八行　賓酢主人　「酢」原訛「阼」，據禮經釋例改。

一六八頁一八行　立於席北　今大戴禮記公冠篇脱「北」字。孔子家語、儀禮集釋均有「北」，是。

一七〇頁〇一行　於是乎有冠醮無冠醴　「是」，禮記曾子問本作「斯」，蓋褚氏以意改之。

一七〇頁〇四行　故歸遂不改冠　「遂」，禮記正義原作「還」，蓋褚氏以意改之。

一七一頁一一行　某敢不夙興　「夙」原訛「宿」，據下經改。

一七四頁一五行　故周禮縣治象　按：左傳孔疏無「故」字。

一七五頁〇七行　漢書皆以麋爲眉　檢王莽傳赤麋、赤眉雜出，漢書似無嚴格字例，非皆以麋爲眉也。

一七五頁〇七行　蓋古字簡少通用至漢猶然也　按：此十二字乃惠棟九經古義引歐陽修集古録論古器銘後之斷語，非惠氏語。胡氏删前取後，易生誤會。

一七六頁二〇行　微見於此　「微」原訛「徵」，據張爾岐儀禮句讀改。

一八二頁二〇行　以是知屨舃履之異名也　原「屨」「履」二字倒互，今據上下文意移正。

一八三頁〇二行　韻會云舃履也　按：舃之訓履，韻書當引廣韻，訓詁書可引廣雅。胡氏捨此而特引韻會，殊非其宜。

一八三頁〇六行　賈氏謂春則從夏秋則從冬　原「夏」字在下，而「冬」字在上，誤。今據賈疏移正。

一八五頁一四行　故飾屨如繢次　「如」原訛「加」，參照周禮屨人鄭注訂正。

一八八頁〇一行　皆記經所未備　上引盛世佐説，云記有三種，而「記經所未備」，特其一耳。核盛書，「若孤子」「若庶子」「母不在」及屨制諸節固皆記經所未備者，而「若不醴」「若殺」等本屬「記禮之變異」者。此處胡氏節改，乃謂「若不醴」以下皆記經之未備，斯非盛意矣。

一八九頁二〇行　不蕤質無飾也　「蕤」原作「緌」，據禮記雜記上鄭注改。

一九三頁一二行　委貌亦單言委雜記言委武玄縞左傳言晏平仲端委立于虎門是也　按：雜記鄭注云：「委武，冠卷也，秦人曰委，齊東曰武。」左傳杜注云：「端委，朝服。」既然雜記之委武爲冠卷，左傳之端委爲朝服，則非「委貌亦單言委」之例證。

一九三頁一四行　鄭注書堯典辯章百姓　「辯」原作「平」。檢後漢書劉愷傳注、班固傳注，知鄭玄所注尚書經文作「辯」，今據以訂改。

一九三頁一六行　今文爲斧　「爲」原作「作」，據注文改。

一九五頁〇三行　周曰弁殷曰冔夏曰收　原「周曰弁」在下，「夏曰收」在上，今依説文移正。

二〇二頁〇二行　云謚之由魯莊公始也者　「由」原作「自」，據注文改。

儀禮正義卷三

校勘記

二〇三頁〇八行　从日氏省　「省」原脱，據説文補。

二〇三頁一〇行　準式省从氏　「準」原訛「隼」，據段玉裁説文解字注改。

二〇四頁一三行　三光靈曜　按：周禮司寤疏作「三光考靈曜」。

二〇四頁一四行　日没　「没」原訛「殁」，今正。

二〇五頁〇四行　故以一十八度爲曚影限　原脱「故」，據凌氏禮經釋例補。

二〇六頁一七行　而卜常在告廟之日　「而卜常」原作「當」，據陳祥道禮書補改。

二〇八頁一九行　仍當主使媒氏　原脱「氏」，據褚寅亮儀禮管見補。

二〇八頁二〇行　至用鴈之文注與六摯絶不相涉　「文注」，褚氏管見原作「義注所謂順陰陽往來也」。經楊氏删改，褚意不明。

二〇九頁〇六行　壻家未有不爲之下者　「家」原作「父」，據沈彤儀禮小疏改。

二二一頁〇八行　與子男之士不命者别　「之士」原脱，據吴廷華儀禮疑義補。

二二三頁一九行　鄉射記注云　原脱「注」，據胡承珙儀禮古今文疏義補。

二二四頁〇五行　四注屋　「注」原訛「柱」，據胡承珙儀禮古今文疏義改。下同。

二二四頁一二行　非必僅指階前數尺之地　「非必」原倒，據胡氏儀禮古今文疏義乙。

二二四頁一九行　略同聘享授玉授璧之例　「同」原訛「用」，據淩氏禮經釋例改。

二二五頁一六行　卿歸饔餼于聘賓　「卿」原訛「鄉」，據吴承仕輯校程瑶田儀禮經注疑直改。

二二五頁一七行　受幣堂中西　原脱「受幣」，據吴承仕輯校程瑶田儀禮經注疑直補。

二二六頁〇一行　則必不能出而在楹南矣，「南」，吴承仕輯校程瑶田儀禮經注疑直作「外」。

二二六頁〇二行　非可言　吴承仕輯校儀禮經注疑直作「則可矣」。

二二六頁〇二行　所謂當東楹者　「當」原訛「堂」，據吴承仕輯校儀禮經注疑直改。

二二六頁〇三行　此可決授受之節當楹間也　檢吴承仕輯校程氏儀禮經注疑直「間」與「也」之間，尚有「其南北之節斷在當楣處」十字，實爲推斷要語。今爲楊氏所删，程意遂晦。

二二六頁〇五行　賓降階西再拜稽首　原脱「西」，據聘禮補。

二二六頁一三行　鄉與客竝　「鄉」原訛「卿」，據禮記曲禮改。

二一六頁一八行　公受宰夫束帛以侑賓受幣當東楹北面　上「受」原訛「授」，「束」原訛「受」，「幣」原訛「聘」，並據公食大夫禮改。

二一七頁一四行　則捂受之　「捂」原訛「梧」，據既夕禮改。

二一八頁〇一行　即趙魏老之老　原訛作「即趙魏之老者」，據吴廷華儀禮疑義改。

二一八頁一五行　以爲問母姓者非矣　「非」原訛「然」，據褚寅亮儀禮管見改。

二一九頁一二行　此以醴酒禮賓　「禮」，原訛「醴」，據賈疏改。

二一九頁一八行　鄉大夫　「鄉」原訛「卿」，據吴廷華儀禮疑義改。

二二一頁〇五行　盧紹弓　「紹」原作「弨」，據臧庸盧先生行狀改。以下逕改，不再出校。

二二一頁〇六行　遁釋文　原「遁」字在下，據阮元校勘記乙正。

二二一頁一〇行　以右袂推拂几三　「袂」原訛「手」，據賈疏改。

二二二頁一一行　進授尸于筵前　原訛作「進授于尸前」，據賈疏乙補。

二二二頁一三行　或受於手間　原脱「間」，據賈疏補。

二二二頁一六行　禮爲己也　原脱「禮」，據敖繼公儀禮集説補。

二二三頁〇四行　豈有不親於醴而又獨親於覿之理　「理」原訛「禮」，據吴廷華儀禮疑義改。

二三二頁一九行　釋名胑枝也　「枝」原作「肢」，據釋名改。

二三三頁〇六行　有㹊字　「㹊」原訛「犆」，據阮元校勘記改。下「即㹊之俗體」同。

二三三頁〇六行　捂即遻也　原脱「即」，據阮元校勘記補。

二三三頁〇七行　叚借通用　「叚」原訛「段」，今正。以後逕改，不再出校。

二三三頁〇八行　捂授授字譌　下「授」原訛「二」，據阮元校勘記改。按：此由重字符號而致誤者。

二三三頁〇八行　公食大夫禮注　原脱「注」，據阮元校勘記補。

二三三頁一〇行　受其所授也　原「受」「授」倒互，據阮元校勘記移正。

二三三頁一二行　士冠禮　「禮」原訛「者」，據淩氏禮經釋例改。

二三三頁一三行　賓受醴于户東　「受」原訛「授」，據士冠禮改。

二三三頁一四行　加角柶　原加〔一〕「柶」，據淩氏禮經釋例補。

二三四頁〇一行　以便受醴者面葉而祭也　「者」原無，依上文文例增。

二三四頁一三行　主人乃於阼階上拜送此醴　原脱「上」，據張爾岐儀禮句讀補。

二三四頁一九行　焉有素爲飲食而設者　「素」，吴廷華儀禮疑義抄本作「專」。

〔一〕編者案：刻本原作「加角」，無「柶」字，則「加」字當涉上而訛，當爲「脱」字。

三三五頁〇四行　褚氏寅亮云凡祭於脯醢之豆間籩爲竹豆故脯雖籩實亦得名豆　按：褚氏此説乃解釋下經鄭注「凡祭於脯醢之豆間」者。楊氏誤録於此，於此經此注，均無關涉。

三三五頁一五行　坐奠觶　原脱「觶」，據張爾岐儀禮句讀補。

三三五頁一六行　疏所謂跪也　「疏」上原有「賈」，今據吴氏儀禮疑義删。按：吴氏引曲禮稱疏，自指孔疏。楊氏妄加「賈」字，誤甚。

三三六頁〇八行　竝因祭酒之面奠之　「祭」原訛「奠」，據賈疏改。

三三六頁一一行　重君物賓祭酬酒　「賓」原訛「君」，據殿本賈疏改。

三三六頁一二行　故亦南面奠　「南」原訛「北」，據賈疏改。

三三七頁一八行　諸侯加以大璋天子加以穀圭　原「諸侯」「天子」倒互，據李如圭儀禮集釋移正。

三三八頁〇四行　一兩五尋則每卷二丈也合之則四十尺　「二」原訛「五」，「丈」原訛「尺」，「尺」原訛「丈」，並據禮記雜記下鄭注改。

三三八頁〇九行　實緇字也　原脱「也」，據沈彤儀禮小疏補。

三三八頁一〇行　凡於娶禮　原作「凡取禮」，據沈彤儀禮小疏補改。

三三八頁一一行　此經注云　原脱「云」，據沈彤儀禮小疏補。

三二八頁一六行　天之色　沈彤儀禮小疏「色」作「玄」。

三二九頁〇七行　然在庶人爲上服　「服」原譌「法」，據沈彤儀禮小疏改。

三二九頁〇九行　蔡氏德晉曰納徵禮最重故特用皮帛不用鴈　按：此説本出自敖繼公儀禮集説，蔡氏禮經本義襲之而已。蔡書多此類，後不復舉校。

三三〇頁二〇行　且賈氏云鄭兼下綌冪總疊之　原脱「且」，「綌」譌「絺」，據阮元校勘記補改。

三三一頁〇三行　今文當爲鼏幎　「今」原譌「古」，「鼏」原譌「冪」，據阮元校勘記改。

三三一頁〇五行　又音瞑　「瞑」原作「瞑」，據阮元校勘記改。下同。

三三一頁一五行　不在東者　「在」原譌「言」，據賈疏改。

三三一頁一五行　鬼事之反吉故也　原誤作「鬼事變吉故也」，據賈疏補改。

三三一頁一六行　南面西上　「西」原譌「東」，據賈疏改。

三三二頁一二行　合左右胖升者　「左右」原譌脱作「有」，今據鄭注訂正。

三三二頁一五行　少牢用麋腊　「少」原譌「牛」，「腊」原譌「脂」，據賈疏改。

三三二頁一八行　或作純　原脱「或」，據鄭注補。

三三四頁一八行　説文液汁也　按：説文水部：「液，津也。」又：「汁，液也。」

二三五頁一〇行　尊于室中北墉下　「墉」原訛「牖」，敖繼公儀禮集説作「墉」，與士虞禮合，據改。

二三五頁一五行　然此尊亦甒也　原脱「此」，據賈疏補。

二三六頁〇六行　初酳再酳用爵　「用」原作「自」，蓋涉上下两自字而誤者，今訂改。按：儀禮義疏亦有「初酳再酳用爵」之語。

二三六頁一一行　古人房室之户皆在東南　「之户」原脱，據盛世佐儀禮集編補。

二三七頁一三行　乘大夫之車　原脱「之」，據張氏儀禮句讀補。

二三七頁一七行　注以空其文　「空」原訛「言」，據吴氏儀禮疑義改。

二三七頁一七行　士喪禮記　原脱「記」，據吴氏儀禮疑義補。

二三七頁一九行　女從者畢袗玄　「袗」原訛「紾」，據本篇經文改正。

二三九頁〇五行　帷裳　原倒作「裳帷」，據詩氓疏乙。

二三九頁一一行　揖入乃至廟　「至」原訛「在」，據賈疏改。

二三九頁一八行　壻者對婦之辭也　「婦」原訛「父」，據顧炎武日知録改正。

二四一頁〇九行　縚本又作叏　「又」原作「亦」，阮元校勘記作「又」，與陸氏釋文合，據改。

二四二頁〇六行　其所以異於褖衣者　原脱「衣」，據盛氏儀禮集編補。

二四二頁一四行　宵綺屬也　「宵」原作「綃」，胡承珙儀禮古今文疏義作「宵」，與特牲饋食禮鄭注合，今據改。

二四二頁一四行　詩有素衣朱宵　「有」原作「所謂」，胡氏儀禮古今文疏義作「有」，與特牲饋食禮鄭注合，今據改。

二四二頁一七行　女從者畢袗玄　案：士冠禮「兄弟畢袗玄」下，正義云：「案昏禮『女從者畢袗玄』，『袗』亦當爲『袀』。」而楊氏於此節正義，當辨未辨。

二四三頁〇五行　惟婦攝盛　原脱「婦」，據褚寅亮儀禮管見補。

二四六頁〇九行　通典作幦　「幦」原訛「幭」，阮元校勘記作「幦」，與通典合，今據改。下同。

二四六頁〇九行　禦釋文作御　「禦」原脱，據阮元校勘記補。

二四七頁〇五行　御者既代　原訛作「待者既待」，據敖氏儀禮集説改正。

二四七頁一〇行　此時門内及室皆有燭　「室」原訛「席」，據吴廷華儀禮章句改。

二四七頁一九行　自此至卒食明夫導婦入門升階及對席媵御沃盥即席之儀　此即盧文弨儀禮詳校本浦鏜説所改賈疏文。按：浦、盧之説非是。賈疏本作「此明夫導婦入門升階及對席媵御沃盥之儀」，就此段經文三十八字而概括之，明甚。惟「對席」當改「即席」耳，其餘初不容疑。浦氏改「此」爲「自此至卒食」，「沃盥」下增「即席」，未免支離失序。浦氏之所以如此改動，蓋因見賈疏下至「贊洗爵酌酳主人」節，始又見概括章旨之語，遂認定此節章旨應包括下至「三飯卒食」之內容。殊不知賈疏概括章旨之語，時有時無，並非覆蓋經文無遺者。

二四八頁〇三行 入由闑西 「入由」原訛「曰入」，據抄本吴廷華儀禮疑義改。

二四九頁〇三行 鼏通解敖氏俱作冪浦云鼏當作冪今作鼏後人更易也 按：經文「出除冪」，字既作「冪」，不作「鼏」，而楊氏竟舉「鼏」字而校之，且不言何本作「鼏」，實屬無的放矢。又，「浦云」阮氏校勘記原作「浦鏜云衛氏湜云」，楊氏删節過當。

二五〇頁〇七行 右人於鼎東西面匕 原脱「面」，據吴氏儀禮疑義補。

二五〇頁一二行 匕者在鼎東西面 原脱「面」，據吴氏儀禮疑義補。

二五〇頁一三行 則當北柄 「北」原訛「南」，今依上下文意訂正。按：抄本吴氏疑義作「南」固非，南菁本改「東」，亦誤。

二五〇頁一四行 左人於鼎西俎南北面載 原脱「北」，南菁本補「北」，是。今從補。

二五一頁一五行 醬與菹醢俱在豆 「菹醢」原訛脱作「俎」，據賈疏改補。

二五一頁一八行　凡俎數奇　「凡」原訛「几」，據敖氏儀禮集説改。

二五二頁一七行　不言席前者　「席」原訛「婦」，據盛氏儀禮集編改。

二五三頁〇三行　對席北去壻席過半　「過」原作「各」，據沈氏儀禮小疏改。

二五三頁〇七行　敖本啓發也下有會合也謂敦蓋也七字　原無「敖」「下」两字，校語不明，今參照敖本訂補。

二五三頁〇九行　二豆二敦　「敦」原訛「對」，據盛氏儀禮集編改。

二五三頁一〇行　在其西偏　「偏」原訛「徧」，據盛氏儀禮集編改。

二五三頁一一行　又楊氏圖夫婦各有三俎　原脱「楊氏圖」，據盛氏儀禮集編補。

二五三頁一五行　婦饌别有豚魚腊　原「豚」上誤增「三」，「腊」上誤增「一」，並據盛氏儀禮集編删。

二五三頁一五行　不在腊北而在豚北　原上「北」脱，據盛氏儀禮集編補。

二五三頁一八行　必設黍於腊北　「腊」原訛「稷」，據褚氏儀禮管見改。

二五四頁〇一行　腊北即醬西　「腊」原脱，據褚氏儀禮管見補。

二五四頁〇七行　設黍于腊北　「腊」原訛「湆」，據張惠言儀禮圖改。

二五四頁〇九行　在特俎東饌内　「在」原訛「當」，張氏儀禮圖、讀儀禮記皆作「在」，與賈疏合，今據改。

二五四頁一〇行　韋氏協夢　「韋」原訛「章」，今正。

二五四頁一四行　飲射等飲而不飯　上「飲」原訛「飫」，據吴氏儀禮疑義改。

二五五頁一一行　祭薦黍稷肺　原脱「稷」，據敖氏儀禮集説補。

二五五頁一九行　惟飯時則左執之也　「左」原訛「右」，據敖氏儀禮集説改。南菁本已改。

二五六頁一二行　此及虞皆不云稷者此後皆黍稷連言　原「云」下衍「黍」，下「皆」原脱，並據胡氏儀禮古今文疏義刪補。

二五六頁一五行　此爾敦惟爾黍　上「爾」原脱，據胡氏儀禮古今文疏義補。

二五七頁〇五行　凡潔字　「潔」原作「絜」，誤，據阮氏校勘記改。

二五七頁一〇行　户内　原涉下而脱，據敖氏儀禮集説補。

二五七頁一三行　張淳曰齊才計反　「才」原訛「方」，據阮元校勘記改。「張淳曰」，校勘記原作「張氏云案釋文云」，楊氏删節過當。

二五七頁二〇行　實舉於菹豆　「舉」原訛「魚」，「菹」原訛「俎」，據特牲饋食禮改。

二五八頁〇三行　拜其飲己之賜也受爵出　「飲」原訛「飯」，「受」原脱，據敖氏儀禮集説改補。

二五八頁〇五行　贊荅拜下不言婦又拜是不俠拜矣　原脱「下」，「俠」原訛「挾」，據盛氏儀禮集編補改。

二五八頁一一行　戴氏震云至今删正　按：戴氏校集釋，「據前」之上尚有「于下各本衍户字」七字。楊氏逕抄阮元校勘記，而未核戴氏原文，致使校語不明。

二五九頁〇三行　釋文作廼撤　原脱「撤」，據阮氏校勘記補。

二五九頁一九行　此又後人依釋文改也　「又」原訛「文」，據阮氏校勘記改。

二五九頁二〇行　見間以俠甒　「間」原訛「覸」，「甒」原訛「甒」。臧氏經義雜記作「見間以俠甒」，與禮記祭義合，今據改。

二六〇頁〇四行　媵御沃盥交　原脱「交」，據張氏儀禮句讀補。

二六〇頁〇六行　艸木出有阯　「阯」原作「趾」，據胡氏儀禮古今文疏義改。

二六〇頁一四行　總角衿纓　「衿」原訛「笄」，賈疏及敖氏儀禮集説引賈疏均作「衿」，與内則合，今據改。

二六一頁一一行　集釋本以上〔一〕以作已　李如圭儀禮集釋鄭注之「以上」作「已上」。今據以訂補。

二六一頁一六行　案内則云至乃異宫也　此賈疏文也，前人頗疑之。殿本删「則不隨母嫁」五字，曹元

〔一〕編者案：刻本無「以上」二字。

弼禮經校釋則於「則不隨母嫁」上補「十五以上」四字。

二六二頁〇三行　若姑在房户之東　「姑」原訛「舅」，據賈疏改。

二六二頁〇四行　母南面于房外　「房」原訛「户」，賈疏誤同。今據本篇記文訂正。

二六二頁〇五行　是以知此房外　原脱「此」，據賈疏補。

二六二頁一二行　嚴鍾通解作⿱艹⿸厂去蘆　「蘆」原訛「籚」，據阮元校勘記改。

二六二頁一九行　禮記釋文云　「記」原訛「器」，據沈氏儀禮小疏改。

二六二頁二〇行　其口微弇而稍淺　「稍」原訛「梢」，據沈氏儀禮小疏改。

二六二頁二〇行　敖氏説以聘禮　「説以」原訛脱作「謂」，據沈氏儀禮小疏改補。

二六三頁〇二行　笲竹盤　「笲」原訛「笄」，據郝敬儀禮節解改。

二六三頁〇四行　兄弟姑姊妹皆立於堂下西面　「姑」原脱，「面」原訛「首」，據賈疏補改。

二六三頁〇七行　注云笲竹器而衣者者　「笲」原訛「笄」，據鄭注改。原無下「者」，依疏例增。

二六三頁一八行　則笲未徹之時　「笲」原訛「笄」，據上下文訂正。

二六四頁〇一行　疑未必是　「是」原訛「示」，據南菁本改。

二六四頁〇九行　腶石經作股釋文作段段玉裁云本又作腶　此校文皆抄自阮元校勘記。段説僅指出別本異字，而不明言何本，殊可怪也。案：陸氏釋文爲「段脩丁亂反，本又作腶，同，脯也。」則校勘記當云：「釋文作『段』，云『本又作腶』。」疑校勘記原稿如此。後定稿時誤以「段云」連讀，乃於「段」下又妄增「段玉裁」三字，遂致張冠李戴之誤。

二六四頁一五行　婦人見舅以棗栗爲敬見姑以腶脩爲敬　按：公羊傳何注二「敬」皆作「贄」，褚氏儀禮管見以意改之。

二六五頁〇四行　皆略如臣見君之禮　淩氏本謂凡婦見舅姑皆略如臣見君之禮。見舅事已見上節，此節但言見姑。既分別言之，則沿用「皆」字不妥矣。

二六五頁〇九行　贄爲舅姑醴婦也　「爲」原訛「謂」，據敖氏儀禮集説改。

二六六頁〇四行　西北面奠爵拜　原脱「爵」，依本篇經文補。

二六六頁〇六行　尊之故也　「故」原訛「至」，據賈疏改。

二六六頁〇九行　非　此字原脱，據盛氏儀禮集編補。

二六六頁〇九行　不動摇　「動摇」原倒，據盛氏儀禮集編乙。

二六七頁〇六行　亦面拜之也　原「面」上衍「東」，據賈疏删。

二六七頁一一行　皆當由席西　「席」原訛「序」，據張氏儀禮圖改。

二六七頁一五行　祭醴南面　「醴」原訛「禮」，據張氏儀禮句讀改。

二六九頁〇三行　此無魚腊與稷　「與」原作「無」，據賈疏改。

二六九頁〇五行　是其異也　「異」原訛「義」，據賈疏改。

二六九頁二〇行　從者從肝也　原「肝」下有「席」，誤衍，今據吴氏儀禮章句删。按：吴氏本衹云「從肝也」。今檢學海堂刻本此三字爲夾行小字，而下經「席」字亦誤刻成小字於「肝」字下。楊氏不察，遂沿其誤。

二七〇頁一九行　未授室使代　原脱「室」，據吴氏儀禮章句補。

二七一頁〇二行　舅尊而姑親則不易矣　原脱「不」，據吴氏儀禮章句補。

二七二頁〇四行　餕黍而不食舉也　「黍」原訛「餘」，據褚氏儀禮管見改。

二七二頁〇七行　胡氏承珙曰姑飯者媵御共餕姑之飯黍而不餕舅飯亦不敢褻之意　此乃胡氏引清欽定義疏之文，且義疏於此段文字，前著「或曰」，後評「亦可通」。楊氏摘取此文而逕冠以「胡氏承珙曰」，大爲不妥。

二七三頁〇二行　婦於席西受　「婦」原涉上而脱，據褚氏儀禮管見補。

二七三頁〇三行　洗爵以獻也　「洗」原涉上而脱，據敖氏儀禮集説補。

二七三頁〇六行　姑酬婦　「酬」原訛「酌」，據敖氏儀禮集説改。

二七三頁〇八行　取爵於篚洗　原脱「洗」，據張氏儀禮圖補。

二七三頁〇九行　舅阼階西面拜送　「西」原訛「東」，依黄以周禮節圖引文訂改。

二七三頁一〇行　婦又拜　此三字原脱，據張氏儀禮圖補。

二七三頁一五行　注云舅獻姑薦　「注云」原脱，據清三禮館儀禮義疏補。

二七三頁一五行　共成一獻　「共」原訛「其」，據清儀禮義疏改。

二七三頁一七行　席前西北面　原脱「西」，據清儀禮義疏補。

二七四頁〇四行　其儀亦甚繁　「儀」原作「禮」，據吴氏儀禮疑義改。

二七四頁一六行　遷設薦俎就乏　「乏」原訛「之」，據鄉射禮鄭注改。

二七四頁一七行　舅姑使有司授之　「使」原訛「是」，據盛氏儀禮集編改。

二七五頁〇七行　宜從古文　原脱「文」，據胡氏儀禮古今文疏義補。

二七五頁〇八行　案昏禮用束帛至差次可知　「案」胡氏儀禮古今文疏義作「欽定義疏云」。楊氏以義疏説爲承珙説，殊爲不妥。

二七五頁一六行　聘賓去至郊而贈　原脱「去」，據李氏儀禮集釋補。

二七六頁〇六行　以明其職之有所自受　原「之」下衍「所」，據吴氏儀禮章句删。按：南菁本已删。

二七七頁一一行　時同在殯　鄭注作「同時在殯」，賈疏引作「時同在殯」。

二七八頁一〇行　士得立廟　「立」原訛「三」，據胡匡衷儀禮釋官改。

二七八頁一一行　女奴曉祝事者　原脱「祝」，據胡匡衷儀禮釋官補。

二七八頁一三行　坐當爲跽　「跽」原作「跪」，據吴氏儀禮疑義改。

二七九頁〇七行　又與空首不同注云婦人扱地　原「同」「注」之間誤留空，今去空。

二七九頁一二行　今時揸是也　原脱「是」，盛世佐儀禮集編有「是」，與周禮鄭注合，今據補。

二七九頁一五行　若坐拜　「拜」原訛「奠」，據盛氏儀禮集編改。

二八〇頁〇六行　手至地也　「手」原作「拜」，據禮記少儀注改。

二八〇頁〇六行　婦人以肅拜爲正　原脱「人」，據淩氏禮經釋例補。

二八〇頁一二行　入入而北面也　原脱一「入」，據敖氏儀禮集説補。

二八〇頁一三行　拜而奠於席上之右　原脱「拜」，據敖氏儀禮集説補。

二八〇頁一七行　賈疏云　下文二十一字實引自吴廷華儀禮章句。楊氏誤標「賈疏云」。

二八一頁〇三行　此無所助　原脱「所」，據盛氏儀禮集編補。

二八二頁一二行　雖受諸禰　「禰」下原衍「廟」，據褚氏儀禮管見删。

二八二頁一五行　歸妹　「歸」原訛「婦」，據顧氏日知録改。按：南菁本已改。

二八三頁一〇行　殽全者謂牲體備　「牲」原脱，據郝氏儀禮節解補。

二八三頁一九行　女子許嫁笄而字　此句七字見禮記曲禮上，不見雜記。盛氏誤記。

二八四頁〇二行　無主婦女賓　原脱「主婦」，據禮記雜記下孔疏引賀瑒説補。

二八四頁〇七行　注雜記云　原脱「注」，據盛氏儀禮集編補。

二八五頁〇二行　禮　原訛「祖」，據敖氏儀禮集説改。

二八五頁一五行　與大宗絶服者　原脱「與」，據盛氏儀禮集編補。

二八六頁〇四行　受鴈於楹間　原脱「鴈」，據敖氏儀禮集説補。

二八六頁〇五行　賓亦還於西階上　原脱「上」，據敖氏儀禮集説補。

二八六頁一七行　據廣韻再仍也　按：廣韻無此訓。廣雅釋言：「仍、重，再也。」吴氏誤記。

二八七頁一六行　匠人云　「匠」原訛「近」，據賈疏改。

二八七頁一八行　隨入得竝也　賈疏「隨」上有「故」。曹元弼禮經校釋於「入」下補「不」。按：曹校是，無「不」則滯碍難通。

二八八頁一〇行 主人堂上受幣時　「幣」原作「命」，今據經注訂改。

二八九頁〇三行 此篇禮賓禮婦　上「禮」原作「醴」，據賈疏改。

二八九頁〇七行 不敖氏集釋作勿　此「不」謂注文「使不忘」之「不」，非經文「不降」之「不」。楊氏未加「注」字分別，易生誤解。

二九〇頁一四行 涚所謂加明水　詳上下文，疑「涚」當作「齊」。

二九一頁〇七行 高五尺　按：宋刊聶崇義三禮圖作「高五寸」。而盛氏儀禮集編、黄以周禮書通故俱作「高五尺」。

二九二頁〇三行 今據醴婦時同有席與薦饌於房中者言也　文句不順。倉石武四郎儀禮疏考正謂「據」下當有「與」字。

二九二頁一六行 燕禮大射皆云羞膳者升自北階立于房中　按：賈疏引文乃燕禮、大射鄭注，非燕禮、大射經文。

二九四頁二〇行 醴適婦位與醴適子位同則醮庶婦位亦同醮庶子位　上二「位」原脱，「位亦同」原作「與」，並據褚氏儀禮管見補改。

二九五頁〇二行 此席亦在户牖間　原脱「牖」，據敖氏儀禮集説補。

二九五頁〇八行　無妨婦席於房外也　原脱「婦」，據盛氏儀禮集編補。

二九六頁〇一行　敖氏有者字　「者」原訛「此」，據阮氏校勘記改。

二九七頁〇三行　如欒黶之妻曰欒祁東郭偃之姊曰東郭姜　「黶」原訛「饜」，上「東」原脱，「姊」原訛「妻」，並據盛氏儀禮集編改補。

二九七頁一三行　左傳云請使重見　「使」原訛「以」，據左傳改。

二九七頁一五行　皆書年月日名焉　「年」原作「歲」，據周禮媒氏改。

二九七頁一六行　而男家則猶待問也　原脱「問」，據盛氏儀禮集編補。

二九七頁一八行　又其駁注　「其」原脱「不」，據盛氏儀禮集編改。

二九七頁二〇行　不可不以本姓姓之　「可」原訛「必」，據盛氏儀禮集編改。

二九九頁〇七行　胡氏承珙云注云今文於爲于者　按疏例「注云今文於爲于者」八字應在「胡氏承珙云」之上。

二九九頁〇八行　象气之舒于　原脱「于」，據説文補。

二九九頁〇九行　烏下云　「烏」原訛「於」，據胡氏儀禮古今文疏義改。

二九九頁一〇行　釋詁毛傳皆曰　「皆曰」原作「亦云」，據段氏説文注、胡氏儀禮古今文疏義改。

二九九頁一二行　此字蓋古文之後出者　按：自此下至「凡傳多用於」共三十一字，乃段氏注于説文「於」字下者。

二九九頁一七行　此及下主人又請之之辭　下文又云「此及下使者又荅也」，皆機械襲用吴氏儀禮章句文字而不通者。兩「及下」均不應有。

三〇一頁一四行　皆爲服期　「爲」原訛「謂」，據各本改。

三〇一頁二〇行　戒不虞　原脱「不」，據王引之經義述聞補。

三〇二頁一二行　某敢不告期　原脱「不」，據盛氏儀禮集編補。

三〇三頁〇六行　豈禮也哉　「禮」，盛氏儀禮集編作「理」。

三〇三頁一四行　注以某爲使者名　原「以」字誤重，今據盛氏儀禮集編删其一。

三〇四頁一五行　故知其在寢　原「其」下衍「不」，據吴氏儀禮疑義删。

三〇五頁〇八行　大雅江漢篇　「江」原訛「河」，據王氏經義述聞改。

三〇五頁一〇行　士冠禮字辭　「字」原訛「醴」，據王氏經義述聞改。

三〇六頁〇九行　凡他篇毋字此本亦有誤作母者　阮氏校勘記所謂此本，自指其所據毛本。楊氏逕摘録其校語，讀者不知所指。

三〇六頁一〇行　即前記云　原脱「前」，據張氏儀禮句讀補。

三〇七頁〇二行　蓋施帶於身　「蓋」原訛「而」，據盛氏儀禮集編改。

三〇八頁〇四行　易與春秋傳之鞶則如字而爲大帶之別名與内則所論男女幼小時飾易春秋傳所陳命服之飾其指不同也　按：下「與」屬上屬下均不可通，蓋涉上「與」而衍者。

三〇八頁一二行　今文作示　「文」原作「人」，據賈疏改。

三〇八頁一四行　視古示字　「古」原訛「今」，據胡氏儀禮古今文疏義改。

三〇九頁〇一行　不足與爲禮也　原脱「爲」，據各本補。

三〇九頁〇一行　經文十四字唐石經徐本集釋通解皆有　據阮氏校勘記，「通解」下應補「楊氏敖氏」四字。

三〇九頁一二行　此因請期以上五禮皆命使者行之　原脱「因」「之」，據張氏儀禮句讀補。

三〇九頁一九行　親命五禮之使者　「命」原訛「迎」，據盛氏儀禮集編改。

三一〇頁〇五行　稱諸父兄師友　「兄」原訛「母」，據盛氏儀禮集編改。

三一〇頁一一行　辭窮者何　原脱「何」，據賈疏補。

三一〇頁一六行　故不得稱母通使文　「文」原訛「又」，據賈疏改。

三一〇頁二〇行　若不親迎　原脱「若」，據褚氏儀禮管見補。

三一一頁一二行　非支子之正解也　「支」原訛「宗」，據盛氏儀禮集編改。

三一二頁〇八行　是亦見婦之父母矣　「婦」原訛「壻」，據敖氏儀禮集説改。

三一三頁一九行　謂以非他人之故而來見　「來」原訛「未」，據張氏儀禮句讀改。按：南菁本已改。

三一四頁〇一行　賈疏以他故二字連讀非也　「他故」原訛「非他」，今參張爾岐儀禮句讀、盛世佐儀禮集編訂正。按：張氏云：「疏云是爲壻而來見，又似『他故』二字連讀。」盛氏附案語云：「『他故』二字連讀，非。」楊氏乃據二家説做此評語。其實賈疏複述經文「非他故」而已，未嘗言及詞語結構。

三一四頁〇七行　校勘記曰至從敖氏説改經耳　引校勘記專論經文「得以」是否當作「以得」，與「注云古文曰外昏姻」無涉。按疏例當置之于上「正義曰」之下。實則此即胡承珙之引文。楊氏不宜將校勘記與胡氏説分開並列。

三一四頁一二行　邵氏[一]晉涵謂上言外昏姻此不宜異　按：敖繼公儀禮集説已有此説，非始自邵氏。

三一五頁一二行　案聘禮賓執摯入門右至從賓客相見受之　此四十五字皆抄自賈疏。按：上節録盛世佐

[一] 編者案：刻本無「氏」字。

說已備引此疏而予以駁斥，此又全引其文而不加辨析，前後矛盾，不知楊氏果主何說。

三一六頁一五行 於丈夫之於 兩「於」原均作「于」，誤。據阮氏校勘記改。

三一七頁〇九行 故云異於賓客也 「云」原作「知」，據賈疏改。

儀禮正義卷四

校勘記

三〇頁一四行　必有介以相通　「通」，郝敬儀禮節解本作「見」，胡氏以意改之。

三〇頁一九行　盛氏世佐云　原「世」下衍「云」，今删。

三一頁〇二行　且與彼大同小異者　按：盛世佐儀禮集編原文本作「且與彼大同小異者亦多有」。胡氏删去最後三字，則爲無動詞之病句矣。

三三頁〇三行　士行威　盧文弨據御覽五三九引白虎通改作「士行耿介」。然白虎通舊本均作「士行威」，姑仍之。

三六頁〇七行　故財帛者　「帛」白虎通疏證作「幣」，無校語。白虎通四部叢刊本、漢魏叢書本及五禮通考引亦皆作「幣」。胡氏引改作「帛」，亦通。説文：「幣，帛也。」

三九頁〇三行　特見圖事　「見」原訛「立」，據下文鄭注改。

三〇頁二〇行　不敢更相見也故不敢當相見之法　上「不敢更相見也故」七字原涉下「不敢」而脱，據賈疏補。

三三四頁〇三行　正義曰　「正」原訛「王」，今改。

三三四頁〇六行　不親授也　「親」原訛「敢」，據鄭注改。

三三五頁一三行　敖氏云　原「云」字誤重，今删其一。

三三六頁〇四行　今注無以索字　「字」上原有「二」，蓋胡氏臆增者。今據張淳儀禮識誤删。

三三六頁二〇行　大夫職在奉命適四方　「適」原訛「邊」，據白虎通改。

三三七頁〇四行　以覆羔鴈爲飾　「鴈」原作「雁」，據孔疏改。按：胡氏疏例亦鴈雁不混用。

三三八頁〇七行　凡羔羊羣皆有引帥　「羣」字原脱，據賈疏補。

三三八頁一二行　取其羣而不黨　「而」字原脱，據白虎通補。

三三九頁一三行　李氏緌

三四二頁一五行　今得以執摯見他邦君者　「執摯」原作「摯執」。殿本儀禮注疏乙改爲「執摯」，浦鏜儀禮正字、盧文弨儀禮詳校同。今據乙。

三四六頁一五行　依書傳　原脱「依」，據賈疏增補。

三四九頁二〇行　古文毋作無　「作」原作「爲」，今依下疏引改「作」，以求上下一致。

三五二頁〇九行　信或爲身　「身」原訛「申」，據禮記儒行鄭注改。

三五二頁一二行　殆以此假借人所共識歟　原脱「此」，據胡承珙儀禮古今文疏義補。

三五三頁二〇行　艸部葷臭菜也薰香艸也　此十字原脱，據胡承珙儀禮古今文疏義引臧琳文增補。

三五七頁〇四行　餂嘗同訓爲食　「餂」原作「呫」，據臧琳經義雜記改。

三五七頁〇五行　呫下不當更著嘗字　「著」原訛「作」，據臧琳經義雜記改。

三五七頁〇六行　今云呫嘗膳　「云」原訛「之」，據胡承珙儀禮古今文疏義引臧琳文改正。

三五八頁〇五行　而君賜食之禮[一]全矣　「全」原訛「畢」，據夏炘學禮管釋改。

三五九頁〇五行　燕禮據大飲法　句上原有「熊氏云」三字，今刪。按：孔疏引熊安生説在上，而「燕禮據大飲法」云云乃孔氏疏語。胡氏刪熊説而誤留「熊氏云」。

三六二頁〇二行　分析極細　「析」原訛「折」，今正。

三六二頁一五行　無德可以相見　「相」原作「辱」，據姜兆錫儀禮經傳參議改。

三六三頁〇六行　敖氏謂先見之　「見」原訛「拜」，據敖繼公儀禮集説改。

三六三頁一八行　公士爲擯　「士」原訛「事」，據李如圭儀禮集釋改。

[一] 編者案：刻本「禮」下有「始」字。

三六六頁〇三行　唯舒武　「武」原脱，據賈疏補。

三六七頁一六行　攷前疏云玉藻上大夫曰下臣與此同也　按：戴校李如圭儀禮集釋原文是：「今攷疏云『玉藻：上大夫曰下臣』，與此同也。經文作『上大夫』明矣。」戴氏所謂疏，即此經之賈疏，非前節之賈疏，胡氏改「今攷」爲「攷前」，其誤一也。胡氏删戴氏之推斷語，致使「考」字落空，其誤二也。

三六九頁〇一行　大國九　「國」原訛「夫」，據胡匡衷儀禮釋官改。

三七〇頁〇一行　致志者也　吴澄儀禮逸經傳及殿本劉敞公是集「致」下有「斯」字。

三七〇頁〇五行　以言其道可親也　吴澄儀禮逸經傳及殿本劉敞公是集作「以言其以道親也」。

三七〇頁〇九行　人苟悦而相若者末必争苟簡而相親者末必怨　吴澄儀禮逸經傳、劉敞公是集皆作「人苟爲悦而相親，若者末必争；苟爲簡而相親，若者末必怨」。

三七〇頁一〇行　人道之大也　吴澄儀禮逸經傳同。劉敞公是集「也」作「端」。

三七〇頁二〇行　附士相見義　「義」原訛「禮」，據前附文之標題訂正。

儀禮正義卷五

校勘記

三七一頁一〇行　鄭云鄉飲酒有四事　此引孔疏乃録自五禮通考節引之文。按：「鄉飲酒有四事」云云本是孔氏疏語，非鄭玄所説，通考冠以「鄭云」，誤。

三七一頁一八行　將用升之　「用升」原倒，據孔疏乙正。

三七一頁一八行　鄉大夫與鄉先生謀事　「事」原訛「士」，據孔疏改。

三七三頁一二行　杖者中年之最高者　原脱「中」，據褚寅亮儀禮管見補。

三七三頁一六行　燕義曰立賓主飲酒之義也　按：燕義原文作「設賓主飲酒之禮也」。褚氏以意改之。

三七四頁〇三行　故可遵用其禮　原脱「用」，據方苞儀禮析疑補。

三七四頁〇四行　此士與其同鄉士大夫　下「士」原脱，據方苞儀禮析疑補。

三七四頁一八行　衆賓之長升拜受者三人　「升」上原衍「拜」，今據本篇經文删。

三七四頁二〇行　立者東面北上　原「者」誤重，據本篇記文删其一。

三七五頁一八行 冠昏鄉飲酒射燕聘諸義 原脱「射」，據盛世佐儀禮集編補。

三七六頁〇八行 知仁聖義忠和 「忠」原訛「中」，各本皆作「忠」，與周禮大司徒合，今據改。

三七七頁〇五行 就尊南授之也 「尊」原訛「賓」，據本篇鄭注改。

三七七頁一二行 後世栞行之本 原脱「世」，據阮元校勘記補。

三七八頁一四行 次國二軍 「軍」原訛「君」，據胡匡衷儀禮釋官改。

三七八頁一六行 周禮六鄉之大夫 原無「之」，據胡匡衷儀禮釋官增。

三七八頁一九行 國語齊國子帥五鄉焉高子帥五鄉焉 原脱「齊」，據胡匡衷儀禮釋官補。原「高」在上，「國」在下，今依國語齊語乙轉。

三七九頁〇九行 仍更行飲酒禮 「飲酒禮」原訛「鄉飲禮」，據賈疏改正。

三七九頁一五行 郡國縣道行鄉飲酒于學校 按：五禮通考引續漢書禮儀志如此，而續漢志集解本及點校本均無「國」字。疑秦氏臆增。

三八一頁〇六行 盛氏世佐云賓先拜主人荅拜者云云 按：此段係盛氏對「賓先拜主人荅拜」的疏解，顯然不應編在「主人再拜」之下。而「賓先拜主人荅拜」之旨，上引江筠説申釋已詳，又無須贅引盛説。此亦楊氏編纂粗疏之一端。

三八一頁一七行　既請而許　原脱「請」，據方苞儀禮析疑補。

三八二頁〇二行　以貴下賢　「賢」原訛「賤」，據方苞儀禮析疑改。

三八三頁〇八行　故在舉之者　「故」原訛「權」，據盛世佐儀禮集編改。

三八三頁一三行　其流弊可勝道哉　「弊」，盛世佐儀禮集編原作「極」。

三八四頁一八行　此天地之義氣也　「義氣」原倒，據鄉飲酒義乙正。

三八五頁〇七行　鄉射禮曰衆賓之席繼而西　「禮」原訛「記」，據方苞儀禮析疑改。

三八五頁一八行　賓位在西北　「位」原訛「席」，據楊復儀禮圖改。

三八六頁〇四行　鄉飲雖云牖前　「云」原訛「是」，據楊復儀禮圖改。

三八六頁〇六行　所謂醮于客位是也　「醮」原作「醴」，據士冠禮記、郊特牲、冠義改。「是」原訛「者」，據楊復儀禮圖改。

三八七頁〇六行　賓與衆賓皆相繼而不屬　「衆賓」下原有「之席」，據姜兆錫儀禮經傳參義删。

三八七頁〇九行　鄉飲合言席賓主人介衆賓之席　原脱「言」，據姜兆錫儀禮經傳參義補。

三八七頁一三行　衆賓席于賓西南面者　原脱「者」，據秦蕙田五禮通考補。

三八八頁一八行　然此注不云賓席户牖之間　「不」原訛「又」，據盛世佐儀禮集編改。

三八九頁〇九行　席賓南面東上　「南面」原訛「西南」，南菁本已據鄉射禮改正，今從改。

三八九頁一八行　鄉射言遵入席于尊東鄉飲言席于賓東　原「遵」作「僎」，上「席」訛「序」，「尊」「賓」互訛，今據鄉飲酒禮、鄉射禮及上文訂改。

三九〇頁一八行　尊皆在房隱見其質　「隱」原訛「顯」，據方苞儀禮析疑改。

三九〇頁一九行　辨于賓之親酌與否　「之」原訛「賓」，據方苞儀禮析疑改。按：此蓋誤認「之」爲重文符號而致誤者。

三九一頁〇六行　不得出入于房户　「出」原訛「主」，據方苞儀禮析疑改。

三九一頁〇九行　玉藻曰凡尊必上玄酒　原脱「玉藻曰」，「上」作「尚」，據李如圭儀禮集釋補改。

三九一頁一二行　二尺四寸　原訛作「四尺二寸」，據五禮通考引吴澄説乙正。按：禮器疏、聶崇義三禮圖引舊圖皆作「二尺四寸」。

三九一頁一三行　玄酒在左　「玄」原訛「之」。五禮通考引吴澄説作「元」，避清諱。三禮考注原作「玄」，今據改。

三九二頁〇五行　鄉射主人獻賓畢奠爵于序端　禮經釋例同。按：依鄉飲、鄉射禮文，「主人獻賓畢」應作「主人受酢畢」，方更貼切。

三九二頁〇九行　燕禮大射堂上不設篚　原脱「大射」，據淩廷堪禮經釋例補。

三九二頁一六行　敖氏又云　原脱「敖氏」，據淩廷堪禮經釋例補。

三九二頁一七行　既獻笙乃奠于下篚　「乃」原訛「則」，據敖繼公儀禮集説、淩廷堪禮經釋例改。

三九三頁〇一行　注云斯禁　「斯」上原衍「禁」，據本節注删。

三九三頁〇七行　祭尚厭飫　「厭」原訛「燕」，據吴廷華儀禮疑義改。

三九三頁〇八行　天子諸侯之尊廢禁　原脱「諸侯」，據吴廷華儀禮疑義補。

三九三頁一七行　其名曰禁　「禁」下原衍「者」，據吴廷華儀禮疑義删。

三九三頁一九行　非同名棜禁之謂　「非」原訛「然」，據吴廷華儀禮疑義改。

三九三頁四〇行　注謂豐形似豆　原脱「注謂豐」，據吴廷華儀禮疑義補。

三九四頁〇二行　禮器廢禁之説　「器」原作「記」，據吴廷華儀禮疑義改。

三九四頁〇三行　褚氏寅亮云至爲少異耳　褚氏此説乃申敖繼公「與祭禮微異」之旨者，自當置之于上「加二勺于两壺」節敖氏説下。楊氏編纂失次。

三九四頁一二行　堂上堂下凡設二篚　「凡設」原誤倒，據蔡德晉禮經本義引高氏説乙正。

三九四頁一三行　凡獻酬者於是取之　「取」原訛「貯」，據蔡德晉禮經本義引高氏説改。

三九五頁〇二行　一角一散　「散」下原衍「四」，據凌廷堪禮經釋例删。

三九五頁〇二行　設篚于洗西　原脱「篚」，據凌廷堪禮經釋例補。

三九五頁一六行　淮南天文訓秋分而禾蕐定高注曰定成也　按：天文訓作「秋分蕐定，蕐定而禾熟」。注作「定者成也」。

三九六頁一一行　其禮重故特著之爾　原脱「特」，據敖繼公儀禮集説改。

三九六頁一六行　注疏言至賓門　「至」原訛「及」，據方苞儀禮析疑改。

三九七頁一六行　擯者特傳辭耳　「辭」原訛「詞」，據方苞儀禮析疑改。

三九八頁一八行　主人氾拜之　原脱「氾」，據方苞儀禮析疑補。

三九九頁一二行　主人先入　「入」原訛「引」，據方苞儀禮析疑改。

三九九頁一五行　故重其禮以厲賓也　「厲」原訛「屬」，據方苞儀禮析疑改。

四〇〇頁〇二行　衆賓皆入門左　「左」原訛「右」，據方苞儀禮析疑改。

四〇〇頁一〇行　介厭衆賓升鄉射無介　上「介」原訛「公」，「射」原訛「飲」，據凌廷堪禮經釋例改。

四〇〇頁一七行　厭今文皆作揖　「厭」上原衍「揖」，據鄉飲酒禮注、鄉射禮注删。

四〇〇頁一九行　厭即尚書大傳之葉拱　按：段玉裁注説文「厭」字，「尚書大傳」下有「家語」二字。

胡承珙引段注，竟予删落。

四〇一頁〇一行　而禮經有厭謁作揖者　原脱「者」，據説文段注補。

四〇一頁〇六行　下之則必引手向身。　原脱「向身」，據胡承珙儀禮古今文疏義補。

四〇一頁一四行　案説文拱斂手也斂手與引手義近故段氏以厭爲〔一〕尚書大傳之拱　胡氏此案語有誤。斂手與引手不同，正義不加區别，其誤一也。段氏謂厭即尚書大傳之葉拱，未嘗謂即大傳之拱，葉拱不等于拱，正義混而同之，其誤二也。

四〇一頁一八行　厭亦作擫謂指擫也　上「擫」原誤重，據文選注删。

四〇二頁〇八行　鄭君則以揖厭有别故從古文作厭　「有」原訛「無」，「古」原訛「今」，今參鄭説及上文訂正。

四〇二頁一四行　介酢後乃以衆賓升　「酢」原訛「酌」，據蔡德晉禮經本義改。按：獻介，主人以介升。獻衆賓則主人自升，而衆賓以序升，非主人以衆賓升也。

四〇三頁〇三行　乃相揖而轉身相背行　原脱「身」「行」二字，據褚寅亮儀禮管見補。

四〇四頁一四行　婦人之拜　原脱「之」，據淩廷堪禮經釋例補。

〔一〕編者案：刻本「爲」下有「即」字。

四〇五頁〇三行　亦題下事也　「下」原訛「上」，據韋協夢儀禮蠡測改。

四〇五頁〇六行　淩氏釋例曰　按：釋例此條，本書士冠禮初加節下已詳引，依疏例當云「詳士冠禮初加『賓降主人降』下」，以避重複。

四〇五頁〇七行　卒洗升　原脱「升」，據淩廷堪禮經釋例補。

四〇六頁〇二行　燕禮大射主人獻卿獻大夫　原脱「燕禮大射」四字，禮經釋例刻本亦脱，今據本書卷一士冠禮初加節正義所引釋例文校補。

四〇六頁〇七行　凡賓主體敵之法　「體敵」原誤倒，據淩廷堪禮經釋例乙正。

四〇六頁〇八行　雖合降而不降　「雖合」原作「當」，據淩廷堪禮經釋例改。

四〇七頁〇七行　賓在洗南　「南」原訛「東」，據王引之經義述聞改。

四〇七頁〇九行　賓在洗南　「洗」原訛「篚」，據王引之經義述聞改。

四〇七頁一一行　適洗南面　原脱「面」，據王引之經義述聞補。

四〇八頁一四行　辭洗之意與辭降同　下「辭」原訛「拜」，據敖繼公儀禮集説改。

四〇八頁一八行　故只須進而東行以辭　原脱「故」，據褚寅亮儀禮管見補。

四〇九頁〇四行　賓降　「降」原訛「辭」，據士冠禮改。

四一〇頁〇二行　在洗之南矣　「在」原訛「即」，據方苞儀禮析疑改。

四一〇頁一五行　故有沃洗者　「故」下原衍「別」，據張爾岐儀禮鄭注句讀删。

四一〇頁一八行　斜向主人　「向」原訛「面」，據吴廷華儀禮疑義改。

四一一頁〇一行　即取諸州之君子　「取」原訛「彼」，據方苞儀禮析疑改。

四一一頁〇八行　張氏云經云壹揖壹讓升壹字當在上　原「張氏」下誤增「爾岐」，又脱「壹字」，竝據阮元校勘記删補。按：阮元校勘記之「張氏」例指儀禮識誤之作者張淳，正義竟以張爾岐當之而妄補。

四一一頁一〇行　非有別本可據也　「據」原作「案」，據阮元校勘記改。

四一一頁一四行　古文壹作一詳士冠禮　「士冠禮」原作「士相見禮」。按：士相見禮「主人答壹拜」下，正義惟云「詳士冠禮」。聘禮「公壹拜送」下，正義云「詳士冠禮『賓盥卒壹揖壹讓升』下」。公食大夫禮「公壹揖壹讓」下、少牢「主人荅壹拜」下、有司徹「衆賓門東北面皆答壹拜」下，正義亦均稱「詳士冠禮」，皆指士冠禮正義引胡承珙説也。今據以改訂。

四一一頁一四行　淩氏釋例曰　按：淩氏此條釋例約四百四十餘字，正義已于士冠禮「賓盥卒壹揖壹讓升」下援引，不應在鄉飲酒禮正義中重出。

四一一頁一六行　主人卒洗　原脱「洗」，據凌廷堪禮經釋例補。

四一一頁一八行　如主人之禮　「禮」上原衍「初」，據凌廷堪禮經釋例删。

四一一頁一九行　賓降辭如獻禮　「降辭」原倒，據鄉飲酒禮乙正。

四一二頁一二行　衆賓之長升拜受者三人　原脱「拜」，據鄉飲酒禮補。按：鄉射禮亦有「拜」字。

四一三頁〇七行　仡然壯勇貌　「壯勇」原襲校勘記誤倒，據臧琳經義雜記乙正。按：公羊注固作「壯勇」，而下文「疑然乃立定之貌，不取勇壯義」，乃臧氏辨析文字，不得據以汩注也。

四一三頁一四行　仡然從乎趙盾而入　此及下文「從乎作從於」，兩「從乎」均訛作「後乎」，竝據公羊傳改正。

四一三頁一七行　疑止句絶作正者誤　「止」原訛「正」，又缺「句絶作正者誤」六字，竝據胡承珙儀禮古今文疏義引段玉裁説改補。按：此六字乃段説之要點，下文胡承珙即對此加以辨駁。今經正義擅改擅删，不僅大失段説原貌，且胡氏之辨駁直爲無的放矢矣。

四一三頁一八行　疑止也　「止」原訛「正」，據胡承珙儀禮古今文疏義引段氏説改。

四一四頁〇一行　亦即此經疑立之疑　原脱「疑立之」三字，據胡承珙儀禮古今文疏義補。

四一四頁〇六行　亦正立自定之貌　「正」原作「止」，今參上引胡承珙説訂改。

四一四頁〇七行　仡然壯勇貌　「壯勇」原誤倒，據公羊傳何注乙正。

四一四頁〇八行　恐人誤認爲疑惑之疑　原誤重「疑惑」二字，今從南菁本删。

四一四頁一一行　實之　原無，依疏例增補。

四一四頁一五行　酒尊在賓席東　原「酒尊」誤倒，又脱「賓」，竝據吴廷華儀禮疑義乙補。

四一四頁一六行　故西而少南　「而」原訛「向」，據吴廷華儀禮疑義改。

四一四頁二〇行　西北面獻賓　原脱「北」，據淩廷堪禮經釋例補。

四一五頁〇一行　賓席之前西北面獻賓　「席之」原倒，又脱「面」，據淩廷堪禮經釋例乙補。

四一五頁〇五行　席前獻于大夫　原脱「于」，據鄉射禮補。

四一六頁一二行　少退猶少辟也　「辟」原作「避」，據阮元校勘記改。

四一六頁一三行　少逡遁也　「少」原訛「可」，據阮元校勘記改。

四一六頁一三行　釋文少辟　「辟」原訛「退」，據阮元校勘記改。

四一六頁一三行　鄭氏以小釋少　「釋」原訛「稱」，據阮元校勘記改。

四一七頁〇七行　爵既實而以授之　「實」原訛「賓」，據方苞儀禮析疑改。

四一七頁一九行　校勘記云由下通典作猶上　通典注作「升猶上也」，是杜佑以「猶上」釋「升」字，原與鄭注「升由下也」無涉。校勘記拈來作異文，大爲不妥。

四一八頁〇二行　大夫升席　「大夫」原涉上而脱，據淩廷堪禮經釋例補。

四一八頁〇九行　尸升筵自西方　「尸」原涉上而脱，據淩廷堪禮經釋例補。

四一八頁一九行　鄉射經文　「文」原訛「及」，據淩廷堪禮經釋例改。

四一八頁二〇行　席南上升由下降由上由便。原「南上」訛「南方」，又脱「由便」，並據淩廷堪禮經釋例改補。

四一九頁〇九行　衆賓辯有脯醢　「辯」原訛「辨」，據淩廷堪禮經釋例改。下「辯獻士」同。

四一九頁一一行　燕禮　此下所列燕禮主人獻賓、公、卿、大夫、工、士有脯醢例六條，以及下燕禮主人獻賓、獻公有折俎例二條，淩氏本皆兼大射而言，故釋例每附夾注詳記大射經文異同。今正義引釋例而逕删附注，壹似淩氏遺漏大射諸例者。

四一九頁一二行　士薦脯醢　「薦」原訛「羞」，據淩廷堪禮經釋例改。

四一九頁一六行　宰夫有司薦　原脱「宰夫」，據淩廷堪禮經釋例補。

四二〇頁〇二行　主人獻卿　原脱「主人」，據淩廷堪禮經釋例補。

四二〇頁〇九行　酢所以荅獻　「獻」原訛「禮」，淩廷堪禮經釋例改。

四二二頁〇四行　士冠禮　「士」原訛「於」，據淩廷堪禮經釋例改。

四二二頁〇六行　設俎在升席後　「俎」上原衍「折」，據淩廷堪禮經釋例删。

四二二頁〇八行　鄉飲酒主人獻介　原脱「鄉飲酒」，據淩廷堪禮經釋例補。

四二二頁一二行　司馬設羊俎　「設」原訛「升」，據淩廷堪禮經釋例改。

四二三頁〇一行　薦俎皆在升席後也　淩廷堪禮經釋例同。按：詳上文，「薦俎」應作「薦設」。下同。

四二三頁〇二行　故主人獻賓薦俎時無升席之文也　原脱「賓」，據淩廷堪禮經釋例補。

四二三頁一一行　是經堂下立位　「下」原訛「上」，今正。

四二三頁一七行　士冠禮記凡拜北面于阼階上賓亦北面于西階上荅拜　按：程氏引文是經非記，疑「記」字誤衍。亦有兩種可能：程氏以此例非經文，而視之爲記；程氏此句將「記」字作動詞用。

四二三頁二一行　少儀云其有折俎者取祭反之不坐　李如圭儀禮集釋同。核禮記少儀「祭」下尚有「肺」字，而孔疏述經則無「肺」字。

四二三頁一六行　絶其末不没之處　「没」原訛「皮」，據敖繼公儀禮集説改。

四二三頁一八行　將嚌乃尚左手　「嚌」原訛「祭」，據敖繼公儀禮集説改。

四二四頁〇三行　他事皆從士禮　「皆」原訛「但」，據張爾岐儀禮鄭注句讀改。

四二四頁一三行　撟舉也　按：説文原作「撟，舉手也」。

四二四頁一七行　左執爵　「左」下原衍「手」，據淩廷堪禮經釋例删。

四二四頁一七行　興　原脱，據淩廷堪禮經釋例補。

四二四頁一八行　右絶末以祭　「右」原訛「左」，據淩廷堪禮經釋例改。

四二四頁二〇行　尚左手嚌之興加于俎　原脱「之興」，據淩廷堪禮經釋例補。

四二五頁一三行　不云奠角者　「不」原訛「又」，據文義改。釋例刻本亦誤。

四二五頁一八行　興反加于湇俎　原脱「興」，據淩廷堪禮經釋例補。

四二六頁〇八行　云弗繚者　「者」原訛「也」，據疏例訂改。

四二六頁一六行　諸家從此經者　「從」蓋「釋」字或「解」字之訛。

四二七頁〇二行　挩手以所佩帨巾　「帨巾」原訛「挩手」，據李如圭儀禮集釋改。

四二七頁〇四行　祭薦不挩手説見上　淩廷堪禮經釋例原文如此。然淩氏祭薦不挩手之説，正義未嘗引述，今於此猶襲淩氏原文云「説見上」，疎矣。

四二七頁〇七行　此見之於嘉禮者也　原脱「之」，據淩廷堪禮經釋例補。

四二七頁一〇行 竝禮之盛　「竝」原訛「燕」，據淩廷堪禮經釋例改。
四二七頁一二行 司射獻釋獲者　原脱「者」，據淩廷堪禮經釋例補。
四二七頁一二行 司馬獻獲者司射獻釋獲者　原脱「獲者司射獻」五字，據淩廷堪禮經釋例補。
四二七頁一九行 尸皆不挩手者　原脱「尸」，據淩廷堪禮經釋例補。
四二八頁〇五行 故經不著其挩手之文　詳上下文意，知此九字爲贅語，乃定稿時當删而未删者。
四二八頁一〇行 古文挩作説　「作」原訛「似」，據本節鄭注改正。
四二八頁一二行 今文作坐帨手　「帨」原訛「挩」，據胡承珙儀禮古今文疏義改。
四二八頁一三行 釋文本經文仍作挩　「經」原作「今」，據胡承珙儀禮古今文疏義改。
四二八頁一六行 義自可通　「自可」原作「具」，據胡承珙儀禮古今文疏義改。
四二八頁一七行 知經文本當作帨手　「帨」原訛「挩」，據胡承珙儀禮古今文疏義改。下「似帨不名巾者」「鄭訓帨爲挩」同。
四二九頁一四行 言席末　「言」原訛「於」，據賈疏改。
四二九頁一五行 祭薦祭酒敬禮也。　原脱「也」，據賈疏補。
四二九頁一六行 非專爲飲食也　「也」上原衍「之」，據賈疏删。

四三〇頁一三行　主婦獻兩佐食　「婦」原訛「人」，據淩廷堪禮經釋例改。

四三〇頁一七行　主人獻賓　原脱「賓」，據淩廷堪禮經釋例補。

四三〇頁二〇行　佐食舉肺脊授尸尸受　原重「脊」，而脱一「尸」字，竝據淩廷堪禮經釋例删補。

四三一頁〇三行　亦皆禮之盛者　原脱「亦」，據淩廷堪禮經釋例補。

四三二頁〇一行　亦在席末　「席」原訛「序」，據褚寅亮儀禮管見改。

四三二頁〇五行　主人升降皆由下　「升」原訛「興」，據李如圭儀禮集釋改。

四三二頁一四行　有司徹主婦獻尸尸不啐酒不告旨者　上「不」涉下而衍，禮經釋例卷三誤同。按：釋例卷五「凡祭酒禮盛者啐酒不盛者不啐酒」條下（正義引述見上節）云「有司徹主婦獻尸，祭酒，啐酒」，與禮經合。此云尸不啐酒，與禮經不合。蓋淩氏偶失照耳。

四三三頁〇六行　受爵告旨卒爵皆拜　原脱「皆」，據淩廷堪禮經釋例補。

四三三頁〇六行　禮殺者不拜告旨　原脱「者」，據淩廷堪禮經釋例補。

四三三頁一〇行　特牲主人獻賓獻内賓　按：内賓指姑姊妹即内兄弟也。特牲謂獻長兄弟如賓儀，而獻衆兄弟、内兄弟如衆賓儀。獻賓、獻長兄弟，不拜告旨；獻衆賓、衆兄弟、内兄弟，不僅不拜告旨，又不酢主人、不拜既爵。淩氏於此比例失當。「内賓」作「長兄弟」，方與經合。

四三三頁一七行 不言不拜既爵 原脱下「不」，據大射注補。

四三三頁二〇行 衆賓之長 「衆賓」原涉上而脱，據凌廷堪禮經釋例補。

四三四頁〇二行 言衆賓長拜 原脱「言」，據凌廷堪禮經釋例補。

四三四頁〇三行 至于燕禮大射 「于」原作「如」，據凌廷堪禮經釋例改。

四三四頁一一行 皆於階下拜 「下」原訛「上」，據凌廷堪禮經釋例改。

四三四頁一一行 主人唯於其長荅拜 原脱「唯」，據凌廷堪禮經釋例補。

四三五頁一一行 婦餕畢 「畢」原訛「餘」，據凌廷堪禮經釋例改。

四三五頁一二行 特牲少牢餕畢 原脱「特牲」，據凌廷堪禮經釋例補。

四三五頁一七行 故坐卒爵也 「坐」下原衍「祭」，據凌廷堪禮經釋例删。

四三五頁二〇行 亦卒爵之例也 「卒爵」原訛「隆殺」，據凌廷堪禮經釋例改。

四三六頁一六行 賓洗皆北面 「皆」原作「在」，從南菁本改。

四三六頁一六行 賓之辭主人洗也 「之」原訛「主」。南菁本知「主」字不可通，遂將之剜去而未换字。按：此句與下「而賓之卒洗也」語法一律，一言賓之辭洗，一言賓之卒洗。今據以改訂。

四三六頁一八行　主人阼階東南面辭洗　「南」原訛「北」，南菁本及黄以周飲禮通故引皆作「南」，今從改。

四三七頁一〇行　坐奠爵于階前　原脱「于」，據本篇經文補。

四三七頁一五行　主人阼階東　原僅作「阼階」，據阮元校勘記增補。按：此處經文「阼階」前後兩見。校勘記所謂「唐石經脱阼字」，衹針對上句「主人阼階東」而言，非謂下句「主人復阼階東」亦脱「阼」字也，故補。

四三八頁〇五行　鄉大夫爲國求賢　「求」原作「禮」，據方苞儀禮析疑改。

四三八頁〇五行　過禮以示下士之誠也　「過」原訛「遵」，據方苞儀禮析疑改。

四三八頁一五行　今賓在洗南　「賓」下原衍「者」，據盛世佐儀禮集編删。

四三九頁〇六行　主婦亞獻　「亞」原訛「竝」，據凌廷堪禮經釋例改。

四三九頁〇七行　祝酌授尸　「祝」原訛「尸」，據凌廷堪禮經釋例改。

四三九頁〇七行　酢如主人儀　「酢」原作「醋」。按：「酢」「醋」經傳通用，而凌氏引儀禮經文概從今本分用。正義引釋例則「酢」「醋」雜出，初無義例。今悉據釋例校正，以下不再出校。

四三九頁〇八行　尸卒爵酢　原脱「爵」，據凌廷堪禮經釋例補。

四三九頁〇八行　注酢於賓也　按：此非鄭注。疑是淩氏自注。

四三九頁一〇行　賓拜受爵　「拜」原訛「荅」，據淩廷堪禮經釋例改。

四三九頁二〇行　酢于阼階下　「下」原訛「上」，據淩廷堪禮經釋例改。

四四〇頁〇二行　介遵及公　「遵」原訛「遂」，據淩廷堪禮經釋例改。

四四〇頁〇五行　賓酢主人也　原脱「賓」，據淩廷堪禮經釋例補。

四四〇頁一〇行　不儐尸之致醋〔一〕則行於賓三獻與養時　「儐」原作「賓」，「行」原訛「興」，竝據淩廷堪禮經釋例改。

四四〇頁一四行　主人進受爵　原脱「受」，據蔡德晉禮經本義補。

四四一頁〇二行　宜別於如賓禮也　「於」原訛「之」，據敖繼公儀禮集説改。

四四二頁〇七行　拜既爵奠于篚而後拜　「爵奠」原誤倒，據敖繼公儀禮集説乙正。

四四二頁一一行　若曰已飲之乃審知其薄然　原脱「審」「然」二字，據敖繼公儀禮集説補。

四四三頁〇二行　然既訓崇爲充　原脱「既」，據盛世佐儀禮集編補。

四四三頁〇九行　酢獻之禮　「酢」原訛「酬」，據蔡德晉禮經本義引高氏説改。

〔一〕編者案：刻本「醋」作「酢」。

四四三頁〇九行　先拜酒旨　「酒旨」原倒，據蔡德晉禮經本義引高氏説乙。

四四三頁一二行　主人之席前　「主」上原衍「于」，據淩廷堪禮經釋例删。

四四三頁一九行　執爵以興　原脱「以」，據淩廷堪禮經釋例補。

四四四頁〇一行　奠爵于東序南　原脱「東」，據淩廷堪禮經釋例補。

四四四頁〇一行　主人北面于東楹東　原脱下「東」，據淩廷堪禮經釋例補。

四四四頁〇二行　尸侑皆荅再拜　原脱「再」，據淩廷堪禮經釋例補。

四四四頁〇三行　酢酒唯不告旨　「唯」原訛「雖」，據淩廷堪禮經釋例改。

四四四頁〇七行　辟正主　「主」原訛「君」，據燕禮注、大射注改。

四四四頁〇八行　兩楹之間　「兩」原訛「西」，據淩廷堪禮經釋例改。

四四四頁一四行　再拜崇酒　原脱「再拜」，據淩廷堪禮經釋例補。

四四四頁一五行　介不自酌下賓　原脱「賓」，據淩廷堪禮經釋例補。

四四五頁〇九行　尸在其右以授之　「授」原訛「受」，據淩廷堪禮經釋例改。

四四五頁一七行　尸降筵　原脱「筵」，據淩廷堪禮經釋例補。

四四五頁一九行　再拜崇酒　原脱「再」，據淩廷堪禮經釋例補。

四四六頁〇二行　主人受尸酢　原訛脱作「授尸酢」，據淩廷堪禮經釋例補改。

四四六頁〇三行　于階上拜也　「階」上原衍「阼」，據淩廷堪禮經釋例删。

四四六頁一七行　鄉射禮主人奠觶辭降　原「射」訛「飲」，又脱「奠觶」，〔一〕

四四六頁二〇行　立當西序東面　「序」原訛「席」，據本節經文訂改。下「復位曰當西序東面」同。

四四七頁一〇行　主人先飲以勸賓之酒　原脱「之酒」，據淩廷堪禮經釋例補。

四四七頁一三行　注云酬勸酒也酬之言周忠信爲周　原「注云」上誤空一格，「爲周」下誤增「者賈」二字，今竝據淩廷堪禮經釋例删正。按：正義定稿者不知此注乃淩文所引，誤認是正義疏前述注爲目者，且以「疏云」以下爲正義疏解文字，故致誤如此。

四四七頁一九行　又主人獻卿後　原脱「又」，據淩廷堪禮經釋例補。

四四七頁二〇行　此酬是爲卿舉旅之酒　原脱「爲」，禮經釋例刻本亦脱，今據上下文例增。

四四八頁〇四行　主人受酌　「受」原訛「升」，據淩廷堪禮經釋例改。

四四八頁〇五行　此觶即後無算爵之觶　「即後」原脱，據淩廷堪禮經釋例補。

四四九頁〇四行　拜洗在未酢之前　「酢」原訛「酬」，據淩廷堪禮經釋例改。

〔一〕編者案：底稿如此，校勘記中此類條目皆作者未完之稿，下同。

四四九頁〇九行　受爵送爵之時始拜　「送」原訛「卒」，據淩廷堪禮經釋例改。

四四九頁一五行　變於獻　「變」原訛「便」，據敖繼公儀禮集説改。

四四九頁二〇行　欲賓舉此觶也　原脱「賓」，據張爾岐儀禮句讀補。

四四九頁二〇行　酬觶奠而不授　「觶奠」原倒，據盛世佐儀禮集編乙正。

四五〇頁〇六行　此觶終當取酬主人　「終」原訛「取」，據方苞儀禮析疑改。

四五〇頁一八行　必取而遷之　「取」原訛「坐」，據敖繼公儀禮集説改。

四五一頁〇六行　舉觶媵爵亦如之　原脱「舉觶」，據淩廷堪禮經釋例補。

四五二頁〇一行　復酌　「酌」原訛「爵」，據淩廷堪禮經釋例改。

四五二頁〇一行　則酬酒之例　「則」原訛「此」，據淩廷堪禮經釋例改。

四五二頁〇四行　賓荅拜　原脱「賓」，據淩廷堪禮經釋例補。

四五二頁〇六行　洗　原脱，據淩廷堪禮經釋例補。

四五二頁〇八行　逆降　「逆」原訛「遂」，據淩廷堪禮經釋例改。

四五二頁一七行　阼階下皆奠觶　原脱「皆」，據淩廷堪禮經釋例補。

四五三頁〇四行　升酌膳　原「升」誤重，據淩廷堪禮經釋例删其一。

四五三頁一一行　凡酬酒　「酒」下原衍「者」，據淩廷堪禮經釋例删。

四五四頁〇一行　即用爲旅酬　「用」原訛「同」，據淩廷堪禮經釋例改。

四五四頁〇四行　致於天子　「致」原訛「效」，據淩廷堪禮經釋例改。

四五四頁一一行　主人將與介與衆賓爲禮　原脱「將」，據敖繼公儀禮集説補。

四五四頁一九行　故下經獻酢畢云介降立于賓南也　「經」原訛「注」，今訂正。

四五五頁〇三行　介入門左止於其位至是乃進　原删作「入門止於其位」，不知所云，可謂苟簡。今據儀禮集説補足敖氏之説。

四五五頁〇四行　主人與賓三揖　原脱「與賓」，據張爾岐儀禮句讀補。

四五五頁一二行　與賓獻酬既畢　「賓」上原衍「衆」，據方苞儀禮析疑删。

四五五頁一四行　西階下　原脱「下」，據盛世佐儀禮集編補。

四五六頁一二行　拜至　原脱「拜」，據鄉飲酒義補。南菁本已剜補。

四五七頁一八行　凡堂上之獻酢　「堂」原訛「壹」，據敖繼公儀禮集説改。南菁本已改。

四五八頁一四行　自南方降席即復西階上位以介席敷於西階上也　此二十字乃解下經「自南方降席」者，與此經「主人立于西階東」無涉。此亦正義編纂之失。

四五九頁〇六行　自南方降者介尊於禮輕者或得由便也　按：上賓酢主人節「自席前適阼階上」下，正義曾詳引褚寅亮儀禮管見駁敖氏此説。今於此複引敖説作解，前駁後取，固無定見。

四五九頁〇九行　介位西階上北面　「上」原作「西」，參經文訂改。

四五九頁一〇行　凡北面以東爲右　「面」原訛「方」，據秦蕙田五禮通考改。按：秦蕙田以爲「西階東」即「介右」之位，而上引敖繼公、張爾岐、程易田諸家説，皆以「西階東」爲「介右」之位而稍東，二者理解不同。正義徒列衆説，未加辨正。

四六〇頁一六行　介但授虚爵　「介」原訛「今」，據張爾岐儀禮句讀改。

四六一頁一〇行　鼏之奠于序端者　「鼏」原訛作「南鄉」二字，據敖繼公儀禮集説改正。

四六一頁二〇行　以視衆賓之交拜　「交」原訛「受」，據方苞儀禮析疑改。

四六二頁〇七行　衆賓固在門西　「固」原訛「同」，據盛世佐儀禮集編改。

四六二頁一七行　主人不升衆賓於堂而拜之　原脱「之」，據張爾岐儀禮句讀補。

四六三頁〇八行　不敢備禮也　「也」上原衍「是」，據盛世佐儀禮集編删。

四六三頁〇八行　特牲所陳是也　原脱此六字，據盛世佐儀禮集編補。

四六三頁一三行　此及鄉射俱無揖讓之文　「鄉射」下原衍「文」，從吴承仕輯校程瑶田儀禮經注疑直删。

四六四頁一五行 兼堂下不升之賓　原脱「兼」，據方苞儀禮析疑補。

四六四頁一六行 既實爵　「爵」下原衍「後」，據方苞儀禮析疑删。

四六五頁一二行 主人在堂衆賓在堂下當作賓長　原缺此十三字，今據方苞儀禮析疑增補。按：缺此十三字，則讀者不明方氏所謂「注云於衆賓右非也」究竟何指。又按：鄭注所云「衆賓」，其實亦據賓長而言，方氏之駁似泥。

四六五頁一五行 下記曰　「下」原訛「不」，據李如圭儀禮集釋改。

四六五頁一八行 故但立飲　「但」原作「當」，據敖繼公儀禮集説改。

四六六頁〇八行 衆賓各荅主人　「各」原訛「如」，據方苞儀禮析疑改。

四六六頁一一行 特牲之衆賓　原脱「賓」，據敖繼公儀禮集説補。

四六六頁一三行 席次賓而西　「而」原作「介」，形近而訛。張爾岐儀禮句讀刻本誤同。本篇陳設節「衆賓之席皆不屬焉」鄭注云：「席衆賓於賓席之西。」鄉射禮陳設節云：「乃席賓，南面東上，衆賓之席繼而西。」今據以訂改。

四六六頁二〇行 南面坐不盡則東面北上　「則」原作「復有」，據盛世佐儀禮集編回改。

四六七頁一三行 鄭於古今文假借字多從本字此獨不然者　原脱「古」及上「字」，「從」作「依」，「然」

譌「出」，竝據胡承珙儀禮古今文疏義補改。

四六七頁一四行 鄭於經文 「經」原譌「今」，據胡承珙儀禮古今文疏義改。

儀禮正義卷六

校勘記

四六九頁〇七行　一人舉觶　「一人」原訛「不」，據張爾岐儀禮句讀改。

四六九頁一一行　賓厭介升介厭衆賓升　原二「升」字俱脱，今據本節經文補。

四六九頁一四行　以示衆賓不相厭耳　「衆」上原衍「賓」，據方苞儀禮析疑删。

四六九頁一六行　舉此觶爲旅酬之始　原脱「觶」，據李如圭儀禮集釋補。

四六九頁一七行　獻始備　段熙仲校云：「集説作『獻禮既備』。」

四六九頁二〇行　此觶用於樂畢之後　原脱「於」，據方苞儀禮析疑補。

四七〇頁〇四行　舉觶者將自飲　原脱「者」，據盛世佐儀禮集編補。

四七〇頁一五行　兄弟弟子　下「弟」原訛「之」，據淩廷堪禮經釋例改。

四七〇頁一六行　洗各酌于其尊　「洗」原作「復」，據淩廷堪禮經釋例改。

四七一頁〇四行　有司徹旅酬是祭畢儐尸之禮　原脱「旅酬」，據淩廷堪禮經釋例補。

四七一頁〇六行　然燕禮大射　原脱「然」，據淩廷堪禮經釋例補。

四七一頁一四行　二大夫中一人　原脱「一人」，據淩廷堪禮經釋例補。

四七二頁〇一行　酌于西方之尊　「酌」上原衍「節」，據淩廷堪禮經釋例删。

四七二頁一一行　如主人酬賓儀者　原「儀」上有「之」。淩廷堪禮經釋例無「之」，與賈疏合，今據删。

四七三頁〇四行　席上近西爲末　「爲」原訛「謂」，據賈疏改。

四七三頁〇六行　其意與主人酬賓之禮同　「意」原訛「洗」，據敖繼公儀禮集説改。

四七四頁〇七行　敖氏云　原脱「氏」，據疏例增。

四七四頁一四行　賓辭者　「賓辭」原倒，據盛世佐儀禮集編乙。

四七四頁二〇行　故賓坐受　原訛作「故賓坐坐授」，今依上下文意訂改。

四七六頁〇三行　作樂樂賓　下「樂」原訛「之」，據張爾岐儀禮句讀改。

四七六頁〇六行　立在工西　「工」原訛「上」，據賈疏改。

四七六頁〇六行　此言近堂廉　原脱「近」，據賈疏補。

四七六頁〇八行　席工于西階上　原脱「階」，據敖繼公儀禮集説補。

四七七頁〇五行　鄉大夫以五物詢衆庶　「五」原訛「三」。曹元弼禮經校釋云「三」當爲「五」。曹説是。按：周禮鄉大夫職云：「退而以鄉射之禮五物詢衆庶，一曰和，二曰容，三曰主皮，四曰和容，五曰興舞。」今據以改正。

四七七頁〇八行 行時以後爲尊　原脱「行」，據敖繼公儀禮集説補。

四七七頁一三行 此不面鼓　原脱「鼓」，據賈疏補。

四七七頁一七行 注越瑟孔也〔一〕　按：樂記注本作「越瑟底孔也」，此省「底」字。又，下引鄉射注「越瑟孔」，鄭注本作「越瑟下孔」，正義亦省「下」字。

四七八頁〇一行 樂正當從工　原脱「正」，據敖繼公儀禮集説補。

四七八頁〇三行 立于西階東　「西」原訛「阼」，據敖繼公儀禮集説改。

四七八頁〇八行 燕則中有間事　「有間」原倒，據方苞儀禮析疑乙。

四七八頁一二行 燕及飲射　「飲」原訛「鄉」，據方苞儀禮析疑改。

四七八頁一八行 况黨正之蜡祭乎　原脱「乎」，據方苞儀禮析疑補。

四七九頁〇六行 王制樂正崇四術立四教　原脱「王制」，又「崇四術」「立四教」二語倒序，竝據胡匡衷儀禮釋官補乙。

〔一〕編者案：刻本無「也」字。

四七九頁一八行　左何瑟後首　原「瑟」誤重，據淩廷堪禮經釋例删其一。

四八〇頁〇八行　小樂正從之　「之」原訛「上」，據淩廷堪禮經釋例改。

四八一頁〇三行　故又爲尚樂及略于樂之説　原脱「之説」，據吴廷華儀禮疑義補。

四八一頁一五行　皆改爲傚　「傚」原訛「詨」，據阮元校勘記改。

四八一頁二〇行　升自西階　「階」下原衍「上」，據淩廷堪禮經釋例删。

四八二頁〇六行　遵入獻酢之後　「酢」原訛「阼」，據淩廷堪禮經釋例改。

四八二頁一九行　燕禮記　原脱「記」，據淩廷堪禮經釋例補。

四八三頁〇六行　合止柷圉　「圉」淩氏釋例作「敔」，與尚書益稷合。按：二字經典通用。下盛世佐引尚書倣此。

四八四頁〇五行　學記曰　「學」原訛「樂」，據朱熹儀禮經傳通解改。

四八四頁一七行　必有取于詩之義　原脱「有」，據盛世佐儀禮集編補。

四八五頁〇二行　示我以善道　「示」原訛「云」，據本節注文改。

四八五頁一五行　君勞使臣述叙其情女曰我豈不思歸乎　原「使」作「其」，「述叙」倒作「叙述」，「女」作「而」，竝據毛詩四牡箋改乙。按：「叙」字，阮元校勘記以作「序」爲是。

四八六頁〇五行　自東北來　原脱「北」，據吴廷華儀禮疑義補。

四八六頁〇八行　工拜受於其位　「受」原訛「授」，據敖繼公儀禮集説改。

四八六頁〇八行　不得拜於其右　「右」原訛「左」，據敖繼公儀禮集説改。

四八六頁一五行　主人洗升　「升」原誤重，據淩廷堪禮經釋例删其一。

四八六頁一六行　於階上也　「階」上原衍「西」，據淩廷堪禮經釋例删。

四八六頁一八行　獻釋獲者於其位　「釋」上原衍「獲」，據淩廷堪禮經釋例删。

四八六頁一九行　司馬正洗散　原脱「正」，淩廷堪禮經釋例補。

四八七頁〇四行　坐受爵　「受」原訛「授」，據淩廷堪禮經釋例改。

四八七頁〇七行　筮有事於階下　「下」原訛「上」，據淩廷堪禮經釋例改。

四八八頁〇四行　祭飲祭酒乃飲也　上「飲」原訛「酒」，據敖繼公儀禮集説改。

四八八頁一四行　大師或來或否不定　「大師」原脱，據胡匡衷儀禮釋官補。

四八九頁一七行　二禮之獻　「獻」原訛「先」，依文意訂改。

四九一頁一三行　近其所應之樂也　「應」原訛「近」，據敖繼公儀禮集説改。

四九一頁一四行　亦奏鐘磬之屬　「屬」原訛「篇」，據敖繼公儀禮集説改。

四九二頁〇二行　從來辨笙詩　「詩」下原衍「者」，據胡承珙毛詩後箋引毛奇齡答李恕谷書删。

四九二頁〇三行　非謂笙詩之必有歌也　「詩」原譌「歌」，據胡承珙毛詩後箋引毛奇齡答李恕谷書改。

四九二頁〇五行　有不歌而器總必有詩其歌而器　「不歌而器」原譌作「歌而不器」，據胡承珙毛詩後箋引毛奇齡答李恕谷書乙正。又，原無「其歌而器」四字，據西河合集所收答李恕谷書增補。

四九二頁〇六行　鄉飲酒禮　「鄉」原譌「樂」，據胡承珙毛詩後箋引毛奇齡答李恕谷書改。

四九二頁〇七行　不歌而器　原脱「而器」，據胡承珙毛詩後箋引毛奇齡答李恕谷書補。

四九二頁〇九行　是以春秋傳　原脱「以」，據胡承珙毛詩後箋引毛奇齡答李恕谷書補。

四九二頁一〇行　周禮　「周」原譌「同」，據胡承珙毛詩後箋引毛奇齡答李恕谷書改。

四九二頁二〇行　奏南陔　「奏」原譌「樂」，據毛詩鄭箋改。

四九三頁〇二行　其義則與衆篇之義合編　上「義」原譌「篇」，據毛詩鄭箋改。

四九三頁〇二行　至毛公爲詁訓傳乃分衆篇之義　「爲詁訓」原譌作「而訓詁」，「分」原譌「合」，竝據毛詩鄭箋改正。

四九三頁一一行　責衛伯　「責」原作「刺」，據毛詩旄丘序改。

四九三頁一二行　叔兮伯兮　原倒作「伯兮叔兮」，據毛詩旄丘乙正。

四九三頁一五行　序與篇名相合　原脱「名」，據胡承珙毛詩後箋引姜氏説補。

四九四頁〇六行　樂之爲言比音而樂之也是禮文顯以爲有辭矣　原脱「言」，「是」作「蓋」，竝據胡承珙毛詩後箋引詩瀋補改。

四九四頁〇九行　書曰　原脱，據盛世佐儀禮集編補。

四九五頁一九行　何以獨謂笙詩無辭　「謂」原作「知」，據胡承珙毛詩後箋改。

四九六頁〇三行　奏貍首　「奏」原訛「令」〔一〕，據胡承珙毛詩後箋改。

四九六頁〇五行　投壺當以爲志　「志」原訛「去」，據胡承珙毛詩後箋改。

四九六頁〇六行　尚必有取節之詩　「尚」原訛「當」，據胡承珙毛詩後箋改。

四九六頁〇七行　唐樂有上林鳳雛平調清調瑟調平折命嘯七曲　原「林」訛「柱」，「嘯」訛「喙」，胡承珙毛詩後箋刻本誤同，今據舊唐書音樂志改正。

四九六頁一一行　其辭易亡　「辭」原訛「聲」，據胡承珙毛詩後箋改。

四九六頁一九行　亦西南面也　「面」原訛「西」，據敖繼公儀禮集説改。

〔一〕編者案：刻本「令」作「命」。

四九七頁〇一行　不言受獻　不知何謂，獻工節亦無「受獻」語。

四九七頁〇八行　見燕禮　按：胡匡衷儀禮釋官于其「燕禮」節詳以笙名官之説，而正義于燕禮未嘗採用，則此處連引「見燕禮」三字，甚無謂也。

四九八頁一三行　故王氏炎陳氏大猷多據儀禮以證尚書見樂之節次相合乃陳氏櫟書集傳纂疏謂儀禮之間歌與書之以間初不相干不過一間字同間代更替之義亦同耳其説太拘　盛世佐儀禮集編非敖繼公「工歌之時亦奏堂下之樂」之説，并詳引陳櫟纂疏以辨之。正義此節蓋據盛書，而誤會陳氏文義，乃至誤駁。按：陳櫟固明謂「虞書與儀禮皆無不合」，其攻王炎、陳大猷者，特病其以「以間」即爲「間歌」，竟謂堂下有歌者耳。

四九八頁一八行　美萬物盛多　「美」原訛「言」，據毛詩魚麗序改。

四九九頁〇五行　賢者歸往故有酒與嘉賓燕飲而安之　「往」原作「德」，「飲」原作「樂」，竝據毛詩南有嘉魚鄭箋改。

四九九頁一八行　各自一處　「處」原訛「家」，據賈疏改。

四九九頁二〇行　施之於笙　原脱「施」，據上「獻笙」節正義引盛世佐説增補。

五〇一頁〇三行　今不作蕈　「蕈」原訛「覃」，據阮元校勘記改。

五〇一頁〇四行　謂歌樂與衆聲俱作　原脱「與」，據阮元校勘記補。

五〇一頁一〇行　工入升歌三終　「工入」原訛「主人」，據李如圭儀禮集釋改。

五〇一頁一六行　春秋傳　「傳」原訛「時」，據敖繼公儀禮集説改。

五〇二頁二〇行　亦當如國君相見之樂　原「當」訛「但」，「君」訛「家」，竝據敖繼公儀禮集説改。

五〇二頁一五行　經分言歌言笙　「分」原訛「不」，今據經意訂正。

五〇三頁〇一行　瑟與笙管　「笙管」原倒，據毛奇齡答李恕谷書乙。

五〇四頁〇五行　合小雅者　「合小雅」原涉上而脱，據盛世佐儀禮集編補。

五〇四頁一三行　皆與升歌同等而諸侯以上又有以樂納賓之禮　「升」原訛「笙」，下「以」原脱，竝據盛世佐儀禮集編改補。

五〇五頁〇七行　正歌備　「正」原訛「已」，據經文改。

五〇五頁〇九行　故不及乎其他　「他」原訛「地」，據敖繼公儀禮集説改。

五〇五頁一四行　樂正降在笙磬西　「笙磬」原訛作「賓」，據李如圭儀禮集釋改。

五〇六頁〇四行　立司正以監酒　原脱「酒」，據張爾岐儀禮句讀補。

五〇六頁〇九行　主人爲大師降洗　「爲」原訛「如」，據方苞儀禮析疑改。

五〇六頁一〇行 遵者爲賓興而至 「興」原訛「介」，據方苞儀禮析疑改。

五〇七頁〇八行 獻酬及酢〔一〕暨升堂笙歌間歌合樂 行文欠妥。三儀竝列當以獻酢酬爲序。言四樂，第一則當云「升歌」，不當云「升堂」；第二則當云「笙奏」，不當云「笙歌」。

五〇七頁一二行 戰國策淳于髡説齊威王曰飲酒大王之側執法在前御史在後 引文不見戰國策，見史記滑稽列傳。而史記原文作「賜酒大王之前，執法在傍，御史在後」。

五〇八頁〇五行 執觶受命 「觶」原訛「摯」，據敖繼公儀禮集説改。

五〇八頁一五行 敖氏謂凡相拜皆有相之者説似未安 「者」原作「在」，今從南菁本改。按：方苞儀禮析疑原作：「敖氏云『凡相拜皆有相之者，經不悉見』，似未安。」

五〇八頁一六行 曰立于楹間 原脱「曰」，據方苞儀禮析疑補。

五〇八頁一六行 于衆賓曰相旅 「衆賓曰」原訛「賓之」，據方苞儀禮析疑改。

五〇八頁一七行 不相其拜之辭也 「辭」原訛「拜」，據方苞儀禮析疑改。

五一〇頁〇六行 士冠禮疏 「冠」原訛「昏」，襲校勘記刻本之誤。今參賈疏訂正。

五一〇頁一一行 虚觶 「觶」原作「爵」，據敖繼公儀禮集説改。

〔一〕編者案：刻本「酢」下有「禮」字。

五一〇頁一三行　主人之酒　「酒」原訛「禮」，據方苞儀禮析疑改。

五一〇頁一五行　皆以爲受酬者儀法　原脱「受」，據方苞儀禮析疑補。

五一〇頁一六行　奠虛觶于其所欲衆無失儀　「觶」原作「爵」，「欲」原訛「雖」，據方苞儀禮析疑改。

五一一頁〇四行　是也　原無「是」，據方苞儀禮析疑補。

五一二頁〇五行　正獻禮成　原脱「禮」，據淩廷堪禮經釋例補。

五一二頁〇七行　賈疏云　按：淩廷堪禮經釋例此上尚有「注初起旅酬也凡旅酬者少長以齒終於沃盥者皆弟長而無遺矣」二十六字。蓋正義以其爲本節注文，故予删省。然下引賈疏乃針對此注而發者，無此注文二十六字，則賈疏與經文意不相貫矣。

五一二頁〇九行　其實此時未及沃洗也　「實」原訛「賓」，據賈疏改。

五一二頁一五行　旅于西階上如初　原脱「上」，據淩廷堪禮經釋例補。

五一二頁一九行　行於正獻之後　「正」原訛「止」，據淩廷堪禮經釋例改。

五一二頁二〇行　特牲禮賓與兄弟　「禮賓」原倒，據淩廷堪禮經釋例乙。

五一二頁二〇行　阼階前北面酬長兄弟　原脱「北面」，據淩廷堪禮經釋例補。

五一三頁〇六行　無嗣舉奠之文　原脱「舉」，據淩廷堪禮經釋例補。

五一三頁一九行　賓升成拜　原脱「賓」，據淩廷堪禮經釋例補。

五一四頁〇九行　賓坐祭立飲者　原脱「賓」，據淩廷堪禮經釋例補。

五一四頁一二行　不洗實觶　「實」原脱〔一〕「賓」，據淩廷堪禮經釋例改。

五一四頁一五行　北面拜送　「拜」原訛「荅」，據淩廷堪禮經釋例改。

五一四頁一八行　公爲賓旅酬　「賓旅」原倒，據淩廷堪禮經釋例乙。

五一五頁〇七行　既易之　「之」原訛「名」，據淩廷堪禮經釋例改。

五一五頁一四行　辨名分者也　原脱「者」，據方苞儀禮析疑補。

五一六頁一二行　西南面　原脱「西」〔二〕，據張爾岐儀禮句讀補。

五一六頁一三行　初皆北面　原脱「初」，據五禮通考引朱熹儀禮經傳通解補。

五一六頁一六行　故下文受介酬者亦既受乃還北面拜受也　此引文録自五禮通考引朱熹儀禮經傳通解，而今本儀禮經傳通解作「故下文受介酬者得由其東亦既受乃還北面拜送也」。按：凡旅酬，受酬者先拜後受觶，既受觶更無拜受之禮。五禮通考撮引通解而擅改「拜送」爲「拜

〔一〕編者案：「脱」當作「訛」。

〔二〕編者案：「西」當作「面」。

受」，甚誤。「還北面拜送」，顯係授者之事，則今通解刻本「既受」爲「既授」之訛甚明。

五一七頁一七行 酬者受酬者　下「者」原脱，據上文文意增。

五一七頁二〇行 數十人之拜興　原脱「興」，據方苞儀禮析疑補。

五一八頁〇六行 段氏説文注　胡培翬自訂正義，于士喪禮命筮宅辭下詳引段注此文，而于少牢禮則稱：「段氏説文注言之最析，詳士喪禮。」今楊大堉所補正義于鄉飲酒禮亦具載段氏此注，遂致前後重複。

五一八頁〇六行 有藉之詞　「藉」原訛「借」，據段玉裁説文解字注改。下「所以藉伯仲也」同。

五一八頁〇九行 某甫且字也　原脱「甫」，據段玉裁説文解字注補。

五一八頁一〇行 注某甫且字也　原脱「注某甫」，據段玉裁説文解字注補。

五一八頁一三行 公羊傳桓四年天王使宰渠伯糾來聘　「公羊傳」原訛「左傳」，「天王」原訛「天子」，竝據段玉裁説文解字注改正。

五一九頁〇二行 鄉射禮在下者皆升受酬于西階上司正安得南面作之乎敖氏謂堂下者南面作之非也　「堂下」原訛「堂上」，據盛世佐儀禮集編改。按：司正相旅，曰某子受酬時，必面向之。

堂下衆賓皆在西側，位于西階上之司正安得不南面而作之乎？盛氏似誤駁敖説。

五一九頁〇九行　獨居其右　「其」原作「介」，據敖繼公儀禮集説改。

五一九頁一一行　介之酬衆賓也當東北面　原脱「也當東」，據盛世佐儀禮集編補。

五二〇頁〇一行　凡授受之法　原脱「凡」，據張爾岐儀禮句讀補。

五二〇頁〇二行　故受由右　「受」原訛「介」，據張爾岐儀禮句讀改。

五二〇頁〇六行　疏所謂　原脱「所」，據胡承珙儀禮古今文疏義補。

五二〇頁〇九行　既實觶　「實」原訛「受」，據敖繼公儀禮集説改。

五二〇頁一〇行　酬者之于受酬者　「于」原訛「與」，據盛世佐儀禮集編改。

五二〇頁一二行　亦必西北面之　「面」原作「向」，據盛世佐儀禮集編改。

五二〇頁一七行　鄉射禮　「禮」原訛「記」，據張爾岐儀禮句讀改。

五二〇頁一八行　介酬長賓第一人　原缺「第一人」，依上下文義增。

五二一頁〇四行　不言遂酬在下者　「言」原訛「必」，據方苞儀禮析疑改。

五二一頁〇七行　國之重典　「典」原作「賢能」，據方苞儀禮析疑改。

五二一頁〇八行　教法之常　「教」原訛「禮」，據方苞儀禮析疑改。

儀禮正義卷七

校勘記

五三三頁一四行　至是乃併舉觶于介者　原「乃」訛「仍」，又脱「于介」，竝據敖繼公儀禮集説改補。

五三三頁一八行　君子勸禮　「勸」原訛「行」，據方苞儀禮析疑改。

五三四頁〇七行　明雖有大夫猶及介　「介」下原衍「後」，據敖繼公儀禮集説删。按：敖氏集説原作「猶及介。後于字亦衍」。「後」字屬下讀，楊氏因誤讀而誤衍。

五三四頁〇七行　鄉飲酒禮專以尊賢　「專」，盛世佐儀禮集編原作「本」，正義改之，不如作「本」義長。

五三四頁〇九行　遵者　「遵」原作「尊」，據盛世佐儀禮集編改。

五三四頁一二行　介次之　「次」原訛「似」，南菁本已改作「次」，今從改。

五三四頁一四行　經云公升如賓禮　原脱「公升」，南菁本已挖補，今從補。

五三四頁一八行　亦以次盥手也　「次」原訛「此」，據賈疏改。

五二五頁〇五行　立于西階上　原脱「上」，據敖繼公儀禮集説補。

五二五頁一一行　賓介各舉以酬　「介」原訛「升」，據張爾岐儀禮句讀改。

五二六頁〇三行　介何以不辭　「辭」原訛「拜」，據盛世佐儀禮集編改。

五二七頁一二行　謂燕坐而飲也　原脱「燕」，據敖繼公儀禮集説補。

五二七頁一三行　有折俎不坐　「有」原訛「右」，據李如圭儀禮集釋改。

五二七頁一四行　辭以俎者　「以」原訛「其」，據敖繼公儀禮集説改。

五二七頁一七行　張而不弛弛而不張　二句原倒，據本節注文乙。

五二八頁〇七行　使弟子俟徹者　「弟子」原倒，據諸本乙正。

五二八頁一一行　是賓所命　「賓」原訛「命」，據盛世佐儀禮集編引姜兆錫文改。

五二八頁一二行　賓介大夫之從者　原脱「介」，據盛世佐儀禮集編引姜兆錫文補。

五二八頁一三行　本記賓介大夫之俎　「記」原訛「紀」，據盛世佐儀禮集編引姜兆錫文改。

五二八頁一七行　主人取俎還授弟子　原無「主人」，南菁本據文意增補，今從補。

五二九頁〇六行　即升立于席端　「席」原訛「序」，據阮元校勘記改。

五二九頁二〇行　公卿大夫　「卿」原訛「鄉」，據敖繼公儀禮集説改。

五三〇頁〇三行　廣雅釋詁云遵表也　按：廣雅釋詁原文是「甹緣遵躔逡揗循襮裔方外旌表也」。王念孫云「循」下當補「也」字。若如其說，則廣雅之「遵」本無「表」訓也。

五三〇頁〇六行　禮記鄉飲酒義云介僎象陰陽也　「鄉飲酒義」原作「冠義」。按：胡承珙儀禮古今文疏義作「冠儀」，乃襲惠棟九經古義文。今參禮記訂改。

五三〇頁〇八行　僎作遵　「僎」原訛「俱」，據胡承珙儀禮古今文疏義改。

五三〇頁一一行　鄭注云撰讀爲詮　按：經典釋文出「之撰」，下云：「鄭作『僎』，讀曰詮。」

五三一頁一七行　介在賓南　「在」原作「于」，據敖繼公儀禮集説改。

五三一頁一九行　介與三賓同衆賓皆庭中東面　「東」原訛「西」，據文意改。

五三二頁〇二行　皆于西階西當序　上「西」原訛「阼」，黄以周飲禮通故引已爲改正，南菁本亦改作「西」，今從改。

五三二頁一六行　司正以俎出　原脱「出」，據淩廷堪禮經釋例補。

五三二頁一七行　西面立　原脱「面」，據淩廷堪禮經釋例補。

五三三頁〇二行　卿大夫皆降　原脱「卿」，據淩廷堪禮經釋例補。

五三三頁一〇行　故也　原脱「故」，據淩廷堪禮經釋例補。

五三四頁〇四行　君説於堂上明矣　原脱「堂」，據方苞儀禮析疑補。

五三四頁一〇行　吴氏廷華云如初者如上獻訖升堂也　按：吴説乃釋經文「如初」者，當置之於上引盛世佐云「當如敖説」之下。

五三四頁一三行　鄉本又作鄉　原脱「又」，據阮元校勘記補。

五三四頁一四行　薦羞不踰牲　「羞」原訛「差」，據李如圭儀禮集釋改。

五三四頁一六行　狗胾醢也　「醢」原訛「羹」，據敖繼公儀禮集説改。

五三五頁一二行　尊者脱〔一〕屨在室　按：淩廷堪禮經釋例「室」原作「户内」，與賈疏同。

五三五頁一七行　雖行於堂上　「雖」原訛「惟」，據淩廷堪禮經釋例改。

五三五頁一九行　雖有堂上堂下之分　「雖」原訛「唯」，據淩廷堪禮經釋例改。

五三六頁〇四行　後不悉校　「校」原訛「據」，據阮元校勘記改。

五三五頁〇五行　主　原脱，據阮元校勘記補。

五三七頁〇五行　皆不拜　原脱「皆」，據鄉射禮補。

五三八頁〇五行　此對四舉旅以前　「對」原訛「時」，據淩廷堪禮經釋例改。

〔一〕編者案：刻本「脱」作「説」。

五三八頁〇七行　兄弟弟子舉觶後　原脱「後」，據淩廷堪禮經釋例補。

五三八頁一一行　交錯其酬　「其」原作「以」，據淩廷堪禮經釋例改。

五三八頁一八行　終遂猶充備也　「充」原作「克」，據禮記鄉飲酒義鄭注改。

五三九頁一三行　既受饔餼　『既』原訛「即」，據盛世佐儀禮集編改。

五四〇頁〇三行　與注陔之言戒義協　「協」原作「合」，乃正義擅改者，今據李如圭儀禮集釋原文改回。

五四〇頁〇六行　李氏似以南陔當此經之陔未知何[一]據　按：李如圭引南陔序，特證鄭注「陔之言戒」之訓耳。正義擅改「義協」爲「義合」，遂誣指李氏以南陔當此經之陔，殊失公允。

五四〇頁一三行　列之於頌　「列」原訛「別」，據盛世佐儀禮集編改。

五四〇頁一六行　行禮於太學　「行禮」原倒，據盛世佐儀禮集編乙。

五四〇頁一八行　至令天子諸侯大夫之樂　「令」原訛「今」，據盛世佐儀禮集編改。

五四〇頁一九行　諸侯[二]不用王夏　「王」原訛「三」，據盛世佐儀禮集編改。

五四〇頁二〇行　據此用陔夏　「夏」原訛「南」，據賈疏改。南菁本已改。

[一] 編者案：刻本「何」作「所」。

[二] 編者案：刻本「不」上有「則」字。

五四一頁一三行　鄉大夫興賢能　「興」原作「賓」，據方苞儀禮析疑改。

五四二頁〇二行　蓋習射乃有司之學政　原脱「習」，據方苞儀禮析疑補。

五四二頁一〇行　亦不言介也　按：士冠禮戒賓節正義曾云：「凡拜送之禮，送者拜，去者不荅拜。詳鄉飲酒『賓出奏陔，主人送于門外再拜』下。」則胡培翬原欲於此經疏解注文「賓介不荅拜禮有終也」時，詳載禮經釋例該條禮例，而楊大堉補作鄉飲酒正義，不甚留意前後照應，致使其師之言落空。

五四二頁一三行　不干主人正禮也　「干」原訛「于」，據諸本鄭注改正。

五四二頁二〇行　其亦使人告之歟　「人」原訛「之」，據敖繼公儀禮集説改。

五四三頁〇七行　諸者統公卿大夫　「者」原訛「公」，據胡承珙儀禮古今文疏義改。

五四三頁一四行　鄭義爲允　「義」原訛「意」，據胡承珙儀禮古今文疏義改。

五四四頁〇八行　不必言加　「加」原訛「如」，據敖繼公儀禮集説改。

五四四頁一一行　席遵者又於尊東　原脱「席」，據李如圭儀禮集釋補。

五四四頁一五行　遵者　兩字之間原衍「北」，據盛世佐儀禮集編删。

五四五頁〇四行　正齒位之禮　「禮」原作「法」，據李如圭儀禮集釋改。

五四五頁〇五行　不加尊於正賓　「尊」原作「貴」，據敖繼公儀禮集説改。

五四五頁〇九行　不與正賓齒　原脱「不與」，據盛世佐儀禮集編補。

五四五頁一四行　繼賓而西　原脱「賓」，據張爾岐儀禮句讀補。

五四六頁〇八行　復初位階西以南之位也郝氏敬云復初入門左之位待公入也　原缺「也郝氏敬云復初入門左之位」十二字，蓋涉上下兩「之位」而脱者。今參考盛世佐儀禮集編、敖繼公儀禮集説、郝敬儀禮節解訂補。按：「待公入也」乃郝氏語，不得併入敖氏説中。況郝氏釋復初位爲復初入門左之位，大異于敖、盛二家「復西階下東面位」之説，不補此十二字，則下文正義力辯「此復位自爲階下之位」，直爲無的放矢矣。

五四六頁一二行　主人降阼階位在東　原「階」字誤重，今據文意删其一。

五四七頁〇八行　若無故而不用令者　「令」原作「命」，蔡德晉禮經本義同，今據周禮媒氏改。

五四七頁一三行　若是以辯　「辯」原作「辨」，胡承珙儀禮古今文疏義同，今據有司徹改。

五四八頁〇五行　禮宜如之　「宜」原作「亦」，據敖繼公儀禮集説改。

五四八頁一三行　使公厭大夫　原脱「使」，據方苞儀禮析疑補。

五四八頁一三行　謂不拜洗　原脱「不」，據方苞儀禮析疑補。

五四八頁一八行 大夫如介禮無諸公則大夫如賓禮　「如介禮」上原衍「則」，「如賓禮」原脱「禮」，竝據盛世佐儀禮集編删補。

五四九頁〇二行 言獻而不及酢　原「獻」上有「如」，不辭，今以意删之。

五四九頁〇六行 而獻而酢而酬　原脱「而酬」，據盛世佐儀禮集編補。

五五〇頁〇五行 不可得而通也　「通」下原衍「之」，據盛世佐儀禮集編删。

五五〇頁〇七行 祭祀則蒲也莞也昨則莞也繅也不聞用次　原上「則」訛「之」，且脱「昨則莞也繅也不聞用次」十字，今據盛世佐儀禮集編改補。

五五〇頁一〇行 周禮疏　「疏」原訛「既」，據盛世佐儀禮集編改。

五五〇頁一二行 上公當四重　「上」原訛「止」，據盛世佐儀禮集編改。

五五〇頁一九行 不可執一而論也　原訛〔一〕「而」，據盛世佐儀禮集編補。

五五一頁〇三行 公食大夫禮云蒲席常緇布純加莞席尋　「常」原訛「長」，據盛世佐儀禮集編改。「莞」，公食大夫禮原作「萑」；盛氏前引公食大夫禮「蒲筵緇布純加萑席」，亦改「萑」爲「莞」，且自注云「鄭本作萑」。然於公食記「司空具几與蒲筵常緇布純加萑席尋」「上大夫蒲筵

〔一〕編者案：「訛」當作「脱」。

加萑席」，盛氏又謂下「萑」當作「莞」，以見上下大夫之異，則改「加萑席」之萑，又不改「加萑席尋」之萑矣。按：盛氏竄易經文，强就我範，竟又前後齟齬，義不圓通，而楊氏逕録其説，未加辨正。

五五一頁一六行　敖氏云　原缺「氏」，依疏例增。

五五二頁〇一行　冠禮可攝盛　「禮」原訛「服」，據方苞儀禮析疑改。

五五二頁〇八行　義各有當　原脱「義」，據方苞儀禮析疑補。

五五二頁一〇行　士冠禮三加朝服　按：士冠禮，冠者三加用玄端服、皮弁服、爵弁服，未嘗用朝服。方説不確。

五五二頁一五行　於此云鄉服　原脱「此」，據盛世佐儀禮集編補。

五五三頁一八行　服鄉服　上「服」字原脱，今據文意增補。

五五四頁一四行　故玄端也　「玄」原訛「言」，據凌廷堪禮經釋例改。

五五四頁一六行　無介　「無」原訛「不」，據凌廷堪禮經釋例改。

五五四頁二〇行　經文不言何服　「文」原訛「又」，據凌廷堪禮經釋例改。

五五五頁〇五行　燕禮用朝服　「燕禮」原涉上而脱，據凌廷堪禮經釋例補。

五五五頁一一行　從今文作釋　「今」原訛「經」，據胡承珙儀禮古今文疏義改。

五五五頁一九行　禮記學記息焉游焉　「學」原訛「樂」。語出禮記學記，今據以訂正。

五五五頁一九行　息謂作勞休止之爲息　原脱「爲」，據禮記學記鄭注補。

五五六頁一七行　説屨升坐矣　「坐」原訛「堂」，據淩廷堪禮經釋例改。

五五六頁一八行　使擯者而已　「者」原訛「之」，據淩廷堪禮經釋例改。

五五七頁〇二行　路堵父　國語魯語下作「露睹父」。燕禮記鄭注引作「路堵父」，敖氏蓋據鄭氏注文。

五五七頁〇四行　敖氏所引左傳　按：敖氏引文見國語魯語下，不見左傳，盛氏誤記。

五五七頁一一行　薦同也　原脱「也」，據阮氏校勘記補。

五五七頁一八行　禮食之餘别召知友　原「禮食」誤倒，「别」訛「則」，竝據賈疏乙改。

五五八頁〇四行　敬老尊賢之義　「義」原訛「意」，據方苞儀禮析疑改。

五五八頁一六行　請者來否　原脱「來否」，據褚寅亮儀禮管見補。

五五九頁〇一行　諸公大夫　原脱「公」，據王引之經義述聞補。

五五九頁〇五行　鄉飲酒之諸公大夫　原脱「之」，據王引之經義述聞補。

五五九頁〇九行　卿大夫則君子也　原脱「也」，據王引之經義述聞補。

五五九頁一〇行　不及侍坐於貴人　原脱「及」，據王引之經義述聞補。

五五九頁一八行　昨日之尊客　原脱「客」，據敖繼公儀禮集説補。

五六〇頁〇一行　得失榮辱之界　「界」原訛「介」，據方苞儀禮析疑改。

五六〇頁〇四行　若賓介已受正禮　原脱「介」「禮」二字，據方苞儀禮析疑補。

五六〇頁一〇行　是亦純用鄉樂之異者耳　「是」原作「蓋」，據敖繼公儀禮集説改。

五六一頁〇四行　張氏云　原「張氏」下有「爾岐」二字，乃正義妄增者。今據阮元校勘記删。按：阮元校勘記中之張氏，例指儀禮識誤之作者張淳，非儀禮句讀之作者張爾岐也。

五六一頁〇九行　餽食記先言特牲餽食之類也　原「餽食記」三字誤作「禮」，又缺下「餽食」二字，竝據敖繼公儀禮集説改補。

五六一頁一二行　以五物詢衆庶　「五物」下原衍「之禮」，據方苞儀禮析疑删。

五六一頁二〇行　謀賓介爲飲酒之始　「爲」原訛「如」，據敖繼公儀禮集説改。

五六二頁〇二行　恐其容有不能　原訛作「將其人容有不能」，據張爾岐儀禮句讀改。

五六二頁一四行　士之素志　原脱「士」，據盛世佐儀禮集編補。

五六三頁〇一行　即指賓介也　「介」原訛「戒」，據文意訂改。

五六三頁〇九行　宋本釋文作鼏　「鼏」原訛「冪」，據阮元校勘記改。

五六三頁一一行　皆與此類　「類」原作「異」，據敖繼公儀禮集説改。

五六三頁一六行　更有執冪者　原脱「者」，據方苞儀禮析疑補。

五六四頁〇六行　祖猶法也　「法」原訛「發」，據李如圭儀禮集釋改。

五六四頁〇六行　亨煮也　「亨」原訛「言」，據敖繼公儀禮集説改。

五六五頁一〇行　長兄弟酌衆賓長爲加爵二人班同迎接竝也　淩廷堪禮經釋例如此，文同毛本。「酌」，阮元校勘記云：「徐本、要義、楊氏俱作『酬』，集釋作『及』，通解、毛本作『酌』。周學健云『推尋文義，應作及爲是』。」「迎」，阮氏校勘記謂徐本、集釋、要義、楊氏俱作「宜」，通解、毛本作「迎」。推尋文義，作「宜」爲是。

五六五頁一六行　衆賓長爲加爵　原脱「長」，據淩廷堪禮經釋例補。

五六五頁一八行　正賓主之獻酢　原脱「賓」，據淩廷堪禮經釋例補。

五六五頁一九行　獻酢用爵觚　「酢」原訛「酬」，據淩廷堪禮經釋例改。

五六七頁〇六行　亨狗于東北　「亨」原訛「享」，據蔡德晉禮經本義引郝敬説改。「東北」原作「堂北」，乃襲蔡德晉禮經本義引郝氏説之誤，今據郝敬儀禮節解改。

五六八頁〇四行 注但言膞骼 「膞」原作「膊」，今訂改。按：下引阮元校勘記詳辨「膊」字之訛，正義按語自當用「膞」也。下「肫與膞之爲一」「注之膞骼即肫骼」同改。

五六八頁一二行 俱誤作膊 「俱」原訛「既」，據阮元校勘記改。

五六八頁一二行 不得與肫通用 「通」原訛「同」，據阮元校勘記改。

五六八頁一四行 牲體肫骼 原脱「體」，據段玉裁説文「肫」字注補。

五六八頁一四行 腨腓腸也 「腓」原訛「肥」，據段玉裁説文解字注改。

五六八頁一七行 謂前其本也 原脱「前」，據阮元校勘記補。

五六八頁一八行 凡脊脅不謂之體 「脊」原訛「肩」，據敖繼公儀禮集説改。

五六九頁〇四行 淩氏釋例云云 按：淩氏此條禮例，胡培翬已於卷二「若殺」節下詳引，楊大堉疏于照應，又於卷七此節重複引録。

五六九頁〇六行 主人俎脊脅臂肺 原脱「俎」，據淩廷堪禮經釋例補。

五六九頁〇七行 右體周所貴也 「右」原訛「左」，據淩廷堪禮經釋例改。

五六九頁一二行 司馬載載右體 原脱一「載」字，據淩廷堪禮經釋例補。

五六九頁一七行 羊左肩左肫 下「左」原訛「右」，據淩廷堪禮經釋例改。

五七〇頁〇一行　明亨與載皆合左右胖　「亨」原譌「言」，據淩廷堪禮經釋例改。

五七〇頁〇三行　大斂奠　原脱「大斂」，據淩廷堪禮經釋例補。

五七〇頁〇九行　左字蓋傳寫之誤　「字」原譌「氏」，據淩廷堪禮經釋例改。

五七〇頁一〇行　爲夏殷冠子之法　「爲」原譌「如」，據淩廷堪禮經釋例改。

五七〇頁一二行　前脛骨三　「三」原譌「之」，據本節注文改。

五七〇頁一四行　脅肩前骨也　郝敬儀禮節解及蔡德晉禮經本義引郝氏説同。盛世佐儀禮集編引郝氏此文，附小字案語曰：「脅字疑衍。」

五七〇頁一四行　賓俎用貴　「俎」原作「骨」，據蔡德晉禮經本義引郝敬文改。

五七〇頁一五行　介俎用胳者　「介」原譌「今」，據敖繼公儀禮集説改。

五七一頁〇四行　而介用肫　「介」原譌「可」，據張爾岐儀禮句讀改。

五七一頁一七行　牲體之胳　「牲」原譌「特」，據段玉裁説文解字注改。

五七一頁一九行　不同鄭也　「同」原譌「從」，據段玉裁説文解字注改。

五七二頁〇一行　儀禮多言肫骼　「骼」原作「胳」，據段玉裁説文解字注改。下「曰骼」「骼在肫上」「骼是本字」，竝據段注改「胳」爲「骼」。按：段氏以作「骼」爲正。

五七二頁〇一行　肫亦作膞　原脱「肫」，據段玉裁說文解字注補。

五七二頁〇二行　髖者髀上也　「髀」原訛「脾」，據段玉裁說文解字注改。

五七二頁〇二行　牲前足體三　「足」原訛「是」，據段玉裁說文解字注改。下「後足體三」同。

五七二頁〇二行　臑於人爲厷　原脱「臑」，據段玉裁說文解字注補。

五七二頁〇四行　肩臂臑膞骼　「臂臑」原倒，「膞骼」訛作「膊骼」，竝據段玉裁說文解字注乙改。

五七二頁〇五行　至埤蒼乃作骼　「骼」原訛「骼」，據段玉裁說文解字注改。

五七二頁〇六行　又或作骰　「骰」原訛「骰」，據段玉裁說文解字注改。

五七二頁〇七行　許據十七篇爲言　「據」原作「案」，據段玉裁說文解字注改。

五七三頁〇三行　必酢主人者也　「必」原訛「以」，據賈疏改。

五七三頁〇七行　凡奠爵拜執爵興者也不徒作者　原脱「拜」「作」二字，竝據盛世佐儀禮集編補。

五七三頁一三行　是亦不徒作也　「亦」原訛「以」，據盛世佐儀禮集編改。

五七四頁〇一行　固偏　「偏」原訛「徧」，據盛世佐儀禮集編改。

五七四頁一六行　其飲居右　「飲」原訛「餘」，據李如圭儀禮集釋改。

五七四頁一八行　主人酬賓之爵也　按：卷一冠者見母節正義云：「飲酒正禮亦將舉者於右，不舉者於左，但其儀節較醴更繁耳，詳鄉飲酒記。」可知胡培翬原欲於此記「將舉于右」下詳引淩廷堪禮經釋例「凡奠爵將舉者於右不舉者於左」一條。而楊大堉未予引録，又使其師言落空。

五七五頁〇一行　一人辭之者　「辭」原訛「洗」，據敖繼公儀禮集説改。

五七五頁〇七行　蓋爲衆賓之長一人也　「爲」原訛「以」，據盛世佐儀禮集編改。

五七五頁一八行　經云衆賓辯有脯醢　「經」原訛「注」，據盛世佐儀禮集編改。

五七六頁〇二行　與其衆寡　「寡」原訛「庶」，據盛世佐儀禮集編改。

五七六頁〇三行　與東面者相繼　原脱「者」，據盛世佐儀禮集編補。

五七七頁〇三行　三作　「作」原訛「爵」，據盛世佐儀禮集編改。

五七七頁〇九行　獻介介不拜洗　下「介」原訛「之」，據盛世佐儀禮集編改。

五七七頁一二行　大夫不入之上　「上」下原衍「也」，據盛世佐儀禮集編删。

五七七頁一七行　不徒爵也　「爵」原訛「作」，據盛世佐儀禮集編改。

五七七頁二〇行　如以不徒爵爲薦則衆賓辯有脯醢　「爵」原訛「作」，「辯」原作「皆」，竝據方苞儀禮析疑改。

五七八頁〇九行 實觶西階上坐奠觶遂拜執觶興　「西」上原衍「于」，二「觶」皆作「爵」，竝據卷六經文删改。

五七八頁一〇行 坐祭遂飲卒觶興　「卒」原訛「執」，據卷六經文改。

五七八頁一四行 鄉射記此句於凡奠者于左之上者承上坐卒爵者拜既爵立卒爵者不拜既爵以類相從耳　按：鄉飲酒記「凡奠者于左」之上有「坐卒爵者拜既爵立卒爵者不拜既爵」十五字，而鄉射記無此二語，正義説混。

五七八頁二〇行 在一人舉觶後　原脱「後」，據褚寅亮儀禮管見補。

五七九頁〇一行 樂作則獻工　「工」原訛「上」，據褚寅亮儀禮管見改。

五七九頁一九行 階間者在堂下兩階之間　原缺「階間者」，「下」訛「上」，竝據李如圭儀禮集釋補改。

五八〇頁〇四行 檐間承溜也　「溜」原訛「霤」，據盛世佐儀禮集編引郝氏語改。

五八〇頁一一行 此鄉飲酒　「酒」下原衍「之」，據張爾岐儀禮句讀删。

五八〇頁一三行 比禮　敖繼公儀禮集説同，蓋不誤。南菁本改作「此禮」，恐非。

五八〇頁一四行 取節於霤　「節」原訛「爵」，據敖繼公儀禮集説改。

五八〇頁一七行 以十有二聲爲之齊量　「聲」原訛「律」，據陳暘樂書改。按：此襲盛世佐儀禮集編引

五八〇頁二〇行　陳説之訛。此句出自周禮典同，「聲」「律」固不可混。

則知有編磬矣　按：陳暘樂書此句上尚有「言編鐘於磬師」六字，盛世佐儀禮集編引省「於磬師」三字，正義轉引又省「言編鐘」，語意漸晦。

五八一頁〇一行　鼗倚於頌磬西紘　「鼗」下原衍「鼓」，據盛世佐儀禮集編引陳暘説删。

五八一頁〇九行　同一簨簴　「簨」原訛「簴」，據盛世佐儀禮集編引陳暘説改。

五八一頁一〇行　編縣之法　「縣」原訛「磬」，據盛世佐儀禮集編改。

五八一頁一二行　唐李紳用二十四枚　「紳」原訛「沖」，據陳暘樂書改。下同。按：觀下文「馬氏端臨」云云，知盛世佐據文獻通考爲説，而文獻通考該條全襲陳暘樂書。文獻通考刻本訛作「李沖」，盛氏不察而誤因之。

五八一頁一四行　鄭氏之言頗與樂緯四清聲合　「氏」原訛「公」，據盛世佐儀禮集編改。按：未見樂緯言四清聲者。存疑。

五八一頁一七行　馬氏端臨善李沖所傳　「傳」原作「用」，據盛世佐儀禮集編改。按：善李沖所傳者實爲陳暘，盛氏不辨而誤稱馬氏。

五八一頁一九行　去其不用者八聲　「聲」原訛「音」，據盛世佐儀禮集編改。

五八二頁〇六行　摍蹴引也　「摍」原訛「縮」，據胡承珙儀禮古今文疏義改。

五八二頁〇七行　蹩路馬芻　「蹩」原訛「蹴」，據胡承珙儀禮古今文疏義改。

五八二頁〇八行　箋云　「箋」原訛「傳」，胡承珙儀禮古今文疏義亦誤，今訂正。按：此乃胡氏襲經籍纂詁之訛者。

五八二頁一二行　磬在兩階之間　「在」原訛「當」，據王引之經義述聞改。

五八二頁一二行　磬雖不在霤　「雖」原訛「非」，據王引之經義述聞改。

五八二頁一三行　弓人　「弓」原訛「工」，據王引之經義述聞改。

五八二頁一七行　本顯磬南之所在　「本」蓋「未」字之訛。

五八二頁一九行　此禮特縣則有磬鐘鎛及鼓鼙　「此禮」，敖繼公儀禮集説原作「比禮」。

五八三頁〇八行　皆不目其方　「目」原訛「自」，據方苞儀禮析疑改。

五八三頁一三行　蓋升以自下而上爲便　原缺「蓋」「自」兩字，據褚寅亮儀禮管見增補。

五八三頁一四行　指身在席正中者言也　「指」原訛「猶」，據褚寅亮儀禮管見改。

五八三頁一五行　必拘由上之禮　「上」原訛「下」，據褚寅亮儀禮管見改。

五八三頁一五行　徑從北降　「徑」原訛「經」，據褚寅亮儀禮管見改。

五八三頁二〇行　無獻者異於衆賓　「衆」原訛「正」，據敖繼公儀禮集説改。

五八四頁一八行　不征於司徒　「徒」原訛「馬」，據盛世佐儀禮集編改。

五八四頁一九行　而升諸司馬　「馬」原訛「徒」，據盛世佐儀禮集編改。

五八五頁〇八行　則是飲酒之禮　「酒」下原衍「者」，據敖繼公儀禮集説删。

五八五頁一八行　統於尊也　「尊」原訛「遵」。燕禮疏云：「注云『卿坐東上統於君也』者，決鄉飲酒、鄉射諸公大夫席于尊東，西上。彼遵尊於主人，故鄭注云『統於尊』；此爲君尊，故統於君而東上也。」「統於尊」之尊指設于房户間之酒尊也。今據以訂改。按：金曰追、盧文弨、曹元弼諸家皆從朱熹儀禮經傳通解改「遵」爲「賓」，疑非。

五八六頁〇四行　則此所謂不與者　「此」上原衍「前」，據敖繼公儀禮集説删。

五八六頁〇五行　且不與獻酬　「獻」原作「旅」，據敖繼公儀禮集説改。

五八六頁〇九行　間有數節之儀　「儀」原訛「議」，據盛世佐儀禮集編改。

五八六頁一五行　殆未深考歟　「殆」原訛「殊」，據盛世佐儀禮集編改。

五八六頁一七行　不與之爲不與旅酬不言不〔一〕可　按：依各家説，此「不與」謂不與獻及旅酬，非僅不

〔一〕編者案：刻本無「不」字。

與旅酬。正義未晐。

五八六頁一八行　與上文隔越不屬　原缺「與」，參考盛世佐儀禮集編原文訂補。

五八六頁一八行　亦未就記文而細繹之也　「就」原訛「説」，依文意訂改。

五八八頁〇一行　獻獲者　「獻」上原衍「獲」，據淩廷堪禮經釋例删。

五八八頁〇七行　執觶　「執」原訛「酬」，據敖繼公儀禮集説改。

五八八頁〇八行　獻次衆賓　原脱「衆」，方苞儀禮析疑亦缺，據特牲記補。

五八八頁一二行　賓介　「介」原訛「客」，據方苞儀禮析疑改。

儀禮正義卷八

校勘記

五八九頁一四行 鄉大夫大比　下「大」原脱，據張爾岐儀禮句讀補。

五九〇頁一九行 此是鄉之所居黨　「是」原作「蓋」，據盛世佐儀禮集編改。按：學記孔疏作「是」。

五九〇頁二〇行 州學以下皆爲庠　「庠」原訛「序」，盛世佐儀禮集編誤同，據禮記學記孔疏改正。

五九一頁一五行 當以鄉飲酒義及周禮之言爲正　「言」原訛「禮」，據盛世佐儀禮集編改。

五九三頁〇八行 若其詢衆庶與　盛世佐儀禮集編同。按：疑「與」爲衍文。黄以周射禮通故引此文，已删「與」字。

五九三頁一四行 戒猶警也　「警」下原衍「之」，據本節注删。

五九三頁二〇行 諸公卿大夫　「諸」原訛「衆」，據方苞儀禮析疑改。

五九四頁〇二行 禮事最重理當先期戒賓　原「禮」訛「之」，「理」訛「謂」，竝據吴廷華儀禮疑義改。

五九四頁〇五行 鄉飲記有不宿戒之説　「記」原訛「酒」，據吴廷華儀禮疑義改。

五九四頁〇六行　彼所謂使能　「所」上原衍「無」，據吴廷華儀禮疑義删。

五九四頁〇九行　疏謂出序之學門　「門」下原衍「外」，據盛世佐儀禮集編删。按：賈疏固無「外」字。

五九六頁一一行　以其無室　「室」原訛「堂」，據賈疏改。

五九六頁一二行　不言户牖間者　原脱「間」，據敖繼公儀禮集説補。

五九七頁〇五行　三間五架　「間」原訛「門」，據盛世佐儀禮集編改。

五九七頁一五行　記云西序之席北上　「記」原訛「禮」，據張惠言儀禮圖改。

五九八頁〇九行　張氏惠言云　張惠言説共五十八字，上文已引用，於此不宜複出。

六〇〇頁一三行　鐘磬各一堵　「各」原訛「爲」，據盛世佐儀禮集編改。

六〇〇頁一九行　魏绛於是始有金石之樂　「魏绛」原涉上而脱，據盛世佐儀禮集編補。

六〇二頁一四行　以虎熊豹麋之皮飾其側　「虎熊豹麋」原訛作「席豹熊麋」，今據周禮司裘注改乙。

六〇三頁一六行　而左方之躬與舌合長一丈　「方」原訛「右」，

六〇四頁〇三行　説束繫綱之節　「束」原訛「左」，據方苞儀禮析疑改。

六〇四頁一一行　爾雅云乏謂之防　「乏」，爾雅釋宫本作「容」，敖氏以意改之。按：周禮射人「三侯三獲三容」，鄭注云：「容者乏也，待獲者所蔽也。」

六〇四頁一五行　唱獲者所隱蔽　「獲」原訛「護」，今正。

六〇五頁〇二行　乏居三之一　「一」原訛「十」，據張爾岐儀禮句讀改。

六〇五頁一〇行　參三之而近侯身者居其一　蔡德晉禮經本義引高愈説同此。疑「三」爲「分」之誤。

六〇五頁一二行　乏縱廣七尺有半　聶崇義三禮圖無「有半」二字，大唐開元禮亦云「高廣七尺」。褚寅亮儀禮管見引聶圖，蓋涉下「以牛」而誤衍「有半」。

六〇五頁一六行　自室外至堂廉　原脱「外」，據褚寅亮儀禮管見補。

六〇六頁〇五行　往黨衛侯　按：公羊傳曰：「往黨，衛侯會公于沓；反黨，鄭伯會公于斐。」胡氏襲經籍纂詁漫摘前四字，實不成語也。

六〇七頁一二行　舍朝服無可服也　「可」原作「所」，涉上而誤，據方苞儀禮析疑改。

六〇七頁一九行　燕禮用朝服　「燕禮」原涉上而脱，據淩廷堪禮經釋例補。

六〇七頁二〇行　敖氏之説當矣　按：以上所引淩氏釋例文字，鄉飲酒禮息司正節已引録，此又重出。

六〇七頁二〇行　卿大夫士之射也　「卿」原訛「鄉」，又脱「士」，竝據禮記射義改補。

六〇八頁〇六行　如以鄉射唯宿賓拜賜拜辱言朝服他皆不言者例見於鄉飲故文不具　按：此用淩氏釋例語，而迥非原意。淩氏云：「例見於此，故文不具。」「例見於此」，即指「鄉射唯宿賓拜賜拜辱言朝服」而言，非謂鄉飲也；「文不具」，謂鄉飲「文不具」耳，非謂鄉射「文不具」也。胡肇昕暗引釋例文，乃先私改「此」爲「鄉飲」，而後批駁之，何其陋也。

六〇九頁一二行　賓之進退視主人也　「視」原訛「似」，據蔡德晉禮經本義引高愈説改。

六一〇頁一五行　言無先後也　「無」原訛「皆」，據敖繼公儀禮集説改。

六一〇頁一七行　介及衆賓徐進至階下　「及」原作「至」，涉下而誤，據方苞儀禮析疑改。

六一二頁〇七行　王前屬前之前　「屬」原訛「蠲」，據胡承珙儀禮古今文疏義改。

六一三頁〇七行　朱子云賓降案鄉飲酒曰當西序東面　案：朱熹儀禮經傳通解引「鄉飲酒曰當西序東面」，原注于前經文「主人取爵于上篚以降賓降」之下，正義移繫于此，不妥。

六一三頁一七行　主人阼階上拜送爵　原脱「上」，依前文例增。

六一四頁〇四行　但文略耳　「但」原訛「故」，據盛世佐儀禮集編改。

六一五頁一一行　古者爲長之道　原脱「之」，據方苞儀禮析疑補。

六一九頁一〇行　今射禮無介　「禮」原訛「義」，據蔡德晉禮經本義引高愈説改。

六二一頁〇六行　石經補缺葛閩俱作賓　「閩」原訛「闅」，據阮元校勘記改。

六二三頁一三行　獨著其加席辭席去席之特異者　「辭席」原訛作「辭洗」，方苞儀禮析疑刻本訛作「辭賓」，今據鄉飲酒經文訂正。

六二三頁一九行　鄉飲酒記謂士既旅不入　按：鄉射記亦有「既旅士不入」之語。

六二三頁〇八行　隆殺之宜亦如本鄉也　「鄉」原訛「然」，據盛世佐儀禮集編改。

六二四頁〇一行　堂下直西序之位也　「序」原訛「席」，據文義訂改。又，句下原誤空一格，今不留空。

六二四頁〇三行　瑶田謂堂上之位　「上」原訛「下」，今據文義訂正。

六二五頁〇四行　賓與遵之席必偪近於室　「偪」原訛「偏」，據方苞儀禮析疑改。

六二七頁〇九行　卒爵興坐奠爵遂拜執爵興　「卒爵」原訛「卒奠」，「執爵」原訛「執觶」，竝據鄉飲酒禮經文訂改。

六二七頁一〇行　介席東面而南方爲上　按：禮記曲禮上云：「席東鄉西鄉以南方爲上。」而淩廷堪禮經釋例卷二云：「凡設席，東向西向，于神則南上，于人則北上。」

六二七頁一一行　大夫席南面以東方爲上　按：鄉飲酒記賈疏云：「若無諸公則大夫南面西上，統於尊。」韋說似誤。

六二八頁一一行　宰夫贊主人酌　「贊」原訛「獻」，據

六二八頁一二行　酢于長賓　「長」原訛「主」，據

六二八頁一六行　從可知也〔一〕　按：以上所引焦以恕説，係焦氏録自清儀禮義疏者，正義不應捨義疏而稱舉焦氏。又，上「大夫降洗」下引盛世佐説，此又引焦以恕説，討論同一問題不應分繫兩處。且兩説對立，矛盾顯然，正義徒知抄録，竟不辨兩義究以何者爲正也。

六二八頁一九行　亦當如鄉飲酒禮坐奠爵　核鄉飲酒禮，「坐」上當有「興」字。

六二九頁〇六行　其奠于西楹南者　原脱「者」。

六二九頁〇七行　以其介右拜送故也大夫拜送如介故所奠同處　清儀禮義疏同。按：酢禮言「拜送」，恐誤。介或大夫以空爵授主人，主人實爵以自酢，主人有奠爵拜、卒爵拜、再拜崇酒，從而介或大夫有三次荅拜，竝無「拜送」之文。

六三二頁〇六行　工升自西階即北面坐　按：方説易生誤解，壹似鄉飲酒之工席即設在西階上者。

六三三頁一二行　内越孔雖長　「孔」原作「内」，涉上而訛，據盛世佐儀禮集編改。

六三三頁〇七行　縣在東階下　「下」原訛「上」，蔡德晉禮經本義誤同，今參郝敬儀禮節解訂改。

六三四頁〇六行　昔大王王季居於岐山之陽躬行召南之教以興王業　「王季」下原衍「文王」，「興」原訛「行」，竝據鄉飲酒、燕禮二注删改。

〔一〕編者案：刻本「也」作「矣」。

六三六頁〇八行　告備降　「備」蓋「畢」字之訛。

六三八頁一七行　敖氏集説亦云乃著笙不洗者似所據鄭注亦作著字　敖氏固未申注，恐未得據其解説文字以推測鄭注之作「著」也。

六四〇頁〇四行　即樂南陔白華華黍之樂也　原無「之」，今增。

六四一頁一九行　尊賓也　「賓」原訛「禮」，據方苞儀禮析疑改。

六四二頁〇一行　特變其方不用升席之正禮也〔一〕　按：方苞謂主人尊賓，升席降席皆以由北方爲正；而立司正及將徹俎，主人降自南方，臨屬吏及弟子乃特變其方，以尊主人。胡肇昕乃謂「特變其方，不用升席之正禮」。夫特變其方，謂主人降席變由南方也。降席焉能關涉用不用升席之正禮？胡説不通。

六四三頁〇一行　以樂工坐階際故也　「工」原訛「正」，據蔡德晉禮經本義改。

六四三頁〇九行　故先以主人之意請安于賓　原脱「故」，據方苞儀禮析疑補。

六四四頁一六行　中庭北面坐奠觶　原脱「面坐」，據本節經文增補。

六四五頁一〇行　鄭之主於階間者　「間」原訛「前」，

〔一〕編者案：刻本無「也」字。

六四六頁〇三行　與經不合　續經解本實事求是齋經説作「於經無據」，義長。

六四六頁〇六行　北面立於觶南　「觶」原訛「阼」，續經解本實事求是齋經説作「觶」，與經合，今據改。

六四六頁一五行　經無此説　「經」原作「固」，非。據續經解本實事求是齋經説改。

六四七頁〇六行　在阼階中庭　續經解本實事求是齋經説「階」下有「之」字。

六四八頁〇一行　以爲立節　「立」原作「少」，涉上而誤，據胡承珙儀禮古今文疏義改。

六四八頁一二行　聘禮擯者退中庭　「聘」原訛「射」，賈疏誤同，今據盧文弨儀禮注疏詳校改。

六四九頁〇四行　三耦俟于堂西　「俟」原作「次」，方苞儀禮析疑同，今據經文訂改。

六四九頁一九行　司射選賓子弟有行藝者充之　原脱「子弟」，據郝敬儀禮節解補。

六五一頁一九行　司馬正命取矢　原缺「正」字。按：大射儀第一番射三耦射後取矢節，命取矢及命設楅者皆爲司馬正，今據以訂補。

六五一頁二〇行　其第二番射則命去侯者司馬也第三番射公將射則司馬師命負侯司馬命去侯　上「命」原缺，據大射儀訂補。按：此言「第二番射」者，指第二番射三耦再射之節；所謂「第三番射」者，實指第二番射君與賓耦射之節也。用辭不碻。又按：程氏此段文字頗龐雜，正義應就其與本注「司射主人之吏也」有關者摘引之，不該率爾全文迻録，而不顧疏體之針對性。

六五二頁〇七行 小雅車攻毛傳曰決鉤弦也　「傳」原訛「詩」，今改正。

六五二頁〇九行 文選李陵荅蘇武書注引説文云　原脱「注」，今參説文「韝」字段氏注訂補。

六五二頁一〇行 周禮繕人注　「繕」原訛「膳」，據周禮鄭注改。下同。

六五二頁一四行 禮經作遂小雅作拾即一物也　按：儀禮亦多處有「説決拾」之語，拾即韝也。胡説未晰。

六五二頁一六行 能射御則佩韘　「韘」原作「玦」，據詩經芄蘭毛傳改。

六五二頁一九行 食指將指無名指　原「將指」倒在下，説文段注「將指」居中，與大射注合，今據乙。

六五四頁〇二行 掌王之用弓弩矢箙矰弋抉拾　「箙」原訛作「以服」二字，據淩廷堪禮經釋例改。

六五四頁〇八行 側持弓矢曰執　此引注蓋據賈疏所引。彼注原作「弦矢」，賈疏引作「弓矢」。

六五四頁〇九行 司馬彪注方猶竝也　按：通志堂本經典釋文作「司馬云方並也」，郭慶藩引同，均無「猶」字。

六五四頁一五行 曲禮注袒而即衣曰裼孟子集説又以袒裼爲露臂　吴廷華儀禮疑義抄本同。按：曲禮注無「袒而即衣曰裼」一語，而玉藻注有「袒而有衣曰裼」，則「曲禮」當作「玉藻」，「即」當作「有」。又按：以袒裼爲露臂者，見朱熹孟子集注公孫丑上，則「集説」當作「集注」。

六五四頁一九行 若既肉袒則無礙於弦何必著遂 按：著遂要在護膚，恐發矢時弦偶傷小臂裏側耳。吴説非。

六五五頁〇一行 記人因大夫曰袒纁襦公曰袒朱襦士以下不言襦故誤以爲肉袒耳 吴廷華儀禮疑義抄本同此。盧文弨儀禮詳校引「記人因」作「疏因記言」。按之文理，均不明通。參照上文，「記人因」改作「注因記言」差可。

六五五頁〇五行 段氏玉裁曰 原脱此五字，據胡承珙儀禮古今文疏義補。段熙仲先生校云：「此不當省，否則下文胡承珙評『段説殊泥』即不可通矣。」

六五五頁〇六行 干本作帀日 「帀」原訛「市」，據胡承珙儀禮古今文疏義改。

六五五頁〇九行 挾矢爲假借與〔一〕 「矢」原訛「弓」，據胡承珙儀禮古今文疏義改。

六五五頁一〇行 謂有所挾持 原脱「所」，據胡承珙儀禮古今文疏義補。

六五七頁〇七行 緣主人尊賓之意也 「意」原訛「義」，據敖繼公儀禮集説改。

六五七頁〇九行 當北面 「當」原作「惟」，據敖繼公儀禮集説改。

〔一〕 編者案：刻本「與」上有「字」字。

六五八頁〇四行　不知射事諸執事皆在西　吴廷華儀禮疑義抄本同。盧文弨儀禮詳校引「射事」作「射時」。

六五八頁一一行　矢在弓下北括　「北」原訛「此」，據本節注文改。

六五八頁一三行　下文云東序東　「序」原訛「房」，據敖繼公儀禮集説改。

六五九頁〇五行　亦倚於東序也　「序」原訛「房」，據諸本改。

六五九頁〇五行　賓與大夫之弓矢亦在西序西　原脱下「西」，據姜兆錫儀禮經傳參義補。

六六〇頁〇六行　比選次其才相近者也者　上「者」原脱，據本節注文補。

六六一頁一九行　射中曰獲　「曰」原訛「者」，據郝敬儀禮節解改。

六六二頁一九行　必空三笥者　「者」原訛「也」，據敖繼公儀禮集説改。

六六三頁〇一行　方氏苞云鄉飲酒禮著工之降而不見所坐之地故互見於此彼注云降立於西方誤　曹元弼禮經校釋云：「此工降，避射也。鄉飲無射，則不降。彼注所云降立于西方者，謂相者坐授瑟降耳。則此經亦有其事，注亦同。方氏誤以爲言工降，疏失之甚。」按：方氏誤説明顯，正義居然採録，亦暗于取捨矣。

六六五頁〇四行　使〔一〕弟子任之　「任」原作「易」，據方苞儀禮析疑改。

六六五頁〇五行　云遂　原涉上而脱「云」，據敖繼公儀禮集説補。

六六五頁一四行　俱作捷　「捷」原訛「定」，據阮元校勘記改。

六六五頁一六行　右手抽矢而射　「矢」原訛「捷」，據賈疏改。

六六五頁一八行　士冠禮鄭注建柶扱柶於醴中　「士」原訛「土」，下「柶」原訛「⿰扌四」，竝屬筆畫之誤，今正。按：字書無「⿰扌四」字。

六六六頁二〇行　明司射郤〔二〕右還西南東面也　曹元弼禮經校釋謂「右還」當作「左還」，是也。按：司射東面，右還西南須旋二二五度，左還西南則僅一三五度。左還便。

六六七頁〇一行　以其違於舊處　「違」原訛「遠」，據敖繼公儀禮集説改。

六六八頁一二行　謂繞楹之東而北　原脱「謂」，據敖繼公儀禮集説補。

六六九頁一〇行　賓于堂西亦如之　原脱「西」，據淩廷堪禮經釋例補。

六七〇頁〇五行　讀如成周宣榭災之榭榭　三「榭」原皆作「謝」，竝據阮元校勘記改。

〔一〕編者案：刻本「使」下有「以」字。

〔二〕編者案：刻本「郤」下有「時」字。

六七〇頁〇五行　徐本通解要義楊氏俱作謝　「謝」原訛「榭」，據阮元校勘記改。

六七〇頁〇八行　且說文無榭字　「榭」原訛「謝」，據阮元校勘記改。

六七〇頁一六行　宜從榭者　「榭」與「者」之間原衍「序乃夏后氏之學亦非也」十字，據賈疏删。

六七〇頁一七行　及成周宣謝及此州立榭　按：單疏本「立榭」之「榭」亦從言作「謝」。

六七一頁〇三行　本記云序則物當棟　「棟」原訛「楣」，據盛世佐儀禮集編改。

六七一頁〇九行　若復去其四分之一以爲室　原脱「其」，據盛世佐儀禮集編補。

六七二頁〇四行　蓋以序謝字本通耳　「謝」原作「榭」，據胡承珙儀禮古今文疏義改。按：胡氏全文皆作「謝」，則此不宜獨異。

六七三頁一二行　度尺而午　「度尺」原作「畫物」，是襲盛世佐儀禮集編引文之誤。今據姜兆錫儀禮經傳參義改正。

六七四頁〇六行　及物揖　此三字原脱，禮經釋例原刻本、經解本均脱。今據大射儀補。

六七六頁〇五行　而經義遂晦矣　原脱「經」，據盛世佐儀禮集編補。

六七七頁〇五行　明四矢盡發也　「明」原作「必」，據敖繼公儀禮集説改。

六七七頁一〇行　以右巨指鉤弦也　「右」原訛「大」，據敖繼公儀禮集説改。

六七七頁一九行 司射位在所設中之西南 「設」原訛「射」，據張爾岐儀禮句讀改。

六七八頁〇六行 即從階西取扑 「階」原作「堂」，抄本儀禮疑義同。按：經曰「遂適階西取扑」，吴氏固無異義，則「堂」爲「階」之誤明矣。今訂正。

儀禮正義卷九

校勘記

六八一頁一六行 鄭以彼此互決故皆從古文　按：胡承珙儀禮古今文疏義此說以鄉射禮此注及大射儀「三耦俟於次北西面北上」注「今文俟爲立」爲標題，所謂彼此互決者，謂鄉射禮今文作「立」，而大射儀仍作「俟」；大射儀今文作「立」，而鄉射禮仍作「俟」，故鄭玄互參以定字。今正義引其說而略其題，則「彼此互決」之意不明。

六八二頁〇四行 詩齊風俟我于著乎而　「齊」原訛「鄭」，今依詩經改正。

六八二頁一一行 當謂當上下射之間　原脱下「當」，據敖繼公儀禮集説補。

六八二頁一四行 褚寅亮云經明云當上耦作上耦射敖氏云當上下射之間與經違矣作之必正對之而後作獨作上耦則下耦亦隨之而竝行矣　按：上耦爲三耦之一，有上射，有下射。經唯云「當上耦」，猶不明其當上射抑當下射，故敖氏特爲此解。褚氏不得敖旨而誤駁，意謂上耦即上射，尤誤。

六八三頁〇六行　揖進時東行以北爲左當階轉北以西　吴廷華儀禮疑義同。按：「以西爲左」不得省爲「以西」。

六八三頁〇七行　上射已升三等　「射」原訛「揖」，據吴廷華儀禮疑義改。

六八三頁一〇行　爲下射升堂則當在右也　「當」原訛「皆」，據敖繼公儀禮集説改。

六八三頁一九行　合足　「足」原訛「卒」，據敖繼公儀禮集説改。

六八四頁〇二行　還即視侯中　「視」原訛「俟」，鈔本儀禮疑義誤同。今參經文訂改。

六八四頁〇四行　又大射言執弓右挾之此無文可知　此語蓋針對下經「司馬不決遂袒執弓」，大射云「司馬正袒決遂執弓右挾之」而言者，不當繫于此也。又案：吴廷華儀禮疑義云：「大射君禮，威儀多；此臣禮略殺耳。」則此説非出自吴氏，殆無疑義，惟尚不知出自何人也。

六八五頁〇七行　大射曰左執弣　「射」下原有「儀」，依注文删。

六八五頁一五行　西南面者　「西」原訛「面」，據吴廷華儀禮疑義改。

六八五頁一九行　簫弭頭也　「頭」原訛「須」，據曲禮鄭注改。

六八五頁二〇行　言簫梢也　按：王先謙釋名疏證補云：「言字當在梢上。」

六八七頁〇四行　皆袒決遂　「決」原訛「也」，禮經釋例刻本誤同。今依儀禮詞例訂正。

六八七頁一五行 反位立於司射之南者　前八字複述經文，後加一者字，則成爲有待疏解之標題，而下引敖氏云「反謂復其故道也」，所以解經「反由司射之南」之「反」，非釋「反位」之「反」。至若褚氏前說，則論經「司馬出于下射之南還其後」之節也。引敖、褚兩家説，均不在標題範圍之内，可謂文不對題，殊失疏體之嚴謹性。

六八八頁一一行 敖氏云圍下射而降者往來相變以爲儀也　原缺「云」，依疏例增。「相」原訛「交」，據敖繼公儀禮集説改。

六八八頁一五行 升降徑由堂東西者　「徑」原訛「經」，據方苞儀禮析疑改。

六八九頁一二行 江氏筠云仍是司馬由東而南行司射由西而北行　如江氏説乃是相右非相左也。相左者，交臂而過之際，互在對方之左也。賈、敖説是，江氏説非。正義列謬説于後，亦可知其昧于相左之義也。

六九一頁一一行 故以此古文作後者爲非　「後」原訛「后」，據胡承珙儀禮古今文疏義改。

六九二頁〇三行 講武田之類　「田」上原衍「師」字，據嚴本、毛本删。按：下正義引亦無「師」字。

六九二頁一七行 負侯皆許諾　「負」原訛「三」，據盛世佐儀禮集編改。

六九四頁一三行 交遇于西階前　「于」上原衍「乃」，據蔡德晉禮經本義删。

六九五頁〇二行　降如三耦　「如」原訛「加」，禮經釋例刻本誤同，今據大射儀訂正。

六九五頁〇九行　反位　「反」，原訛「及」，禮經釋例刻本誤同，今據鄉射禮訂正。

六九六頁〇八行　無與升射者相左相揖之事耳　「射」原訛「揖」，據敖繼公儀禮集説改。

六九七頁〇八行　經曰相左　「經」原訛「故」，據清欽定義疏改。

六九七頁一四行　揖弓繼西南面而言　原脱「面」，據敖継公儀禮集説補。

六九八頁一四行　注所謂以旌指教之是也　原脱「是」，據清欽定義疏補。

六九八頁一七行　又必升堂西南面命之者　原「必」訛「命」，脱「面」字，竝據清欽定義疏改補。按：楊大堉之案語，每引清欽定義疏而不稱舉所出，此亦其例。

六九九頁〇五行　説文無楅字本字作箙　按：説文木部有「楅」，竹部有「箙」，是爲二字，不得謂説文無楅字。胡説誤。

六九九頁〇八行　誕實匍匐　「誕」原訛「覃」，據詩經生民改。

六九九頁一七行　考之於禮　「禮」原訛「初」，據褚寅亮儀禮管見改。

七〇〇頁〇二行　相左　「左」原訛「交」，據淩廷堪禮經釋例改。

七〇一頁一四行　賈疏云撫者撫拍之意〔一〕　按：賈疏釋注「撫，拊之也」曰：「言撫者撫拍之義，言拊者取拊近之理，故轉從拊也。」是謂經文撫字於義不切，故鄭注更訓爲「拊」也。然則「撫拍之義」亦爲賈所不取。今正義引疏特摘此句，實乖賈意也。

七〇三頁一〇行　則以大夫之耦爲上　「上」原訛「正」，據淩廷堪禮經釋例改。

七〇三頁一三行　鄉射初射　原脱「初射」，據淩廷堪禮經釋例補。

七〇六頁〇六行　及乏南　原脱「南」，據淩廷堪禮經釋例補。

七〇六頁一一行　與司射交于階前　原脱「于」，據淩廷堪禮經釋例補。

七〇八頁〇一行　初射之矢或有鉤折故宜多取以備乏匱也　按：方氏此説節外生枝，與經文「取矢不索」之義無關。

七〇八頁〇二行　此宜以取矢爲句不索爲句　按：「取矢不索」，鄭注明云：「索猶盡也。」意謂三耦所發射之二十四矢，弟子取之未盡，當更尋取之也。楊氏硬將「取矢不索」一語，截爲兩句，甚誤。

七〇八頁〇九行　釋弓反位　「釋」原作「執」，襲敖繼公儀禮集説刻本之誤，今據文義訂改。按：儀禮

〔一〕編者案：刻本「意」作「義」。

集説、通志堂本、文淵閣本及盛世佐儀禮集編引皆訛作「執」，清欽定義疏引作「釋」，是。上經云「若矢不備則司馬又袒執弓」，則降時司馬固已持弓，無須更有「執弓」之事。且敖氏於此謂「執〔一〕弓反位如初」，「如初」即指如其初取矢之時「司馬由司射之南，退，釋弓于堂西」者也。然則此「執」字爲「釋」字之誤，殆無疑義。

七〇八頁一二行 注云鄉獲者許諾至故獨應之　按：鄭注「事同互相明」，意謂前者命取矢經言獲者許諾，此次命取矢經言弟子許諾，實則前次弟子亦許諾，此次獲者亦許諾，互文以見義耳。而敖氏乃謂此次命取矢弟子獨應之。正義釋注竟獨引敖説，殊不知敖説與鄭注旨趣全異，焉能以之釋注耶。

七〇九頁〇九行 其辭蓋曰有司請射耳　「蓋」原作「亦」，據敖繼公儀禮集説改。

七〇九頁一五行 云若皆與射而後告　「云」原涉上而脱，據敖繼公儀禮集説補。

七一三頁〇五行 云將與　「云」原涉上而脱，據敖繼公儀禮集説補。

七一四頁一五行 三耦與司射共矢二十八箇　「與」原訛「命」，據郝敬儀禮節解改。

七一五頁一一行 蓋即上未射時立於司射西南之位也　原脱「未」，據吳廷華儀禮疑義補。

〔一〕編者案：「執」，底稿原作「×」，不知何故，今據儀禮集説改。

七一五頁一九行　亦東面北上也　「面」原訛「南」，毛本賈疏誤同，諸本皆不誤，今據以改正。

七一六頁〇九行　上耦發位東行時　「行」原訛「西」，據張爾岐儀禮鄭注句讀改。

七一六頁一〇行　及楅揖不言北面者至主西面　原兩「面」字俱脱，並據姜兆錫儀禮經傳參義補。

七一九頁〇四行　弓東西鄉俱爲横也　原脱「鄉」，

七一九頁〇五行　士喪記設依撻焉　「記」原作「禮」，據清欽定義疏改。

七一九頁一八行　括有羽末向括　「末」原訛「未」，鈔本儀禮疑義誤同。黄以周射禮通故引作「末」，是。今據以訂改。

七二〇頁〇五行　下射轉左向南乃東反西面位也　「轉左向南乃東」是右還，非左還也。吴説誤。

七二〇頁一〇行　執弦者言不挾也　「弦」原作「弓」，蓋涉上「凡執弓者左執弣」而誤。敖繼公儀禮集説、通志堂本、文淵閣本及盛氏集編、清欽定義疏所引均訛作「弓」。按：敖氏釋經文「順羽且興執弦而左還」之「執弦」，以大射「興順羽且左還」不言「執弦」，故特爲解説耳。敖氏大射注云：「不挾，則但執弦而已。」更可證此「弓」乃「弦」字之訛。今據以改訂。

七二〇頁二〇行　左還向左而還也敖氏云以左體向右而還非　按：凡順時針方向之轉身或轉身行，謂之左還；凡逆時針方向之轉身或轉身行，謂之右還。盛説非，敖説是。

七二一頁〇五行　通論　「論」原訛「解」，

七二一頁一二行　燕禮司正南面坐奠觶右還北面少立及左還南面坐取觶　原「及」在「少立」上，參燕禮經文移正。

七二二頁一五行　則不惟與鄭異解　原脱「與」，據上下文義增。

七二三頁二〇行　西向卻手南踣弓　「南」原訛「西」，據朱熹儀禮經傳通解改。

七二五頁二〇行　方南面揖時　「揖」原訛「射」，據褚寅亮儀禮管見改。

七二七頁〇三行　左還[一]左手向外自北面而西而南也　自北面轉而西面，復轉而南面，是右還也，非左還。吴説誤。正義殿以誤説，知其昧于左右還。

七二七頁〇五行　若上射本左至此始轉而右者誤矣　鄭注謂上耦由西方之位前往碑南楅上取矢時，上射下射竝行，上射在左，下射在右；取矢畢，竝行返位，上射在右，下射在左。意甚明當。吴氏以不誤爲誤。

七二八頁一五行　耦反位　「反」原訛「及」，據淩廷堪禮經釋例改。

七二八頁一八行　説決拾　「決」下原衍「矢」，據淩廷堪禮經釋例改。

[一] 編者案：刻本「還」下有「者」字。

七二九頁一五行　以乘矢就而授之也　「授」原訛「受」，據敖繼公儀禮集説改。

七二九頁一八行　卑賤者之分也　原脱「者」，據褚寅亮儀禮管見補。

七三〇頁一九行　此衆賓于堂西受弓矢于有司　下「于」原訛「如」，據盛世佐儀禮集編改。

七三一頁〇三行　衆賓亦有拾取矢于楅之事故也　原脱「衆賓」，據盛世佐儀禮集編補。

七三一頁〇三行　衆賓不拾取矢　「拾」原訛「矢」〔一〕，據盛世佐儀禮集編改。

七三一頁〇四行　云嫌衆賓三耦同倫初時有射者後乃射有拾取矢禮也者　原缺兩「者」字，上「者」據注文補，下「者」依疏例增。

七三二頁一四行　大射君禮　原脱「禮」，據賈疏補。

七三三頁一四行　如前設楅之爲也　「也」原訛「之」，據敖繼公儀禮集説改。

七三三頁一八行　數算告勝負之事　「數算」原倒。按：此毛本偶誤倒，諸本均作「數算」，今據以乙正。

七三四頁一三行　知者　「者」原訛「此」，據盛世佐儀禮集編改。

七三五頁二〇行　言釋獲者東面設之也　「釋」原訛「實」，據吴廷華儀禮疑義改。

七三六頁〇四行　釋獲者當西面取之　「面」原訛「南」，據吴廷華儀禮疑義改。

〔一〕編者案：刻本「矢」作「失」。

七三六頁〇七行　以其所納射器皆在堂西　「在堂」原作「云當」，是襲毛本賈疏之訛，諸本均作「在堂」，今據以改正。

七三七頁〇五行　則當以貫的爲賢　「的」原訛「革」，據方苞儀禮析疑改。

七三七頁一〇行　無所爲白矢襄尺剡注井儀之式矣　原脱「爲」，據方苞儀禮析疑補。

七三七頁一四行　司馬貞曰滿張弓　「曰」原訛「白」，今正。

七三七頁一五行　故古文患作悶从心關省聲也　按：説文「悶」自爲一字，非「患」之古文。云「古文患，从心，關省聲」，則字當作「𢝊」或「悶」。今作「悶」，疑係刻本形訛。

七三九頁〇七行　謂堂上拾發矢也　「上」原訛「下」，敖繼公儀禮集説、通志堂本、文淵閣本誤同。清欽定義疏引作「上」，是，今據以訂正。

七三九頁〇九行　既釋則與　「釋」原訛「獲」，據敖繼公儀禮集説改。

七三九頁一四行　上二耦射射　鈔本吴廷華儀禮疑義作「上下耦射」。按：此乃正義覺其不通而改動者。然「上二耦射射」更費解，必有訛誤。疑正義改文本作「上三耦射時」，而鈔刻有誤耳。

七四〇頁〇三行　合於中西謂不於左右於中西爲宜也至而云與之合非已　胡氏此説大誤。合於中西，謂釋獲者將手中餘算與中西原有之算合放在一起也。胡氏解「合」爲「宜」，甚謬。賈疏釋注「委之合於中西」曰：「算法多少，視射人多少不定，要横委其餘於中西，手中餘者與之合也。」所言「橫委其餘於中西」，是徑引上經文爲説，上始設中時，經明言釋獲者「受算，坐實八算于中，橫委其餘于中西」。今三耦射畢釋獲，釋獲者將手中餘算合置於中西原有算中。賈疏固甚明當。夫「箭籌八十」，何得云「中西本無算」？胡氏不顧經文，未懂賈疏，遂率爾逞肊爲此無稽之説，徒塵垢簡編耳。

七四一頁〇八行 此豫言之耳　「此」原訛「乃」，據敖繼公儀禮集説改。

七四二頁〇七行 其言序者獨此大夫之取矢揖進耳　「其言序者」，謂言適序西，不言適堂西者。按經，第二番射畢，將進行第三番射，大夫與其耦取矢，「大夫袒決遂，執弓，就其耦，揖皆進」。耦兼取乘矢畢，「大夫進坐，亦兼取乘矢如其耦，北面搢三挾一个，揖退，耦反位，大夫遂適序西，釋弓矢，襲，升即席」。經文大夫取矢揖退下有「適序西」之文，疑此「進」當作「退」方合。

七四三頁〇六行 賓堂西主人堂東　「西」「東」原互訛，據下經文訂正。

七四七頁一一行 疑東之之處當在中央手握處之下　「疑」原訛「宜」，據朱熹儀禮經傳通解改。

七五〇頁一〇行 則據數算東爲正　曹元弼禮經校釋云：「『東』下脱『面』字。」按：曹校是也。

七五〇頁一五行 有餘純　原脱「純」，據敖繼公儀禮集説補。

七五一頁〇三行 案集釋本由中西誤 盧文弨儀禮詳校云：「各本作『東』，李作『西』。」案：殿本集釋作「西」，而文淵本集釋仍作「東」。

七五一頁〇六行 故則右算也 「右」原訛「又」，毛本賈疏誤同。今據單疏、通解及各家校説訂正。

七五一頁一四行 敖説每委二字當作十純 詳上文敖氏意，固作「每委」。盛氏謂當作「十純」，非是。

七五二頁〇四行 右賢于左 「賢」原訛「勝」，據諸本改。

七五二頁〇六行 一二已上得稱若干 「二」原訛「一」，毛本同。阮元校勘記云：「單疏、陳本、通解、要義俱作『二』，作『一』者誤。」今從改。

七五三頁一〇行 東西爲從 「西」原訛「面」，據淩廷堪禮經釋例改。

七五三頁一二行 此籌皆東西直列也 「列」原訛「引」，據淩廷堪禮經釋例改。下「此籌皆南北横列也」「此籌又東西直列也」同。

七五四頁一二行 元郭若思授時術草乘除之位 原脱「術」，據淩廷堪禮經釋例補。

七五五頁〇七行 聶氏崇義禮圖曰 「義」原訛「儀」，今正。

七五六頁一二行 亦當在下司射命之之後 原脱「司」，據吴廷華儀禮疑義補。

七五七頁〇七行 注皆依經立訓 「依」上原衍「因」，據褚寅亮儀禮管見删。

七五八頁〇六行 説文張施弓弦也　「施」原訛「弛」，據説文改。下「張弓爲施弦之弓」同。

七五八頁〇八行 則右手其覆執簫與　「與」原訛「焉」，據敖繼公儀禮集説改。

七五九頁〇六行 蓋屈信之節然爾　敖繼公儀禮集説「信」原作「伸」。按：經傳「信」「伸」相通，「屈信」即「屈伸」。然引元人著作，而特改用「屈信」，則不甚妥。

七五九頁〇九行 使得升取觶也　「得」原訛「當」，據朱熹儀禮經傳通解改。

七六二頁〇五行 注意蓋謂每人既飲　原脱「謂」，據敖繼公儀禮集説補。

七六三頁一三行 胡氏肇昕云至大夫既飲亦反就席不執弓也　按：敖氏謂大夫不勝者既飲，其耦當自射位徑往堂西而釋弓。胡氏謂大夫既飲，亦反就席，原不執弓。胡氏不得敖旨，駁語落空。

七六三頁一五行 郝氏云大夫飲耦不升賓主人飲勝者同升可知　曹元弼禮經校釋云：「賓主人射畢，釋弓，即升就席。上司射命三耦已下就射位升飲，於賓主無涉。郝敬謂賓主飲，勝者同升，不可解。」

七六四頁〇一行 郝氏敬云大夫耦飲大夫不升則賓主人耦飲同可知　郝敬儀禮節解「不升」作「不同」。按：作「不升」或「不同」，均不可通。大夫與其耦射畢，遂先後降階，釋弓于堂西，其耦止于堂西，而大夫升堂就席。及至其耦升飲罰爵，大夫固在座席自若也，焉得謂之不升邪？若作「大夫不同」者，謂大夫飲罰爵與之不同邪？抑謂大夫耦飲大夫不陪同邪？又「賓主耦飲同可知」者，此「同」何謂？「同升」之謂與？抑同于大夫耦飲之禮邪？如此解說，徒添亂耳。

七六四頁〇四行 其敵者則必與之偕也　盛世佐儀禮集編此句下更有「監本于『能』下衍一『對』字，今從通解本删」十五字校語。案：正義經下載注及疏中引注皆用有「對」字之本，縱引校勘記「徐本無對字」一語，亦無所是非，壹似以有「對」字爲是者。疏中只引盛氏之說，又省其删「對」字之校語。究竟「對」字如何理解，是否爲衍字，正義均避而不談。

七六四頁一八行 大射服不與獲者竝稱　「竝」，鈔本吴廷華儀禮疑義及盧文弨儀禮詳校所引均作「互」。

七六五頁〇一行 大射獻服于〔一〕于侯西北三步　原脱「北」，據吴廷華儀禮疑義補。

七六五頁〇四行 再負侯也乏南也　案其次序，當先「乏南」，後「再負侯」，故下文亦云「八者以負侯始，亦以負侯終」。故疑此當作「乏南也再負侯也」。

七六六頁〇九行 張氏爾岐云皆三祭脯之半脡俎之離肺皆三也　張爾岐儀禮鄭注句讀刻本同。案：一俎之中無置三離肺之例。「離肺」疑是「祭肺」之誤。

〔一〕編者案：刻本「于」作「不」。

七六七頁〇九行 又云以下　此又引吴廷華説，但儀禮疑義、儀禮章句均不見，待考。

七六七頁一六行 與下獲者東面同　「與」原作「爲」，文義不通。南菁本改「與」，今從改。

七六七頁一六行 但下設在左个西北此設在侯　「个」原作「於」，南菁本改「个」，今從改。下「設」原誤作「射」，今亦據文義改訂。

七六八頁〇四行 偏側爲个　「側」原訛「則」，盛世佐儀禮集編引郝説同。今據郝敬儀禮節解改。

七六九頁〇六行 至於獻獲者之禮不參祭侯者　原脱上「者」，

七六九頁一六行 右祭薦俎　「右」原訛「又」，據大射儀改。

七七〇頁一七行 又曰獲者負侯北面拜受爵　原脱「受」，據褚寅亮儀禮管見補。

七七一頁二〇行 此近乏者己所有事之事　賈疏單本及朱熹儀禮經傳通解引均重「乏者」二字。賈疏諸本已脱，雖亦非不通，究以有者爲正。

七七二頁〇四行 凡他薦俎謂燕及食并祭祀之薦俎皆當其位之前與射異也　案：賈疏云：「凡燕及食并祭祀之薦俎，皆當其位之前，唯此與大射獲者與釋獲者薦俎辟設，不當前也。」正義據賈疏作解，而改「唯此」云云十九字爲「與射異也」，則義不圓通。因射禮之中唯獻獲者、獻釋者辟設，其他設薦俎者無不設於其位之前也。

七七三頁一一行　時三射禮成　方苞儀禮析疑抗希堂本、文淵閣本同。

七七三頁一二行　燕禮若射則不獻庶子　檢燕禮不見其事。疑方氏或據大射「若命曰復射，則不獻庶子」之文與？然彼鄭注云：「獻庶子則正禮畢，後無事。」張爾岐曰：「士旅酬後，當獻庶子等，如下節所陳。若復射，則暫止，射畢乃獻。」可知經云「不獻庶子」者，乃謂因復射而暫不獻庶子，俟射畢乃獻之，不得遽謂實不獻也。

七七三頁一三行　釋獲者之位五　「五」原訛「在」，據清欽定義疏改。

七七四頁〇三行　則又少南於薦右之位矣　「右」原訛「西」，據敖繼公儀禮集説改。

七七五頁〇九行　在司射之西南東面者也　案：賈疏諸本皆如此，且各家亦無校説。然據賈氏鄉射三位之説，此句當作「在司馬之西南東面者也」。其作「司射」者，不知爲賈氏下筆偶失耶？抑後世鈔刻之誤耶？至下引張爾岐所云，乃得賈説之正耳，非所以立異於賈氏也。

七七七頁一一行　就射位西面使之也　「面」原訛「南」。案：文淵閣鈔本蔡德晉禮經本義亦作「南」，蓋正義所據刻本已誤也。今考蔡氏此説抄襲郝敬儀禮節解，而節解正作「面」，不誤，據以訂改。

七七七頁一九行　疏云各於堂上南面相見而揖　賈疏諸本皆作「堂上北面」，盛世佐儀禮集編亦然。今正義引作「堂上南面」者，蓋據盧文弨儀禮詳校説改動盛氏引文也。案：正義據盧氏賈疏校文改動盛氏引文，本不甚妥。而此處無論作「堂上北面」，還是作「堂上南面」，俱非經注意，盛氏駁之是也。

七七八頁〇五行 以三耦及衆賓皆於楅南北面揖賓主人各由東西是由便也　案：賈疏曰：「決三耦及衆賓皆於楅南北面揖，及楅揖；此則無楅南北面揖，賓主各由東西便故也。」正義據賈疏而苟簡，以致由便之義不明。

七七九頁〇二行 案拾取矢以上至省文可知　案：楊氏此案語抄自清欽定義疏大夫與其耦拾取矢圖之説。「當楅」下經原有「南」字，彼似誤脱。又，此有二「拾」字，乃正義所增。

七八〇頁〇一行 以尊大天也　「以」原作「亦」，據吴廷華儀禮疑義改。

七八〇頁〇八行 以非與耦行禮之事也　「與」原作「及」，據敖繼公儀禮集説改。

七八一頁一五行 司射猶挾一个以進　「射」原訛「正」，據諸本校正。案：惟張爾岐儀禮鄭注句讀刻本誤作「正」，楊氏録經注文字或據張氏句讀與？

七八三頁〇六行 注疑襄爲衍文　清欽定義疏「注」作「鄭康成」，正義改作「注」，亦指鄭氏。然鄭注固未嘗有此疑，疑「襄」字爲衍文者，乃敖繼公，見上引文。義疏誤。

七八四頁〇三行 所以將八矢　「八」原訛「入」，據諸本正。下正義述注同。

七八六頁〇九行 至賈誼新書云騶者文王之囿虞者囿之司獸又云騶廄官虞山澤之官二者皆不失人官備可

知　案：清欽定義疏引歐陽修曰：「賈誼新書『騶者，文王囿名；虞者，囿之司獸』。或曰『騶，廄官；虞，山澤之官。二職皆不失人，則官備可知』。」是褚氏所本。「或曰」以下與賈誼説判然有别，褚氏誤解清義疏引文，擅改「或曰」爲「又云」，甚謬。

七八六頁一七行　則其等未嘗辯　此句文義不通，必有譌誤。文淵閣鈔本蔡德晉禮經本義「辯」作「亂」。黄以周樂律通故二引改「辯」爲「不辨」，義長。今未見禮經本義刻本，不知正義所據原作何字。

七八七頁〇五行　投壺大夫士燕射之類也　「也」上原衍「是」，據盛世佐儀禮集編删。

七八七頁〇七行　亦其異也　原脱「其」，據盛世佐儀禮集編補。

七八七頁〇九行　騶虞爲鄉樂故鄉樂得用之　案：此同語反複，不成文理。疑下「鄉樂」當作「鄉射」。

七八七頁一二行　采蘋是鄉大夫樂節　黄丕烈嚴本校録引此疏而校云：「此用射義『天子以騶虞爲節，諸侯以貍首爲節，卿大夫以采蘋爲節』。單疏『鄉』字乃『卿』字之譌。」今案：黄説恐非。賈疏針對注文，以鄉大夫與州長對言，意謂鄉大夫賓射燕射歌采蘋，而州長爲士，其賓射燕射自當用采蘩耳。賈疏作「鄉大夫」本不誤，不得以射義文律之也。

七八九頁〇九行　筭長六寸　「寸」原譌「尺」，胡承珙儀禮古今文疏義刻本誤同。今據説文改訂。

七八九頁一〇行　从竹从具　「从具」原譌「具聲」，儀禮古今文疏義刻本誤同。今據大徐本説文改訂。

七九〇頁二〇行　然考初番射訖　探下文，知此「初番」當作「第二番」或「再番」「二番」，蓋胡氏筆誤。

七九一頁〇九行　亦皆執之　此注「皆」字，徐本、嚴本、殿本集釋、阮刻注疏本及通解、通考、盛氏、吴氏、清義疏引并單疏述注均作「謂」，惟張氏句讀作「皆」。諸家無校説。

七九四頁〇三行　見射時觶不徹　「時」原訛「者」，據敖繼公儀禮集説改。

七九四頁一三行　西階東北面坐如初不言樂正者　原脱「如」，誤重「不言樂」三字，竝據郝敬儀禮節解補删。

七九六頁〇六行　此主人酬大夫及衆賓之長也與鄉飲酒酬介之禮同　郝敬儀禮節解云：「『賓北面坐取觶』以下，皆旅酬之事，與鄉飲酒同。主人酬大夫，與鄉飲酬介禮同。長，衆賓之長。鄉射無介而有三賓，以長幼之序受酬也。」蔡氏據之而節改失宜。案：主人酬大夫，僅與鄉飲酬介相當。至若衆賓旅酬，自當與彼介酬衆賓、衆賓旅酬之儀相當。不得以鄉飲酬介之禮晐此旅酬之節也。

七九七頁〇七行　司正作受酬者則某子是相對者之稱　鈔本吴廷華儀禮疑義「相對」下無「者」字。

七九七頁〇八行　則又以酬者爲主　「酬」上原衍「受」，據吴廷華儀禮疑義删。

七九八頁〇三行　司正退立于西序端　「司正」下原衍「者」，據諸本删。

七九八頁〇七行　至後酬者又始升相也　司正前已相旅作受酬者，則此不得言「始」；司正退立西序端，固未降堂，則此不得言「升」。正義誤讀注文，牽合作解，殊憒憒耳。

七九八頁一三行　即鄉飲酒記所謂主人之贊者　原脱「所」，據吴廷華儀禮疑義補。

七九九頁〇二行　褚氏寅亮云至皆其所舉可知　此處所列褚寅亮説及「坫案」（乃鈔自清義疏）皆針對下經「無算爵，使二人舉觶，賓與大夫不興取奠觶飲」而言者，今正義繫於此，誤也。

八〇〇頁〇八行　其西階上立位與　「立」原訛「之」，據吴廷華儀禮疑義改。

八〇二頁一二行　以鄉飲酒燕射皆有徹俎之禮　此據賈疏文，而「大射」苟簡爲「射」。

八〇五頁〇二行　至無算爵時則坐行禮　原脱「時」，據淩廷堪禮經釋例補。

八〇五頁〇六行　受酬者不拜受　「酬」原訛「觶」，據淩廷堪禮經釋例改。

八〇六頁〇三行　公卒爵然後飲　「卒」原訛「坐」，據淩廷堪禮經釋例改。

八〇七頁〇五行　則堂下相酬皆自酌也　「下」原訛「上」，據清欽定義疏改。按：「堂下」指堂下之人，即經云「在下者」。至若相酬之處所，則無問衆賓、大夫或賓主贊者自皆在階上，初無堂上堂下之分。

八〇七頁一七行　葛本其末仍作未　「未」原訛「末」，據阮元校勘記改。

八〇八頁〇三行　此當與大夫之耦不勝則特升飲參看　「之」原訛「三」，據盛世佐儀禮集編改。

八〇八頁〇七行　此注主人之贊者　淩廷堪禮經釋例無「此注」二字。案：「此注」二字爲正義所加，謂今正義本節所謂之注也。淩氏釋例上文具載本節經注，正義删省以避繁複，故於此又加「此注」二字，欲明下文所據也。然既引淩氏文字，而中間羼入正義之「此」，殊乖文法。

八〇九頁〇七行　校勘記云雖　「雖」上原衍「禮殺」二字，據阮元校勘記删。

八一〇頁一六行　褚氏寅亮云俟再舉也飲酒至末雖不行酬亦必酌而奠之蓋不敢必其不舉也　褚説當置之于下釋注「後奠之者燕以飲酒爲歡醉乃止主人之意也」引敖氏説之下爲宜。

八一一頁一五行　當在上執觶者節下　原脱「者」，據胡承珙儀禮古今文疏義補。

八一一頁一八行　注當云　「當」原訛「皆」，據胡承珙儀禮古今文疏義改。

八一三頁〇三行　異於鄉飲〔一〕禮何也鄉大夫國卿也惟既獻於王之賢能　原「異」字誤重，「國」訛「同」，「王」訛「主」，竝據方苞儀禮析疑删改。

八一三頁一九行　別記云無辭不相接也　方苞儀禮析疑如此。案：此句出自禮記表記。

八一四頁一〇行　江氏筠云至故經特明之　江氏説繫於下經「無介」下較妥。

〔一〕編者案：刻本「飲」下有「酒」字。

八一四頁一七行　賈疏云謂貶於鄉飲酒鄉飲酒有介此無介也　賈疏誤也。案：鄉飲酒息司正亦云「無介」。鄭注云「貶於飲酒」，固對飲酒正禮而言，非以鄉射對鄉飲酒也。正義鈔録賈疏而不知辨正。

八一五頁一五行　明其説屨升坐即取此觶飲也　「飲」原訛「故」，據敖繼公儀禮集説改。

八一五頁二〇行　鄉大夫致仕者也　嚴本、徐本皆如此。案：此「鄉」字當作「卿」，詳卷一士冠禮冠者見君及卿大夫鄉先生節正義。

參考資料

〔日〕喬秀岩　輯校

績溪金紫胡氏家族學人傳記資料

族兄竹邨先生事狀　光緒六年胡培系撰，見光緒重刊研六室文鈔卷首

户部主事胡先生（培翬）墓志銘　汪士鐸撰，見光緒重刊研六室文鈔卷首

胡秉虔傳　胡韞玉撰

胡君樸齋家傳

胡培翼行狀

吏部侍郎胡公（肇智）家傳

績溪金紫胡氏所著書目二卷　胡培系編輯、胡廷楨校刊。光緒十年胡氏世澤樓刊本

族兄竹邨先生事狀（節録）

胡培系

公體素豐碩，精力過人。癸卯（道光二十三年，一八四三）秋，疽發於背，尋治愈，然自是稍衰。乙巳（二十五年）春，又病偏中，右手不能握管，乃以左手著書。病中嘗謂培系曰：「脱不幸填溝壑，他無所戀，惟儀禮正義未成，爲可惜耳。」培系從容言：「兄盍命子弟輩助兄薈輯衆説，以俟折衷，爲力較省。」公瞿然曰：「誰可者？」培系以從子肇昕對，公深以爲然。乃以士昏、鄉飲、鄉射、燕禮、大射諸篇授肇昕，命爲采輯諸説，鱗次排比，如有己見，並令附後。公易簀時，正義尚缺五篇，其後陸笠夫制府爲刊於江寧，屬公弟子楊君大堉爲之補纂，即據肇昕所輯之底本也。

上羅椒生學使書

胡培翬

翬前鈔呈拙著儀禮正義四卷，而士冠仍有二卷，今並鈔呈，伏祈誨正。翬撰正義，約有四例：一曰補注，二曰申注，三曰附注，四曰訂注。何謂補注？鄭君康成生於漢世，去古未遠，其視經文多有謂無須注解而明者。然至今日，非注不明，故於經之無注者一一疏之。疏經，即以補注也。何謂申注？鄭君之注，通貫全經，囊括衆典，文辭簡奥，必疏通而證明之，其義乃顯。昔人謂讀經憑注，讀注憑疏，是故疏以申注，乃疏家之正則也。然六朝唐人之作疏，往往株守注義，不參衆説，故有「寧言周孔誤，莫道鄭服非」之謡。又孔沖遠作五經正義，於禮則是鄭而非杜，於左傳則又是杜而非鄭，令人靡所適從，此豈非疏家之過乎。今惟求之於經，是非得失一以經爲斷，勿拘疏不破注之例，凡注後各家及近儒之説，雖與注異而可並存者，則附録之以待後人之參考，謂之附注。其注義有未盡確者，則或采他説，或下己意以辨正之，必求其是而後已，謂之訂注。此翬作正義之大略也。至賈氏公彦之疏，或解經而違經旨，或申注而失注意。其書相傳已久，不可無辨。正義間亦辨及，然必悉加駁正，恐卷帙繁多，有失輕重之宜，因别爲儀禮賈疏訂疑一書。又，宫室制度，非講明有素，則讀儀禮時，先於行禮方位盲然，安問其他。今以朝制、廟制及寢制爲綱，以天子、諸侯、大夫、士爲目，又學制則分别庠、序，館制則分别公館、私館，皆先將宫室考定，而以十七篇所行之禮條系於後，名曰宫室提綱。書成，擬冠於正義之首。又，陸氏經典釋文，於儀禮頗畧。今擬取各經音義及集釋以後各家音切，挨次補録，名曰儀禮釋文校補。草創未就。

憶翬從事禮經，自戊辰（嘉慶十三年，一八〇八）始，經今四十餘年矣（胡氏卒於道光二十九年，一八四九，自戊辰四十二年，則撰此書或在道光二十八年）。中間科舉仕宦，消磨歲月，書迄未成。然翬之始志，思欲效用於世，自歷户曹，即謂國家之根本在是。何者？天下錢穀，一出一入，無不由户部覈定，而往往出則冒濫，入則虧缺者，其弊由於吏胥爲奸，應催不催，應駁不駁，甚至鉤通外省吏，漏報册籍款目，久之即成無著。如去歲册内報存有十款，今歲或止報八款九款，部吏與外吏相通，不行查出，司員惟憑書吏擬稿畫行，憚於稽查，遂被乾没。而主上不知也，大臣不知也，惟司員之勤於鈎稽者知之。然司員即勤於鈎稽，而書吏之趨奉愈工，終亦必入其彀中，以致惟正之供，每歲被書吏剥蝕者，不知凡幾。故翬以爲户部之理財，不在開捐例、加鹽價，惟在理其自有者而已。翬在任，每辦一稿，必先覈對册籍，稽查例案，然後將書吏擬稿改定。其有事關重大者，則自行起稿。每日進署，與吏爲仇，晚則將册籍帶回寓内，鈎稽查覈，夜分而後已。不幸失察假照，被議鐫級。癸巳歲（道光十三年，一八三三），奉旨準捐復原官，君上之恩，實出望外。然是時先嚴年近八旬，舊恙復發，不忍遠離；迨養親事畢，精力就衰，不堪爲朝廷驅策矣。猶念儀禮實爲周公所作，有殘闕而無僞託，其中冠昏喪祭切於民用，進退揖讓昭明禮意，若鄉邑中得一二講習之士，使衆畧知禮讓之風，即可消兵刑於未萌，此翬所以急欲成書也。又念古之人，雖退處巖阿而心不忘利濟，常思爲善於鄉。翬自辛卯（道光十一年，一八三一）出都，曾承乏江南省城鍾山講席，後更歷數處，至丙午（道光二十六年，一八四六）得疾歸里，十數年脩脯所入，節省贏餘，欲捐置義倉、義學、義田，以裨助聖化於萬一。不料義倉甫經辦理，即被好惡拂性之人從中播弄，幾致黑白難分。不得已，求直於大君子之前。幸得轉屈爲伸，俾義倉每歲多收穀數石，遇歉歲即可活窮人數命。下邑沐德，安有已時。古人云「得一知己可以無憾」，又云「士爲知己者死」。若翬之見知於函丈，又安可以尋常比哉。傾吐胸臆，冒昧瀆陳。伏冀訓誨，以爲圭臬。拙作更求教正，糾厥繆誤，幸甚。

致許印林書

陳奐

印林先生閣下：未親道範，常切仰思。邇惟待奉萬福，著作新富，爲頌爲禱。未谷先生說文，四通八達，復得椽筆清理之，是不朽盛業。春夏閒工竣頒布否也？奐爲陸之翁校刻郝爾、金禮，今又屬校胡竹村儀禮疏。且住白下，流連歲月而已。至堂河帥曩者下招，去歲有續招之說，聞諸道路，不知信否？況得隴豈望蜀，然而下士風流，勤勤懇懇，令人感感矣。書函通問，寄語謝之。拙著詩疏，久思就正有道，無便遲達，葉子堅先生便檢呈，不妥處乞削之。倘有知音者，爲之說項耳。肅請道安。不備。愚弟陳奐頓首。

儀禮正義書後

陸光祖

道光己酉（二十九年，一八四九），先大父持節兩江。次年，延長洲陳碩甫先生校勘郝氏爾雅義疏、金氏求古録禮説、江氏韻書三種，爲家塾課讀，次第刊成。惟胡氏儀禮正義卷帙最繁，後付剞劂，工未竣而軍事遂起。癸丑（咸豐三年，一八五三），先大父殉節金陵，全家避難山左，是書雖在姑蘇刻局，亦不遑過問其存否。甲寅（咸豐四年），自山左移寓袁江，子岷叔父至蘇取歸。己未（咸豐九年）旋里，以難於運載，寄存山陽友人處。中遇捻逆之亂，幸未毁棄。丁卯（同治六年，一八六七），余北行過淮，始得移至京寓。其中間有殘蝕，重爲補刻成帙。惜原稿已佚，覆校莫由，亥豕傳訛，在所不免。因念家藏圖籍存於金陵節署者盡歸一炬，惟是書以刻事未蕆，幸免劫灰，且出自烽燹之餘，竟得完好如故。展讀斯編，不禁悲幸交集也。同治戊辰（七年）夏六月，沔陽陸光祖謹識。

重印儀禮正義跋

胡肇智

右儀禮正義四十卷，先叔父竹邨公所撰也。先叔父幼受先曾祖父樸齋公庭訓，講求禮經。樸齋公撰有儀禮釋官九卷，嘉慶間已刊行。先叔父復病儀禮賈疏多疏舛，乃博徵衆説，參以己見，撰爲儀禮正義。道光乙巳（二十五年，一八四五），智奉諱南歸，見喪服經傳、士喪禮、既夕禮、士虞禮四篇已成，特牲饋食禮、少牢饋食禮、有司徹諸篇草稿粗具，其餘各篇皆經考訂，尚未排比。先叔父初意專解喪服，故從喪祭諸禮起手也。是年四月患風痺，猶力疾從事，左手作書。以族姪肇昕留心經學，命助校寫。己酉（道光二十九年，一八四九）夏，嘗寄智書曰：「假我數月，全書可成。」詎意背疽復發，遽於七月棄世，尚有士昏禮、鄉飲酒禮、鄉射禮、燕禮、大射儀五篇未卒業。江寧楊明經大堉昔從先叔父學禮，因爲補綴成編。書中有「堉案」及「肇昕云」者，即二君之説，餘皆先叔父原稿。其所引樸齋公釋官之文，有直稱先曾祖父之名者，蓋補編時失於檢點也。書成，沔陽陸笠夫先生適總制两江，聞之，訪以付梓。未幾而粵寇陷金陵，陸公殉節，書板與原稿均失所在。今年夏，聞陸公文孫泰初觀政比部，往詢之，知其書板已運京師，不勝竊幸。乃請以他物相易，而比部慨然允之，即將書板歸智，感何可言。先叔父於此書用力閲四十餘年，實爲一生心血所注。今其書板幸存於兵燹之餘，得非先叔父在天之靈所呵護與。惜書之義例，僅見於羅椒生先生序中數語，而其餘皆不存，原稿已佚，楊君與族弟肇昕又皆物故，無從補叙。智當時供職在京，未聞遺命，自慙譾陋，不敢妄擬。謹志其書板之存之幸，并以著陸氏之重經學、篤友誼焉。同治戊辰（七年，一八六八）嘉平姪肇智謹記。

案：陸光祖書後、胡肇智跋，均見重修印本後。續修四庫影印早印本，故無此二文。據此二文知，陸建瀛使蘇州刻字鋪刻版，咸豐三年爲太平軍所害，卒於南京。咸豐四年陸氏後人得書板，而不便載運，九年暫存山陽友人所。同治六年移書板至北京，補修已殘蝕之版。同治七年版歸胡肇智。

重刊儀禮釋官跋

胡肇智

先曾祖父樸齋公，生於雍正戊申（六年，一七二八），殁於嘉慶辛酉（六年，一八〇一），殁後六年而智始生，未及親承訓誨。然竊聞公與兄弟叔姪讀書講學，分經考訂，互相參稽，日以撰著爲事。公之叔思平公撰有四書注説參證；公之弟夔臣公撰有詩經韻叶；公之從弟繩軒公（匡憲）撰有毛詩集釋，石經詳考，讀經記；公之從姪春喬公（秉虔）撰有周易、尚書、月令、論語小識，卦本圖考，尚書、毛詩序録，四書釋名，經義聞斯録；公則撰有周易傳義疑參，春秋列國職官譜，左傳翼服，周禮井田圖考，井田出賦考，儀禮釋官，三禮札記，論語古本證異，論語補箋，莊子集評，離騷集注等書。當是時，一門著述，而公獨多。乾隆之季，家毁於火，均未梓行。公殁後，以先叔父竹邨公幼從公受禮經，凡所著作皆歸先叔父收藏，惟此儀禮釋官九卷，曾於嘉慶丙子（二十一年）刊板行世，其餘稿本仍藏於家。咸豐庚申（十年，一八六〇）粤寇擾及績溪，藏稿及釋官原板盡被燬，先人手澤不能保守，實後死之咎也。考此書儀徵相國阮文達公嘗刻入皇清經解，惜其删去卷首鄭氏目録校證一卷，未爲全書。數年來，宦游所經，訪求原書，爲重刻計，而時值多故，人事變遷，迄未有獲。今年春，從琉璃廠書肆購得全帙，即嘉慶丙子所刊之本。嗚呼，公著書十餘種，生前既未刊布，而殁後所刊者，僅釋官九卷，又與各種書稿同遭寇燬，斯事之不幸者也。未刻者既不可追獲，而原刻釋官今既訪得，是又事之幸者。去年從陸氏易得所刻先叔父儀禮正義書板，茲復訪得先曾祖父儀禮釋官原刻全帙，一家之學，散而復聚，不可謂非幸也。智賦質愚魯，於三禮精義，毫無心得，有慙家學。謹將釋官重付剞劂，冀與正義同垂久遠，庶以塞後死之責焉。同治己巳（八年，一八六九）三月，曾孫肇智謹記。

案：此同治八年跋，云「去年從陸氏易得所刻先叔父儀禮正義書板」，與重印儀禮正義跋所言吻合。

文禄堂訪書記

王文進

儀禮正義四十卷，道光己酉木樨香館刻本，有丁晏印。

丁氏手跋曰：此書江督陸立夫先生栞板蘇州，剞劂甫竣，制軍殉金陵圍城之難，未及印行。哲嗣東畬太守携至淮郡，余得見之，借印二十部，紬繹讀之，先睹爲快。胡氏積數十年苦心，成巨帙本，得制軍表章行世，有功於經學大矣。禮經之學，自鄭君後，朱子有經傳通解，元明以來幾成絶學。胡氏薈萃衆説，既博且精，又得及門楊生補足成之，嘉惠來學，與黄直卿續修通解先後同揆。斯文未喪，此書不致湮没。余年逾六旬，目力未眊，細書審眎，何樂如之。己未（咸豐九年，一八五九）嘉平臘月入後二日，山陽丁晏記。

按：淮郡即山陽。此云咸豐九年陸氏携書板至淮郡，丁晏借印二十部，與陸光祖書後所言吻合。

重刊儀禮正義序

汪士鐸

道光中，金陵好學之友五人：曰陳君雪峯宗彝，精讐校，喜金石，自著書多未成。曰楊君疋侖大堉，致力蒼雅，以形定聲，以聲求訓詁，著有説文重文考六卷、五廟考一卷。曰張君蓉園寶德，亦喜金石。曰陳君子晉瑒，善算學。曰管君小異嗣復，治桐城古文，所撰俱未成。諸君以無禄位，故學成而不能自見，必賴有力而留意斯文者爲之表揚，始能昌明所學於天下。然此固未易得之叔季也。雪峯刊華嚴經音義、漢石經殘字，蓉園刊六朝事蹟類編、漢司徒劉愷殘碑，外間頗有藏庋者。子晉書，郭筠仙中丞爲刊於嶺南。獨疋侖、小異書，皆以兵燹散佚，可謂不幸已。儀禮正義者，績溪胡竹村師所撰也。其書自注疏外，博采宋張氏、黄氏，元敖氏，楊氏以下，無慮數十家。原稿已定，編次未完，先生遂歸道山。陸立夫尚書屬楊君卒成之，俾陳君碩甫奂刊於姑蘇。其板後歸先生猶子季臨少宰，少宰卒於京師，未卜其本能附櫬南歸否矣。今楊君猶子竹村太守，購得一部，將刊之金陵。余既幸先生之書得章，楊君書既佚，亦將借是書以章，而又以悼其所自撰不可復見，獨藉是以傳也。然陳、張所刊皆古人書，子晉書亦與馮景亭同作者，此書真其比例，然則五人中惟管君無以見知於後世爾。悲夫，吾徒學患不能成，苟成矣而無書以自抒其所得，與雖有書而無好古者爲之表襮，皆有幸有不幸，而非人所能自主也。太守寶受先澤，近世殆不多見。能更求通志堂楊氏復之圖并刊之，則楊氏説禮之書章章，而太守好禮之心亦將與之千秋矣。

案：胡肇智字季臨，卒於同治十年（一八七一）六月。則此序撰於其後。此云楊氏重刊，蓋未果。

復胡子繼書

黄以周

子繼仁兄閣下：睽違教益，十易寒暄，以我時思君，知君亦時思我也。國朝禮學，首推君家。頃接尊翰，知喆嗣詒孫以商籍入錢塘學。績溪之教，流入浙西，吾浙與有光焉。曩者同事諸公袞袞出山，弟株守此席，所著禮書通故至今尚未脱藁，歲月蹉跎，難爲知己者告。君家研六先生儀禮正義，久服我膺。然文字之譌，有害經義，左右錯寫，東西易位，禮經難讀，禮説亦難校。近見陳碩甫校本，亦未精致。弟年才五十，精力日憊，校讀是書過半而不能卒業矣。研六所著之篇，體例既善，疏解亦精；楊氏所補，淺陋太甚。諸喆嗣輩有能董而正之者乎，弟雖衰憊，願效駑力也。研六之書，所見有異於鄭，或補之，或正之，未嘗與鄭爲難；楊氏則愛今薄古，羅列異説，以與之敵，研六無是病也。研六之書，薈萃群言，折衷一是，雖或臚陳異説，亦分正備；楊氏則殽僞雜引，胸無主見，上節録甲説，下節從乙説，甲乙兩説本不相蒙，遂致上下經文脈絡斷絶，研六無是病也。研六所著書雖未完，而全經大恉了然胸中，同此異説，此詳彼略，視經義之重輕而先後之；楊氏則隨見隨録，全無權衡，甚且研六所著之篇云「説詳某篇某語下」，屢檢楊氏所補，竟有不判析一字，是微特昧其師教，直未卒讀師書也。人心之不同如其面，然讀古人書，必求盡與己合，斷無是理。研六之説，鄙夫亦多不云然，而所病於楊氏者，非病其説之不與己同，病其不尋繹師説，鹵莽成書耳。昔江鄭堂補惠氏易疏，不滿人意；陳碩甫補胡氏後箋，其庶幾乎，亦有違失墨莊科旨。續書之難，甚於作書。君家多才能，致志於研六所著書，又竭數年之力，黜楊氏而重補之，甚善。如不其然，後之人必有襲取研六之醇，刊落楊氏之駁，而自成一書以行於世，則研六所著諸篇，能獨存乎，抑終廢乎，未可知矣。去年栞家君儆居集，資斧不給，分作内外兩編。内集已告蕆，謹爲呈覽。君家所刻説文管見、研六文鈔、内經校義，亦惠我一分，幸甚。

按：此書見儆季文鈔卷三。

胡培系字子繼。曾輯刻績溪胡氏叢書，其中胡秉虔説文管見刻於同治十二年（一八七三），胡培翬研六室文鈔刻於光緒四年（一八七八），胡澍内經校義刻於光緒五年（一八七九）。此書原有潘氏刊本，此乃重刻）。

黄以周，道光八年生，五十歲則光緒三年（一八七七），時在浙江書局。（南菁書院光緒八年始有創建之議，光緒十年開課。）

書中黄氏自言「年才五十」，未必正五十歲，若在光緒四、五年胡氏刻成文鈔、校義之後，則五十一二歲，亦容稱「年才五十」。

儀禮正義咸豐初刻在一八五三年，同治補刻在一八六八年，至此約十年。

書胡氏儀禮正義後

王舟瑶

儀禮正義四十卷，績溪胡培翬竹村纂，中士昏禮、鄉飲酒禮、鄉射禮、燕禮、大射儀五篇都十二卷，則其門人江寧楊大堉所補也。竹村之祖匡衷樸齋邃於禮學，曾著儀禮釋官、三禮札記等書，故竹村之學具有家法。此書大恉，則羅惇衍椒生序中稱其「自述其例有四：曰補注，補鄭君注所未備也；曰申注，申鄭君注義也；曰附注，近儒所説雖異鄭恉，義可旁通，附而存之也；曰訂注，鄭君注義，偶有違失，詳爲辨正」是也。自來疏家，例不駁注，即有違失，亦必曲從。然鄭君於此經喪服傳「唯子不報」及「妾不體君，得爲其父母遂」，皆斥其失，訂正奪誤，改易舊讀，不一而足。至其注詩，則云「宗毛爲主，毛義隱略，則更表明，如有不同，即下己意，使可識別」。鄭學之宏通如此。今胡氏此書，用鄭注而時有所補、所附、所訂者，即本鄭君家法也。又近儒説經，中漢難宋，如惠定宇之於周易，江艮庭、王西莊、孫淵如之於尚書，陳碩甫之於毛詩，於宋人之説不録一字，而此書則於朱子、李寶之、楊信齋之説，采録甚多。實事求是，一洗門户之見，亦即鄭君兼取古今文、不專守取一家之意。此皆其體例之善，而所見出於近儒之上者也。

然胡氏之爲此書，未成定本遽歸道山，而楊大堉輩不能深知其意，舛誤之處往往不免。試略言之：一曰經文與疏異。如聘禮「司馬執策立于其後」，正義云：「策，毛本作筴。」下歷證作「策」之是，而云「今從策」，是經文當作「策」，不作「筴」明矣，今仍誤作「筴」。公食禮「栗階升不拜」，正義云：「『栗階』上他本有『賓』字，唐石經無。」下歷引戴校集釋及經義述聞之説，以證無「賓」字之是，而云「今從石經」，則經文當無「賓」字明矣，今仍衍「賓」字。胡氏于士冠篇首正義發其例云：「茲撰正義，經文俱從唐石經，注文俱從嚴本，其或石經、嚴本有誤，則改從它本，並注明于下。」有司徹禮「卒載縮執俎以降」，正義云：「『卒載縮執俎以降』，各本多作『卒載俎縮執俎以降』，集釋作『卒載俎縮執以降』。」下歷辨「載」下有「俎」字、「執」下無「俎」字之誤，是經文「載」下不當有「俎」字明矣，今仍衍「俎」字。此皆經與疏異之失也。實不止此，今撮舉數條以見例耳，下放此。一曰注與疏異。士相見禮賓「不敢爲儀，固以請」，注：「言如故請終賜見也。」正義云：「『言如故』，集釋作『故』，嚴本及各本作『固』。程氏瑶田云：按上注云『固，如故也』，今解此『固』字即承用『如故』二字，若作『固』則不可通矣。今從集釋。」是注當作「故」，不作「固」也，今仍誤作「固」。聘禮「及郊又展如初」，正義云：「詩魯頌孔疏及爾雅釋地邢疏引此注，『侯』下有『四十里』三字，『子』下有『二十里』三字，各本奪，今據補。」案：今仍作「侯伯三十里，子男十里」，未補此六字。士喪禮「其設于室，豆錯，俎錯，腊特，黍稷當籩位」，注：「當籩位，菹南黍，黍東稷。」正義云：「注『菹南黍』，『菹』字各本皆誤作『俎』，盛氏集編據敖本改正，今從之。」案：今仍作「俎」。士虞禮「祝命佐食隋祭」，注：「下祭曰隋。隋之言猶墮下也。周禮曰『既祭則藏其隋』謂此也。今文『隋』爲『綏』。齊魯之閒，謂祭爲『隋』。」正義曰：「『隋』各本皆作『墮』，惟集釋作『隋』。注内六『隋』字，各本皆同作『墮』，集釋惟『墮下』字作『墮』，餘五字皆作『隋』。此經及注，當以集釋本爲是，今從之。」案：今注内「藏其隋」、「今文隋爲綏」之「隋」仍誤作「墮」。此皆注與疏異之失也。一曰引書未全。胡氏此書，於禮經釋例稱引甚備。然間有因其文繁，一時未及備録，略舉章首而作「云云」以識之，以俟補入者。如士喪禮「奠脯醢醴酒，升自阼階，奠于尸東」及有司徹「主人降洗，尸侑降」下所引釋例之文，皆是。而胡君歿後，校刻者不知其意，以爲原稿之宜遵，而不顧文義之未竟。此其失又一也。一曰引書重出。如特牲禮「舉肩及獸魚如初」下引徐氏鈴民説一段，而第二節「舉肺脊加于肵俎」下又引之。少牢篇末引方氏苞説「祭之前夕」云云，而上「小祝設槃匜與簞巾于西階東」下已引之。此其失又一也。又如疏中採取李氏如圭、楊氏復諸説，而諸説間有即用賈疏説者，今不直引賈疏而反引後儒説。此其失又一也。

至楊氏所補諸篇，則所失又不止此者。或兩説相歧而不加論斷，或直鈔成説而不著其名。又如士相見禮「下大夫相見以雁」，胡疏歷引賈疏、説苑、白虎通之説，謂「此皆以『雁』爲鴻雁之雁，經義述聞則謂『鴈，鵝也』，詳士昏禮『納采用雁』下」。據此，是士昏篇本採用述聞之説，今楊氏不知稱引，而反引江筠之説，以舒雁爲非。士冠禮「陳服于房中西墉下」，胡疏云：「大夫士寢廟之制，室在中，有東房，有西房，與諸侯同，注疏謂大夫士有東房無西房，其説非也。」又於聘禮「退負右房而立」、公食禮「宰夫筵出自東房」下，詳論大夫士有東西房之制，並云「詳士昏禮下」。今楊氏於士昏篇，反主大夫士惟有東房之説，而以陳祥道謂大夫士之房與天子諸侯相同爲非。諸如此類，不可枚舉，皆大失其師之意也。

至沔陽陸氏刊刻此書，序稱「屬陳君奂詳校授梓」，今不但於書中條例無所是正，而誤文、奪文、倒文，層見疊出，殊不可解。及觀陸光祖跋語，言「工未竣而軍事遂起」，知碩甫於此書，未及刻成而覆校也。

余於光緒甲戌、丁亥（同治十三年至光緒元年）間，方治禮經，因聚説禮之書而徧觀之。竊喜胡氏此疏萃薈群言，折衷頗當，遠出賈疏之上。惜初稿未及修整，而楊氏所補十二卷則須重事編纂。時執友黄方慶殼成亦治此經，私相訂約，擬共成之。因循未果，而黄君忽已不禄，余又奔走鮮暇。今秋家居無事，重讀一過，爲之慨然，未知何日克遂斯志也。癸巳（光緒十九年，一八九三）九月舟瑶記。

案：王舟瑶，字玫伯，黄巖人。默盦集十卷，有民國二年上海國光書局印本。

讀胡氏禮經正義一

張錫恭

績溪胡竹邨先生，承其祖樸齋先生禮學，而師淩次仲先生。樸齋精研禮經，著有釋官，而淩氏釋例一書，尤稱禮經中傑構。故其於禮經之學，自少專精。而其所交，若胡墨莊、洪筠軒諸先生，亦皆習於禮經。洪氏著有禮經宫室答問，胡氏著有禮經古今文疏義。其主吾郡雲間講院時，與朱虞欽學博（即朱大韶）往復論難，學博亦究心禮經者也。故其著此書，學之博而辨之明，稱其所長，約有四端：一曰搜羅富。賈氏作疏，喪服經傳而外，所據者僅黄、李二家。國朝盛庸三氏撰集編，裒合古今説禮者一百九十七家。胡氏自樸齋、純軒先生從叔祖，名匡憲。而後，積書既多，先生生禮學昌明之時，交游廣而借鈔易。今覈其書，增多盛氏集編者，又幾及二百家。採擇既多，折衷斯當。此搜羅爲不可及也。一曰校訂精。近儒校勘禮經者，如盧抱經之詳校，金樸園之正譌，浦聲之之正字，而阮文達公校勘記尤詳。此書既備録之，而阮氏作校勘記未見嚴本宋嚴州單注本。原書，僅據顧千里校録於鍾本明鍾人傑單注本。簡端者採入。此書則以黄蕘圃重刊嚴本一一核之，而阮氏所未見者，若汪容甫之經注校本、黄蕘圃之校議亦皆採録。此校訂爲不可及也。一曰存秘逸。吴東壁禮經疑義，據陸張日藏書志，僅有鈔本；江震蒼讀禮經私記，據先生研六室文鈔，亦僅有稿本，此書録其説甚詳；朱虞欽鄉大夫辨，見所著經義中，近歲（光緒九年）張孟彪師始爲梓行之，先生時猶未梓也；朱氏所著經説，今猶未梓，時時見於此書。其他所採録，多有書目不甚顯者，并有姓氏不甚彰者，則遺説之藉以流傳不少矣。一曰除門户。漢學家詆宋學，叫囂殊甚。敖君善之集説，斥爲似是而非；郝仲與之節解，詆爲邪説；而淩次仲於方氏析疑，至詘爲喪心病狂，皆門户之習也。先生學漢學者，而此書平心持擇，未嘗黨同伐異，則門户之見泯矣。惟其訂注義諸條，時或義短於注，欲爲高密諍友，而不免蠹生於木還食其木之譏。此固其一短，要不能盡掩其長也。惜書未及成而卒，其門人楊君大堉所補者，率以集編爲藍本，而稍附益之。昔張孟彪師病楊君爲續貂，而深望後人之更作，其有以也夫。

案：此據茹荼軒文集卷九。又有其二、專論爲人後義，其三、專論正寢燕寢制，今從略。

黄季剛日記

黄侃

一九三二年（四十七歲）五月

讀儀禮正義。楊大堉於禮學殊疏，未足以補其師書。

連日看楊大堉補儀禮正義，甚無味。

同　十一月

讀胡培翬儀禮正義，至夜三更畢。自五月四日開卷，至此始將胡疏讀畢。楊補猶有數卷未盡。甚矣，讀經説之難也。

四十卷書，費時幾七月而後畢也。然新疏所取，實不盡愜。言斯學者，仍守漢注唐疏，無輕議禮，可也。

論治經

清人編修群經之疏，而小戴記無之，蓋無以加於舊疏耳。孫詒讓周禮正義，取舊疏者頗多。若胡培翬儀禮疏，直可不作也。

師顧堂影印儀禮正義識語

喬秀岩

上世紀九十年代初，北京大學中文系倪其心教授到東京大學講課。當時我在東京大學讀碩士，所以有機會上倪老師的課。後來上博士，申請到北大留學，跟倪老師學習。當時只有一個心願，即希望能夠讀懂儀禮疏。我請倪老師幫忙找校點周禮正義的王文錦先生或陳玉霞先生，看有没有機會向他們請教。當時根本不瞭解王老師何許人，也不知陳先生原來是師母，就憑通典、周禮正義的校點工作，認定是當代中國第一高人。倪老師通過傅璇琮老師瞭解到王老師的情況，帶我一同拜訪中華書局王老師的住所，請王老師收我爲徒弟。拜師成功，一開始按自己的計劃閲讀儀禮疏。每两周先寫一封信，列出自己閲讀時感到的疑問，讓老師先看看，然後拜訪王府，聽老師講解。過一段時間後，王老師建議我讀儀禮正義，而且要我邊學邊校點。我知道王老師對校點工作要求很高，所以怕自己做不好。回學校跟倪老師商量，倪老師没反對，王老師也説他會把關，於是下定決心校讀正義。當時我能利用北大和東大的資料，抄録了背景資料，複印了底本以及大部分參考資料。就每段經文，我都先看那二十來種參考書，然後再看正義，所以正義每一句話的來源都看得一清二楚，瞭解到胡培翬做得没那麼好，楊大堉簡直瞎編。爲説明問題，我都會寫比較詳細的報告給王老師看，王老師看了，有疑問再跟我確認，擇要寫成簡明的校記。至今印象最深刻的是昏禮正義引用吴廷華章句，出現「從肝席也」這種荒唐句子，是皇清經解刻版誤將下面經文大字刻成小字，楊氏不察，逕與吴廷華語連讀。王老師看到我的説明，高興地跟我説「這是鐵的！」不止一次。那段時間，我投入全部精力，專心校讀，平均一天看原書一葉，王老師看我報告，經過討論，做到兩人互相徹底理解，讓我享受到人生一種最深層的樂趣。

師顧堂沈老師將要影印儀禮正義，特意標記紀念王老師九十冥誕，還附録當年王老師整理的校記，令我這不肖弟子激動不已。影印儀禮正義，供天下學人閲覽，我不敢强加私情。然此僅存全書四分之一的校記，至今仍不無參考價值，相信能夠獲得讀者的諒解。謹此説明，并向沈老師表示衷心的感謝。下面散録當年我留意到的一些情況，供讀者參考。

一、郝敬儀禮節解傳本罕見。當時還没有續修四庫，郝敬書北大、東大都没有收藏，只好複印東大所藏一部抄本來用。乾嘉以後學者鄙視明人著作相當普遍，所以清代很少翻刻版本，明代版本也很少流傳，所以連北大、東大都找不到一部。另一方面，少數有心人有興趣，就要手抄來滿足需求，所以我在東大找到清代恐怕是日本人抄録的全本。近代以前的抄本猶如今日複印本。我們經常買不起或捨不得花錢買書，從圖書館借來複印，自己裝訂來看。古代刻本也不容易弄到手，所以經常用抄本代替。

二、胡培翬校禮經釋例可參考。儀禮正義篇幅的一半是照抄四部清代著作。校勘經注引用阮元校勘記，文字訓詁引用胡承珙儀禮今古文疏義，串講經義引用盛世佐集編，分析儀節引用淩廷堪禮經釋例。可見這四方面前人已經有很好的成果，胡培翬只要照抄，基本内容已經都有了。其中盛世佐集編不算罕見，但從來没有影印本，部頭很大，我也無法複印，只能複印四庫本用（當時還没有電子版）。值得注意的是禮經釋例。胡培翬的引文，有些地方與刻本不同，而且文本内容更恰當。我懷疑是胡培翬做過調整，也不排除胡培翬得乃師手校本的可能性。要之，校讀禮經釋例，應當參考正義引文。又，禮經釋例所據儀禮經注似乎是毛本。

三、褚寅亮管見至道光九年始有刻本。道光九年三月二十四日胡培翬致陳奐書（見流翰仰瞻）云：「褚先生儀禮管見聞已付梓刻成，尚祈覓示爲感。」道光十年王引之致陳奐書云：「奉到管見及胡主政書，已送交。管見學力深而用心細，實不可少之書，便中仍望見賜一部爲禱。」道光十一年王引之致陳壽祺書云：「蘇州新刻褚氏管見，亦頗精實。惜剞劂稍遲，阮夫子經解内未及載入。」

是道光九年胡培翬聞蘇州刻成管見，委請時居蘇州之陳奐購買，陳奐購買一部送至王引之，由王引之轉交胡培翬。輯刻皇清經解始於道光五年，成於九年。阮元、王引之等人皆未見未聞，可證在此之前絶無刻本。或稱有乾隆刻本，可斷爲臆説。

四、右引道光九年三月二十四日胡培翬致陳奐書「褚先生儀禮管見，聞已付梓刻成」之上，有云「本月奉到手教并江先生儀禮两本」，是陳奐將江筠儀禮私記饋送胡培翬，胡培翬於道光九年二月始見之。江筠私記十分精闢，胡培翬也經常引用，尤其喪服部分胡培翬以江筠説爲主要參考，而其書無刻本，我們無本可校。當年我與王老師商量，擬一份出版計劃，請書局考慮。可惜當時古籍出版的環境相當惡劣，書局裏竟有「多出書多賠錢，不出書不賠錢」一説，像儀禮私記這種學術精品，算不上幾大名著，自然不在考慮之列了。前幾年顧遷先生到南圖抄録全書，我盼望能夠看到顧先生的整理本。又，江筠生卒年未有人考。案梁溪詩鈔、清史列傳均云江筠卒年六十二，不知在何年。據其弟江聲嘉慶四年（一七九九）卒，七十九歲，則生於康熙六十年（一七二一），江筠生年當早於此，卒年六十二最晚在乾隆四十六年（一七八一）之前。梁溪詩鈔有江筠哭戴東原先生詩，云：「忽驚體卻將歸老，差幸途經許過予。篷舍正懸涼榻侍，那知飛度有雲車。」是乾隆四十二（一七七七）年五月戴震卒時，江筠仍在世。臺灣「央圖」藏孔繼涵抄周官新義，卷六末朱書題識云：「丁酉八月二十五日校。是日聞江孝廉筠震蒼、余布衣蕭客仲林皆下世。」丁酉正是乾隆四十二年。是知江筠當生於康熙五十五年（一七一六），卒於乾隆四十二年（一七七七）五月至八月之間。

五、吴廷華疑義不足觀。張金吾詒經堂經解毀於戰火，而單本有轉抄本流傳。東大有一部抄本，五十卷僅缺卷三十八、卷三十九二卷。我當時複印全部，以便校對。正義引吴廷華説，混引章句與疑義，幸好有複印本，否則很多地方都無法確定有無訛誤。但其内容平凡，并無可觀之處，棄之不可惜。張金吾言舊録道光八年下云：「讀三禮疑義一過。吴氏三禮疑義，金吾得之錢塘何氏，以其久佚僅見，即列之藏書志，且寫入續經解中。既竣，卒讀一過，乃知其書惟以推擊鄭、賈爲事，於經義實無所發明。」又云：「金吾不及卒讀，輒謂吴氏三禮之學具有根柢，著之藏書志，災梨禍棗，悔不可追。故備列之，以自著其失云。」張氏所言宜然。

六、王士讓儀禮紃解，我當年複印東大藏本來校對。後見續修四庫全書所收，是同版早印本。續修影印封面左邊題「晉水鑑湖培植堂藏板」，後印本改作「志經堂藏版」，又多道光二年陳壽祺序。

七、儀禮正義正誤可參。儀禮正義後印本有同治七年陸光祖書後、胡肇智跋，知陸建瀛使蘇州刻字鋪刻版，咸豐三年爲太平軍所害，卒於南京。咸豐四年陸氏後人得書版，而不便載運，咸豐九年暫存山陽友人所。此時丁晏曾借印二十部，見文禄堂訪書記。（我們校點正義，複印東大研究所所藏原版早印本爲底本，有「山陽丁氏收藏」印，不知是否丁晏所印。）同治六年書版移至北京，補修已殘蝕之版，是補修出陸氏後人。補版錯字頗多，正如陸光祖自稱「惜原稿已佚，覆校莫由，亥豕傳訛，在所不免」。至同治七年版歸胡肇智。北京大學圖書館藏一九二〇年胡宣鐸活字印本儀禮正義正誤凡十頁，未聞有第二部，十分難得，我當年委請戴瑩師姐代爲謄録。據胡宣鐸書後知，胡實中先請汪士鐸館其家，後汪將離，薦胡肇昕以代己。汪梅村先生集有咸豐六年序胡肇昕方言補注一篇，知其有來往。咸豐七年起，胡肇昕館胡實中家，教胡宣鐸等，又教儀禮正義刊本訛誤。六十年後胡宣鐸整理排印，存當年胡肇昕所見，頗有特殊歷史意義。

八、三種校點本。一九九三年江蘇古籍出版社出版段熙仲先生校點本，正如我以前發表書評中所論，儘管校勘、標點、編輯都有很多問題，但文本基本忠實於續經解，版面舒朗，裝訂得體，非常好用。比起用綫裝原書、縮印續經解，翻閲效率不知高出多少倍，實在是功德無量。後來一直没有重印，年輕人都買不到，非常可惜。沈文倬先生也曾校點儀禮正義，準備由中華書局出版。書局收稿時，王老師已不在世，知情的書局編輯叫我看排印樣稿。我看沈先生没能仔細對校胡培翬、楊大堉所據材料，校點問題較多，未必優於江蘇古籍版。書局瞭解到情況，没有直接出版，後來如何加工，我就不瞭解了。第三種校點本是北大儒藏本。儒藏本由徐到穩學兄等合作校點，我曾提供王老師校記供他們參考，他們校勘似乎也很認真，只是限於體例，未能詳細説明文本的問題。再説，儒藏開本大，價位高，并不適合年輕學者參考閱讀。

一九九四年我來北京，就買到江蘇古籍點校本，隨後在海淀中國書店也買到有補版的原書，買價四百人民幣。現在買不到江蘇古籍版，原版更不是學生買得起的價位。這次師顧堂影印咸豐原版本，稍微縮小，以便閱讀。開本不大，易於翻檢，文字夠大，閱讀不費力，正好可以滿足廣大學者、學生的需求。儀禮正義所有版本都從此版衍生，只要擁有這部影印本，可以確定原始文本，其他一切異文，不是譌誤就是後人校改，讀者可以自己判斷孰是孰非。

圖録

儀禮正義卷一

鄭氏注

績溪胡培翬學

士冠禮第一

鄭目錄云童子任職居士位年二十而冠主人玄冠朝服則是仕於諸侯天子之士朝服皮弁素積古者四民世事士之子恆爲士冠禮於五禮屬嘉禮大小戴及別錄此皆第一〔疏〕正義曰儀徵大學士阮公撰十三經注疏校勘記於儀禮尤詳其自序云鄭氏纍古今文最爲詳覈語助多寡靡不悉紀今校是經寧詳無略用鄭氏家法也培翬撰正義一遵其說詳載各本經注異同其宋嚴州單注本爲宋本之最佳者現已重刻行世悉據錄焉○校勘記云自鄭目錄云至此皆第一毛及陳閩監本俱列疏前今案則是仕於諸侯天子之士近汪士鐘重刻單疏本無仕字誤朱氏儀禮經傳通解陳鳳梧單注本及各本俱有陸氏德明經典釋文以天子二字加於諸侯之上非朱子嘗辨之又云溫本亦誤冠禮於五禮屬嘉禮臧鏞堂目錄本冠下無禮字各本有此皆第一各本同通解作皆此爲第一今俱從各本○鄭目錄者鄭氏康成所作別爲

初刻初印本

儀禮正義卷一

鄭氏注

績溪胡培翬學

士冠禮第一

鄭目錄云童子任職居士位年二十而冠主人玄冠朝服則是仕於諸侯天子之士朝服皮弁素積古者四民世事士之子恒爲士冠禮於五禮屬嘉禮大小戴及別錄此皆第一【疏】正義曰儀徵大學士阮公撰十三經注疏校勘記於儀禮尤詳其自序云鄭氏曑古今文最爲詳覈語助多寡靡不悉紀今校是經寧詳無略用鄭氏家法也培翬撰正義一遵其說詳載各本經注異同其宋嚴州單注本爲宋本之最佳者現已重刻行世悉據錄焉○校勘記云自鄭目錄云至此皆第一毛及陳閩監本俱列疏前今案則是仕於諸侯天子之士近汪士鐘重刻單疏本無仕字誤朱氏儀禮經傳通解陳鳳梧單注本及各本俱有陸氏德明經典釋文以天子二字加於諸侯之上非朱子嘗辨之又云溫本亦誤冠禮於五禮屬嘉禮臧鏞堂目錄本冠下無禮字各本有此皆第一各本同通解作皆此爲第一今俱從各本○鄭目錄者鄭氏康成所作別爲

初刻後印本

儀禮正義卷一　鄭氏注

績溪胡培翬學

士冠禮第一鄭目錄云童子任職居士位年二十而冠
主人玄冠朝服則是仕於諸侯天子之士
朝服皮弁素積古者四民世事士之子恆爲士正義
冠禮於五禮屬嘉禮大小戴及別錄此皆第一疏曰儀
徵大學士阮公摭十三經注疏校勘記於儀禮尤詳其
自序云鄭氏學古今文最爲詳覈語助多寡靡不悉紀
今校是經亭詳無略用鄭氏家法也培翬撰正義一遵
其說詳載各本經注異同其宋嚴州單注本爲宋本之
最佳者現已重刻行世悉據錄焉○校勘記云自鄭目
錄云至此皆第一毛及陳閩監本俱列疏前今案則是目
仕於諸侯天子之士近汪士鍾重刻單疏本無仕字誤
朱氏儀禮經傳通解陳鳳梧單注本及各本俱有陸氏
德明經典釋文以天子二字加於諸侯之上非朱子嘗
辨之又云溫本亦誤冠禮於五禮屬嘉禮臧鏞堂目錄
本冠下無禮字各本有此皆第一各本同通解作皆此
爲第一今俱從各本○鄭目錄者鄭氏康成所作別爲

儀禮正義　卷一　冠　一

補刊本

皇清經解續編卷六百九十八　南菁書院

儀禮正義一

績溪胡培翬竹村著

士冠禮第一

鄭目錄云：童子任職居士位，年二十而冠，主人玄冠朝服，則是仕於諸侯。天子之士，朝服皮弁素積。古者四民世事，士之子恒爲士。冠禮於五禮屬嘉禮。大小戴及別錄此皆第一。（疏）正義曰：儀徵大學士阮公撰十三經注疏校勘記，於儀禮尤詳。其自序云：鄭氏釋古今文最爲詳覈，語助多寡，靡不悉紀。今校是經，宜詳無略，用鄭氏家法也。培翬撰正義，一遵其說，詳載各本經注異同。其宋嚴州單注本爲宋本之最佳者，現已重刻行世，悉據錄焉。○校勘記云：自鄭目錄云至此，皆第一。毛及陳閩監本俱列疏前，今案則是仕於諸侯，天子之士近，注士鍾重刻單疏本無仕字，誤。朱氏儀禮經傳通解、陳鳳梧單注本及各本俱有。陸氏德明經典釋文以天子二字加於諸侯之上，非。朱子嘗辨之。又云：溫本亦誤。冠禮於五禮屬嘉禮，臧鏞堂目錄本冠下無禮字，各本有。此皆第一，各本同。通解作皆此爲第一。今俱從各本。○鄭目錄者，鄭氏康成所作，別爲一書，不入注內。賈氏公彥作疏，始引以散附各篇題之下，今仍之。隋書經籍志云：三禮目錄一卷，鄭氏撰。梁有陶宏景注，是別爲一書也。嘉慶間黃丕烈重刻宋嚴州單注本，不載目錄，可證。云童子任職居下同以殺其君也毛本也作者嚴徐集釋俱作也云造作也者謂作此禮也郊特牲注云言夏初以上諸侯雖有幼而即位者猶以士禮冠之亦五十乃爵命也至其衰末未成人者多見篡弑乃更即位則爵命之以正君臣而有諸侯之冠禮與此注略同晉書禮志云儀禮公侯之有冠禮夏之末造也王鄭皆以爲夏末上下相亂篡弑由生故作公侯冠禮是王亦與鄭同矣引坊記者證篡弑之事也

天子之元子猶士也天下無生而貴者也元子世子也無生而貴皆由下升 疏 正義曰郊特牲無猶字天下無生而貴者也明天子之元子與士同故冠用士禮也褚氏云上旣言大夫與諸侯無自身之冠禮此又明冠子亦用士禮雖天子之元子尚然況等而下之乎 注云元子世子也者元者長也鄭必解爲世子者明其有繼體之尊也云無生而貴皆由下升者郊特牲注云明人有賢行著德乃得貴也惠氏棟云此說與易合乾初爲元士象傳曰時乘六龍以御天皆由下升也今案白虎通云王者太子亦稱士何舉從下升以爲人無生得貴者莫不由士起是注說所本矣

繼世以立諸侯象賢也象法也爲子孫能法先祖之賢故使之繼世也 疏 正義曰此下二節又

下同以殺其君也毛本也作者嚴徐集釋俱作也云造作也者謂作此禮也郊特牲注云言夏初以上諸侯雖有幼而即位者猶以士禮冠之亦五十乃爵命也至其衰末未成人者多見篡弒乃更即位則爵命之以正君臣而有諸侯之冠禮與此注略同晉書禮志云儀禮公侯之有冠禮夏之末造也王鄭皆以爲夏末上下相亂篡弒由生故作公侯冠禮是王亦與鄭同矣引坊記者證篡弒之事也

天子之元子猶士也天下無生而貴者也元子世子也無生而貴皆由下升〔疏〕正義曰郊特牲無猶字天下無生而貴者也明天子之元子與士同故冠用士禮也褚氏云上既言大夫與諸侯無自身之冠禮此又明冠子亦用士禮雖天子之元子尙然況等而下之乎　注云元子世子也者元者長也鄭必解爲世子者明其有繼體之尊也云無生而貴皆由下升者郊特牲注云明人有賢行著德乃得貴也惠氏棟云此說與易台乾初爲元士象傳曰時乘六龍以御天皆由下升也今案白虎通云王者太子亦稱士何舉從繼下升以爲人無生得貴者莫不由士起是注說所本矣

繼世以立諸侯象賢也象法也爲子孫能法先祖之賢故使之繼世也〔疏〕正義曰此下二節又

儀禮正義　卷二　冠二　元

覆解諸侯大夫所以無冠禮之意張氏爾岐云諸侯繼世而立疑其生而貴矣實以其象賢乃立之天子元子亦以象賢乃享天位均非生而貴者也故其冠皆用士禮也注云象法也者象與像同象賢二字亦見書微子之命篇

以官爵人德之殺也 殺猶衰也德大者爵以大官德小者爵以小官 疏 正義曰官與爵有殊王制論定然後官之任官然後爵之是也張氏云凡以官位爵人皆以德爲等殺以待有德安得有生而貴者乎

注云殺猶衰也者惠氏棟云衰猶差也荀子云相地而衰政注云衰差也九章算術謂差分爲衰分然則殺謂德有等差故鄭又云德大者爵以大官德小者爵以小官也或解殺爲隆殺之殺謂後世擇人任官不及上世民各推其賢者奉之以此爲德之殺恐非。盛氏云朱子解自繼世以立諸侯以下別爲一義以其爲錯簡也竊疑此與郊特牲文同不應兩處皆屬錯簡沈氏彤云先儒疑爲錯簡非也去此三節則義不明備今案盛沈之說似是

右記大夫以上冠皆用士禮之義

死而謚今也古者生無爵死無謚 今謂周衰記之時也古謂殷殷士生不爲爵死

卷二第二十九葉後　初刻初印本

圖録　初刻初印本有，初刻後印本版片缺失，補刊本重刻

覆解諸侯大夫所以無冠禮之意張氏爾岐云諸侯繼世而立疑其生而貴矣實以其象賢乃立之天子元子亦以象賢乃享天位均非生而貴者也故其冠皆用士禮也注云象法也者象與像同象賢二字亦見書微子之命篇

以官爵人德之殺也殺猶衰也德大者爵以大官德小者爵以小官【疏】正義曰官與爵有殊王制論定然後官之任官然後爵之是也張氏云凡以官位爵人皆以德爲等殺爵以待有德安得有生而貴者乎注云殺猶衰也者惠氏棟云衰猶差也荀子云相地而衰政注衰差也九章算術謂差分爲衰分然則殺謂德有等差故鄭又云德大者爵以大官德小者爵以小官也或解殺爲隆殺之殺謂後世擇人任官不及上世民各推其賢者奉之以此爲德之殺恐非○盛氏云朱子解自繼世以立諸侯以下别爲一義以其爲錯簡也竊疑此與郊特牲文目不應兩處皆屬錯簡沈氏彤云先儒疑爲錯簡非也去此三節則義不明倘今案盛沈之說似是

右記大夫以上冠皆用士禮之義

死而謚今也古者生無爵死無謚今謂周衰記之時也古謂殷殷士生不爲爵死

不爲謚周制以士爲爵然猶不爲謚耳下大夫也【疏】正義曰謚今記之時士然則謚之非也謚之由魯莊公始也
今本作謚唐石經嚴本俱作謚盧氏文弨云謚說文本作
謚今竝當作謚○沈氏彤云此因上冠而字之敬其名也
而類及之今案沈說是也表記曰先王謚以尊名檀弓曰
幼名冠字五十以伯仲然謚周道也是謚法至周始備然
士然猶不爲謚其有謚則起於後世故記之以明今古之
變耳　注云今謂周衰記之時也者以記云今也明是作
記者據時而言故知今謂周衰作記之時也云古謂殷
殷士生不爲爵然不爲謚者郊特牲注云古謂殷以前也
大夫以上乃謂之爵然有謚也是士無爵無謚矣白虎通
云公卿大夫者何謂也內爵稱也內爵稱公卿大夫何爵
者盡也各量其職盡其才也又云何以知士非爵禮曰四
十強而仕不言爵爲士至五十爵爲大夫故知士不爲爵
也云周制以士爲爵然猶不爲謚耳下大夫也者周禮小
宗伯曰賜卿大夫士爵則儐孟子言周室班爵祿而云上
士一位中士一位下士一位則周固以士爲爵矣又大史
曰小喪賜謚鄭注小喪卿大夫也言卿大夫而不及士又
白虎通云卿大夫老歸然者有謚何謚者別尊卑彰有德
也卿大夫歸無過猶有祿位故有謚也亦不言及士則士

不爲謚周制以士爲爵死猶不爲謚耳下大夫也
今記之時士死則謚之非也謚之由魯莊公始也
【疏】正義曰謚今本作謚唐石經嚴本俱作謚盧氏文弨云謚說文本作謚今竝當作謚○沈氏彤云此因上冠而字之敬其名也而類及之今案沈說是也表記曰先王謚以尊名檀弓曰幼名冠字五十以伯仲死謚周道也是謚法至周始備然士死猶不爲謚其有謚則起於後世故記之以明今古之變耳　注云今謂周衰記之時也者以記云今也明是作記者據其時而言故知今謂周衰作記之時也云古謂殷殷士生不爲爵死不爲謚者郊特牲注云古謂殷以前也大夫以上乃謂之爵死有謚也是士無爵無謚矣白虎通云公卿大夫者何謂也內爵稱也內爵稱公卿大夫何爵者盡也各量其職盡其才也又云何以知士非爵禮曰四十強而仕不言爵爲士至五十爵爲大夫故知士不爲爵也云周制以士爲爵死猶不爲謚耳下大夫也者周禮小宗伯曰賜卿大夫士爵則儐孟子言周室班爵祿而云上士一位中士一位下士一位則周固以士爲爵矣又大史曰小喪賜謚鄭注小喪卿大夫也言卿大夫而不及士又白虎通云卿大夫老歸死者有謚何謚者別尊卑彰有德也卿大夫歸無過猶有祿位故有謚也亦不言及士則士

卷二第三十葉後　初刻初印本

死不爲謚明矣是下於大夫也云今記之時士死則謚之非也者言非禮也云謚之自魯莊公始也者禮記檀弓曰魯莊公及宋人戰於乘邱縣賁父御卜國爲右馬驚敗績公隊佐車授綏公曰末之卜也縣賁父曰他日不敗績而今敗績是無勇也遂死之圉人浴馬有流矢在白肉公曰非其罪也遂誄之士之有誄自魯莊公始也王氏士讓云鄭注引魯莊公誄縣賁之事似未確蓋謚與誄有辨誄者不必皆謚故哀公誄孔子但稱尼父仍字之而不謚汪氏肇漋云周制下大夫士皆無謚是以孔子爲下大夫有誄無謚魯莊公誄縣賁父是誄也非謚也誄與謚不同鄭誤以誄爲謚今案周禮大祝注云誄謂積累生時德行以賜之命是與易名之典異也○此記所引冠義之文自始至末詞義高古實勝禮記冠義篇蓋不知誰人所作要必孔子之徒爲之是以傳習者多儀禮作記者錄其文以爲士冠之記而戴記又取以入郊特牲篇也不然何以二者無異辭乎

右記士爵謚今古之異

卷二終

圖録　初刻初印本有，初刻後印本版片缺失，補刊本重刻死不爲謚明矣是下於大夫也云今記之時士死則謚之非也者言非禮也云謚之自魯莊公始也者禮記檀弓曰魯莊公及宋人戰於乘丘縣賁父御卜國爲右馬驚敗績公隊佐車授綏公曰末之卜也縣賁父曰他日不敗績而今敗績是無勇也遂死之圉人浴馬有流矢在白肉公曰非其罪也遂誄之士之有誄自魯莊公始也王氏士讓云鄭注引魯莊公誄縣賁之事似未確葢謚與誄有辨誄者不必皆謚故哀公誄孔子但稱尼父仍字之而不謚汪氏肇瀠云周制下大夫士皆無謚是以孔子爲下大夫有誄無謚魯莊公誄縣賁父是誄也非謚也誄與謚不同鄭誤以誄爲謚今案周禮大祝注云誄謂積累生時德行以賜之命是與易名之典異也○此記所引冠義之文自始至末詞義高古實勝禮記冠義篇葢不知誰人所作要必孔子之徒爲之是以傳習者多儀禮作記者錄其文以爲士冠之記而戴記又取以入郊特牲篇也不然何以二者無異辭乎

右記士爵謚今古之異

卷二終

卷二十五第二葉前　初刻初印本

純以采麻衣純以布二者不同而詩箋謂麻衣即深衣者
以其皆用白布故得通稱也云縓淺絳也一染謂之縓者
說文絳大赤也縓赤黃色是縓爲淺絳也一染謂之縓爾
雅文爾雅又云再染謂之赬三染謂之纁引之以證一染
之爲色淺也云練冠而麻衣縓緣三年練之受飾也者五
服皆用生布此用練熟布爲冠故云練冠也說文練湅繒
也段氏注云湅者𤄊也𤄊者淅也淅者汏米也湅繒汏諸
水中如汏米然已湅之帛曰練今案布之名練亦是已湅
者方氏慤謂用練帛爲冠非矣沈氏彤云練冠升數經傳
無文今以旣葬受冠升數推之則斬衰當八升齊衰當九
升開元禮練冠八升九升是也此麻衣之練冠當十升注
云此麻衣如小功布小功降服十升則練冠亦十升也喪
服四制曰父母之喪十三月而練冠是練冠爲餘服非正
服蓋奪其正服即以餘服爲正也沈氏大成云注當疊縓
緣二字今本脫蓋上一句乃謂練冠而著麻衣者則縓緣
也對麻衣之名深衣中衣者以采緣名長衣者以素緣而
言下云縓緣三年練之受飾也乃專釋縓緣二字今案沈
說是緣是飾邊之名三年之喪以縓爲練之受飾故下即
引檀弓以明之亦是餘服非正服也檀弓曰練練衣黃裏
縓緣鄭注小祥練冠練中衣以黃爲內縓爲飾是也此縓

圖録　初刻後印本版片漫漶，補刊本補刊

純以采麻衣純以布二者不同而詩箋謂麻衣卽深衣者以其皆用白布故得通稱也云縓淺絳也一染謂之縓者說文絳大赤也縓赤黃色是縓爲淺絳也一染謂之縓爾雅文爾雅又云再染謂之赬三染謂之纁引之以證一染之爲色淺也云練冠而麻衣縓緣三年練之受飾也者五服皆用生布此用練熟布爲冠故云練冠也說文練湅繒也段氏注云湅者𤃬也𤃬者淅也淅者汏米也湅繒汏諸水中如汏米然已湅之帛曰練今案布之名練亦是已湅者方氏慤謂用練帛爲冠非矣沈氏彤云練冠升數經傳無文今以旣葬受冠升數推之則斬衰當八升齊衰當九升開元禮練冠八升九升是也此麻衣之練冠當十升注云此麻衣如小功布小功降服十升則練冠亦十升也喪服四制曰父母之喪十三月而練冠是練冠爲餘服非正服蓋奪其正服卽以餘服爲正也沈氏大成云注當疊縓緣二字今本脫蓋上一句乃謂練冠而著麻衣者則縓緣也對麻衣之名深衣中衣者以采緣名長衣者以素緣而言下云縓緣三年練之受飾也乃專釋縓緣二字今案沈說是緣是飾邊之名三年之喪以縓爲練之受飾故下卽引檀弓以明之亦是餘服非正服也檀弓曰練練衣黃裏縓緣鄭注小祥練冠練中衣以黃爲內縓爲飾是也此縓

卷一十五第二葉前 初刻後印本

緇以采麻衣純以布二者不同而詩箋謂麻衣即深衣者
以其皆用白布以專通稱也云縓淺絳也一染謂之縓者
說文絳大赤也縓赤黃色是縓爲淺絳也一染謂之縓爾
雅文爾雅又云再染謂之赬三染謂之纁引之以證一染
之爲縓淺也云練冠而麻衣縓緣三年練之受飾也者五
服皆用生布此用練熟布爲冠故云練冠也說文練湅繒
也段氏注云湅者灡也灡者漸也漸者浹米也湅繒汏諸
水中如汏米然已湅之帛曰練今案布之名練亦是已湅
者方氏慤謂用練帛爲冠非矣沈氏彤云練冠升數經傳
無文今以既葬受冠升數推之則斬衰當八升齊衰當九
升開元禮練冠八升九升是也此麻衣之練冠當十升注
云記麻衣如小功有小功降服十升則練冠亦十升也喪
服四制曰父母之喪十三月而練冠是練冠爲餘服非正
服蓋奪其正服即以餘服爲正也沈氏大成云注當蠡縓
緣二字今本脫蓋上一句乃謂練冠而著麻衣者則縓緣
也對麻衣之名淡衣中衣者以采緣名長衣者以素緣而
言下云縓緣三年練之受飾也乃專釋縓緣二字今案沈
說是終是飾邊之名三年之喪以縓爲練之受飾故下即
引檀弓以明之亦是餘服非正服也檀弓曰練練衣黃裏
縓緣鄭注小祥練冠練中衣以黃爲內縓爲飾是也此縓

縓用縓色布爲之賈疏於縓冠則云以布爲縓色於縓緣則云以繒爲縓色一縓而解爲二失之矣又閒傳期而小祥練冠縓緣據孔疏亦是緣衣與檀弓同敖氏乃謂爲緣冠尤誤云諸侯之妾子厭於父爲母不得伸權爲制此服不奪其恩也者公子被厭不得爲母服今於五服外權制此服以達其情是不奪其母子之恩也云爲妻縓冠葛絰帶妻輕者以爲妻麻衣縓緣與母同而以縓爲冠以葛爲絰帶與母異是妻之喪輕於母也馬氏云天子諸侯之庶子爲其妻輕故縓冠葛帶義與鄭同

傳曰何以不在五服之中也君之所不服子亦不敢服也君之所爲服子亦不敢不服也君之所不服謂妾與庶婦也君之所爲服謂夫子與適婦也諸侯之妾貴者視卿賤者視大夫皆三月而葬【疏】正義曰傳問爲母妻何以不在五服之中怪其輕而問也敖氏云君之所不服子亦從乎其君而不敢服之傳以此釋其所以不在五服中之意君之所爲服子亦各以其服服之傳又因上文而并言此以見凡公子之服與不服其義皆不在己也　注云君

緣用縓色布爲之賈疏於縓冠則云以布爲縓色於縓緣則云以繒爲縓色一縓而解爲二失之矣又閒傳期而小祥練冠縓緣據孔疏亦是縓衣與檀弓同敖氏乃謂爲緣冠尤誤云諸侯之妾子厭於父爲母不得伸權爲制此服不奪其恩也者公子被厭不得爲母服今於五服外權制此服以達其情是不奪其母子之恩也云爲妻縓冠葛経帶妻輕者以爲妻麻衣縓緣與母同而以縓爲冠以葛爲経帶與母異是妻之喪輕於母也馬氏云天子諸侯之庶子爲其妻輕故縓冠葛帶義與鄭同

傳曰何以不在五服之中也君之所不服子亦不敢服也君之所爲服子亦不敢不服也君之所不服謂妾與庶婦也君之所爲服謂夫子與適婦也諸侯之妾貴者視卿賤者視大夫皆三月而葬疏正義曰傳問爲母妻何以不在五服之中從其輕而問也敖氏云君之所不服子亦從乎其君而不敢服之傳以明[illegible]其所以不在五服中之意君之所爲服子亦從以其[illegible]服之傳又因上文而并言此以見凡公子之服與不服其[illegible]皆不在己也注云君

緣用縓色布爲之賈疏於縓冠則云以布爲縓色於縓緣則云以繒爲縓色一縓而解爲二失之矣又閒傳期而小祥練冠縓緣據孔疏亦是緣衣與檀弓同敖氏乃謂爲緣冠尤誤云諸侯之妾子厭於父爲母不得伸權爲制此服不奪其恩也者公子被厭不得爲母服今於五服外權制此服以達其情是不奪其母子之恩也云爲妻縓冠葛絰帶妻輕者以爲妻麻衣縓緣與母同而以縓爲冠以葛爲絰帶與母異是妻之喪輕於母也馬氏云天子諸侯之庶子爲其妻輕故縓冠葛帶義與鄭同

傳曰何以不在五服之中也君之所不服子亦不敢服也君之所爲服子亦不敢不服也君之所不服謂妾與庶婦也君之所爲服謂妻與適婦也諸侯之妾貴者視卿賤者視大夫皆三月而葬疏正義曰傳問爲母妻何以不在五服之中也怪其輕而問也敖氏云君之所不服子亦從乎其君而不敢服之傳以此怪其所以不在五服中之意君之所爲服子亦名以其服服之傳又涉上文而并言此以見凡公子之服與不服其義皆不在己也注云君

一居即下雖云徹而未嘗徹以弔襚之後不更云帷堂也
及小斂云卒斂徹帷至大斂復云帷堂是小斂後之徹帷
乃全徹去故曾子與仲梁子俱云小斂而徹帷也然小斂
大斂俱是飾尸故將大斂復帷堂及大斂訖云卒斂徹帷
以後不更帷堂矣檀弓經但言小斂而注云斂者動搖尸
帷堂爲人褻之實兼大斂言之鄭氏之於禮精矣大斂後
所以不更帷堂者以尸已斂於棺殯於肂也茲因姜氏兆
錫論帷堂徹帷之義未詳析故特考之又襍記曰朝夕哭
不帷鄭注緣孝子心欲見殯肂也旣出則施其居鬼神尚
幽闇也似大斂後仍有帷者案此是帷柩非帷堂喪大記
曰士殯見衽塗上帷之鄭注帷之鬼神尚幽闇也士達於
天子皆然是柩旣殯之後於殯旁帷之與帷堂異故襍記
又云無柩者不帷鄭注謂旣葬也棺柩已去遂去帷是也
又檀弓曰帷殯非古也自敬姜之哭穆伯始也鄭注禮朝
夕哭不帷蓋謂朝夕哭時當暫去帷以見殯肂而敬姜之
哭穆伯仍帷之不去故檀弓以爲非古也此皆旣殯帷之
之帷非謂
帷堂也

右楔齒綴足奠帷堂

一层即下雖云徹而未嘗徹以弔襚之後不更云帷堂也及小斂云卒斂徹帷至大斂復云帷堂是小斂後之徹帷乃全徹去故曾子與仲梁子俱云小斂而徹帷也然小斂大斂俱是飾尸故將大斂復帷堂及大斂訖云卒斂徹帷以後不更帷堂矣檀弓經但言小斂而注云斂者動搖尸帷堂爲人褻之實兼大斂言之鄭氏之於禮精矣大斂後所以不更帷堂者以尸已斂於棺殯於肂也玆因姜氏兆錫論帷堂徹帷之義未詳析故特考之又襍記曰朝夕哭不帷鄭注緣孝子心欲見殯肂也旣出則施其屋鬼神尚幽闇也似大斂後仍有帷者案此是帷柩非帷堂喪大記曰士殯見衽塗上帷之鄭注帷之鬼神尚幽闇也士達於天子皆然是柩旣殯之後於殯旁帷之與帷堂異故襍記又云無柩者不帷鄭注謂旣葬也棺柩已去遂去帷是也又檀弓曰帷殯非古也自敬姜之哭穆伯始也鄭注禮朝夕哭不帷蓋謂朝夕哭時當暫去帷以見殯肂而敬姜之哭穆伯仍帷之不去故檀弓以爲非古也此皆旣殯帷之之帷非謂帷堂也

右楔齒綴足奠帷堂

一屋即下雖云徹而未嘗徹以弔襚之後不更云帷堂也及小斂云卒斂徹帷至大斂復云帷堂是小斂後之徹帷乃全徹去故曾子與仲梁子俱云小斂而徹帷也然小斂大斂俱是飾尸故將大斂復帷堂及大斂訖云卒斂徹帷以後不更帷堂矣檀弓經但言小斂而注云斂者動搖尸帷堂爲人褻之實兼大斂言之鄭氏之於禮精矣大斂後所以不更帷堂者以尸已斂於棺殯於肂也茲因姜氏兆錫論帷堂徹帷之義未詳析故特考之又襍記曰朝夕哭不帷鄭注緣孝子心欲見殯肂也旣出則施其屋鬼神尚幽闇也似大斂後仍有帷者案此是帷柩非帷堂喪大記曰士殯見衽塗上帷之鄭注帷之鬼神尚幽闇也士達於天子皆然是柩旣殯之後於殯旁帷之與帷堂異故襍記又云無柩者不帷鄭注謂旣葬也棺柩已去遂去帷是也又檀弓曰帷殯非古也自敬姜之哭穆伯始也鄭注禮朝夕哭不帷蓋謂朝夕哭時當暫去帷以見殯肂而敬姜之哭穆伯仍帷之不去故檀弓以爲非古也此皆飯殯帷之帷非謂帷堂也

右楔齒綴足奠帷堂

圖録　初刻後印本版片漫漶，補刊本重刻

乃赴于君主人西階東南面命赴者拜送赴告也臣君之股肱耳目死當
有正義曰赴于君者使人告於君也其辭詳下記襍記
恩疏曰士訃於同國大夫曰某死訃於士亦曰某死訃於
他國之君曰君之外臣某死訃於大夫曰吾子之外私某
死訃於士亦曰吾子之外私某死此經唯言赴于君者舉
其重者以該之也檀弓曰父兄命赴者父兄謂諸父諸兄
也此謂始死主人方昏瞀故赴告姻族朋友則父兄命之
若赴告於君必親命而拜送之者敬也鄭彼注分別大夫
士似失之盛氏世佐曰是時親族僚友亦當使人赴之大
夫士訃於同國他國之辭見於襍記者詳矣敖云古者大
夫士赴告之禮唯止於其君非又案大夫士之喪同國則
赴異國則否以人臣無境外之交故也襍記言他國之君
大夫士亦皆赴恐是春秋以後之禮非古也今案主人西
階東命赴者喪大記曰凡主人之出也徒跣扱衽拊心降
自西階以由西階降故即在西階東命之亦不忍當主位
之意南面者方氏苞曰以赴者必南行拜送宜鄉之也
注云赴告也者下記注云赴走告也襍記作訃注云或皆
作赴赴至也臣死其子使人至君所告之是也注義相兼
乃備云臣君之股肱耳目者見虞書以其與君爲一體故

乃赴于君主人西階東南面命赴者拜送赴告也臣君之股肱耳目死當有恩

疏正義曰赴于君者使人告於君也其辭詳下記襍記曰士計於同國大夫曰某死計於士亦曰某死計於他國之君曰君之外臣某死計於大夫曰吾子之外私某死計於士亦曰吾子之外私某死此經雖言赴于君者舉其重者以該之也檀弓曰父兄命赴者父兄謂諸父諸兄也此謂始死主人方昏瞀故赴告姻族朋友即父兄命之若赴告於君必親命而拜送之者敬也鄭彼注分別大夫士似失之盛氏世佐曰是時親族僚友亦當使人赴之大夫士計於同國他國之辭見於襍記者詳矣敖云古者大夫士赴告之禮唯止於其君非又案大夫士之喪同國則赴異國則否以人臣無境外之交故也襍記言他國之君大夫士亦皆赴恐是春秋以後之禮非古也今案主人西階東命赴者喪大記曰凡主人之出也徒跣投衽附心降自西階以由西階降故郎枉西階東命之亦不忍當主位之意南面者方氏苞曰以赴者必南行拜送宜鄉之也[illegible]注云赴告也者下記注云赴走告也襍記作計注云或皆作赴赴至也臣死其子使人至君所告之是也注義[illegible]乃備云臣君之股肱耳目者見虞書以其與君爲一體[illegible]

圖録　初刻後印本版片漫漶，補刊本重刻

乃赴于君主人西階東南面命赴者拜送赴告也臣君之股肱耳目死當有恩

疏正義曰赴于君者使人告於君也其辭詳下記襍記曰士計於同國大夫曰某死計於士亦曰某死計於他國之君曰君之外臣某死計於大夫曰吾子之外私某死計於士亦曰吾子之外私某死此經唯言赴于君者舉其重者以該之也檀弓曰父兄命赴者父兄謂諸父諸兄也此謂始死主人方昏瞀故赴告姻族朋友則父兄命之若赴告於君必親命而拜送之者敬也鄭彼注分別大夫士似失之盛氏世佐曰是時親族僚友亦當使人赴之大夫士訃於同國他國之辭見於襍記者詳矣敖云古者大夫士赴告之禮唯止於其君非又案大夫士之喪同國則赴異國則否以人臣無境外之交故也襍記言他國之君大夫士亦皆赴恐是春秋以後之禮非古也今案主人西階東命赴者喪大記曰凡主人之出也徒跣投衽附心降自西階以由西階降故即在西階東命之亦不忍當主位之意南面者方氏苞曰以赴者必南行拜送宜鄉之也注云赴告也者下記注云赴走告也襍記作訃注云或皆作赴赴至也臣死其子使人至君所告之是也注義相兼乃備云臣君之股肱耳目者見虞書以其與君爲一體故

三八五頁

三一行 此籌皆東西直列也∠「列」原訛「引」，據淩廷堪禮經釋例改。下「此籌皆南北橫列也」、「此籌又東西直列也」同。

一三行 元郭若思援時術華乘除之位∠原脫「術」，據淩廷堪禮經釋例補。

三八六頁

二七行 聶氏崇義禮圖曰∠「義」原訛「儀」，今正。

一三行 亦當在下司射命之之後∠原脫「司」，據吳廷華儀禮疑義補。

二七行 注皆依經立訓∠「依」上原衍「因」，據褚寅亮儀禮管見刪。

三八七頁

六行 說文張施弓弦也∠「施」原訛「弛」，據說文改。下「張弓為施弦之弓」同。

一〇行 則右手其覆執籥與∠「與」原訛「焉」，據敖繼公儀禮集說改。

二六行 蓋屈信之節然爾∠敖繼公儀禮集說「信」原作「伸」。按：經傳「信」「伸」相通，「屈信」即「屈伸」。然引元人著作，而特改用「屈信」，則不甚妥。

三八九頁

二九行 使得升取觶也∠「得」原訛「當」，據朱熹儀禮經傳通解改。

五行 注意蓋謂每人既飲∠原脫「謂」，據敖繼公儀禮集說補。

三三行 胡氏肇昕云至大夫既飲亦反就席不執弓也∠按，敖氏謂大夫不勝者既飲，■其耦當自射位稍往堂西而釋弓。胡氏謂大夫既飲，亦反就席，席不執弓。胡氏不得敖旨，駁語落空。

三五行 郝氏云大夫飲耦不升賓主人飲勝者同升可知∠曹元弼禮經校釋云：「賓主人射畢，釋弓，即升就席。上司射命三耦已下就射位升飲，於賓主無涉。郝敬謂賓主飲，勝者同升，不可解。」

97

師顧堂已刊書目

儀禮圖 六卷 〔清〕張惠言 撰

覆宋嚴州本儀禮鄭注 十七卷 〔漢〕鄭玄 注

武英殿聚珍版儀禮識誤 三卷 〔宋〕張淳 撰

張敦仁本儀禮疏 五十卷 〔漢〕鄭玄 注 〔唐〕賈公彦 疏

景宋單疏本周易正義 十四卷 〔唐〕孔穎達 疏

鉅宋廣韻 五卷 〔宋〕陳彭年 修

儀禮正義 四十卷 〔清〕胡培翬 撰 胡肇昕 楊大堉 補